圖解 世界5大神話

從日本、印度、中東、希臘到北歐，65個主題解讀東西方神祇與傳說、信仰與世界觀

Nakamura Keishi

中村圭志 著

林雯 譯

前言

我在不久前出版的《圖解世界5大宗教全史》（遠足文化出版）中，概括說明了現今世界的主流宗教。宗教有悠久的歷史，但缺乏文獻紀錄的史前時代也相當漫長。研究人類精神史時，神話的角色比道德教義更重要，而基督教等正統宗教中也存在神話的思維。

所以，這次我把神話的主題獨立出來，綜合說明日本神話、希臘神話等重要神話。在頁面安排上，我以神話概要搭配解說。因為我認為，概要與解說一起閱讀，能使讀者同時體會神話的趣味與深奧之處。

無論如何，神話是妙趣橫生，令人樂在其中的。

神話中，常有**英雄屠龍**與**拯救公主**的故事。例如希臘神話的柏修斯（Perseus）斬梅杜莎、日本神話的須佐之男殺八岐大蛇。世界各地的神話中，**死亡與再生**的主題也比比皆是。掩埋種子象徵埋葬植物神，發芽則代表神的再生。日本神話中的太陽神「天照大御神」從天上的洞穴出來，使陽光再度普照大地，**天體與季節的關係**也使死亡與重生的主題更加豐富。

各大宗教的神聖教義也採用了神話元素，例如釋迦牟尼佛前世是拯救蒼生的英雄，今生則以其所悟之道度化眾生；耶穌基督由處女所生，並於死後復活；而化身為龍的惡魔在故事結局都會被消滅。

神話思維在世俗化的現代依然存在，有時還會出現在現實的政治場景中。大家知道神話中有各種奇奇怪怪的妖精吧？他們是象徵以不合理的行動改變世界、顛覆傳統的英雄，我們也目睹了多數美國人期待這樣的人物成為救世主；更正確地說，應該是期待這類人物當上總統。神話也以奇幻或科幻作品的形式流傳於現代，新海誠的動畫《你的名字》中，天上的迪亞馬特（Tiamat）彗星分裂成隕石墜落地面，而「迪亞馬特」就是中東神話裡被分為天與地的原初龍神。除了分離神話，也有結合神話。吉卜力工作室的動畫《崖上的波妞》中，金魚公主波妞與宗介聯手拯救世界象徵了聖婚*（Hierogamy），如同濕婆（Śiva）與神妃結合、伊邪那岐與伊邪那美結合等陰陽和合的神話一般。而兄妹聯手行動的《鬼滅之刃》**，如果將男英雄與女鬼（這也是龍的變形）視為陰陽和合的最強搭檔，欣賞現代神話時將另有一番趣味。

本書第1章到第5章討論日本神話、希臘神話、印度神話、中東神話及北歐神話，每章內容都十分豐富。討論印度神話與中東神話時，也會說明其與佛教、基督教的關係。從各個角度將神話與宗教連結，是本書的特色。

第6章則綜觀世界各地的神話，第7章研究神話為何物，也會提到從神話到奇幻作品的演變。

最後，我要感謝Discover 21出版社的藤田浩芳先生提出本書企畫，渡邊基治先生將本書的複雜結構加以巧妙編輯，以及村上哲也先生為本書畫出風格特殊、饒富吸引力的插圖。

2020年11月 中村圭志

* 譯註：男神與女神結婚或神與人類結婚。

**編注：日本漫畫，講述男主角為了變成鬼的妹妹能夠找到變回人類的方法，踏上斬鬼之旅的冒險故事。

圖解世界五大神話　目錄

第1章 日本神話

第2章 希臘神話

第3章 印度神話

第4章 中東神話

第5章 北歐神話

第6章

其他神話

第7章

何謂神話？

第1章

日本神話

概論

《古事記》是神話的「幕之內便當」

日本神話▼緊密的結構

《古事記》〈神代篇〉是廣為人知的古代日本神話紀錄，其他如《日本書紀》、《風土記》雖也有值得參考之處，但要掌握日本神話的輪廓，還是首推《古事記》，因為它的內容十分有趣。

《古事記》、《日本書紀》、《風土記》的神話中有八百萬神明登場，八百萬並非具體數目，而是「不計其數」的意思。其中有些神明擁有「人格」，如天照大御神（天照大神）、豐收神大國主等；有些則非人類設定，如山、川、火、穀物等，象徵**自然的要素或功能**；顯示當時仍未清楚區別多神教與泛靈信仰。

只要是日本人，應該都聽過《古事記》的神明故事，如男神伊邪那岐與女神伊邪那美創造諸島、須佐之男制伏怪物八岐大蛇、因幡的白兔、海幸彥與山幸彥。

《古事記》的神話純樸又有趣，令人印象深刻，**思想境界**亦十分深奧。例如伊邪那岐與伊邪那美交媾的神話，超越性交的表面意義，而有陰陽結合撼動宇宙之意。有些神話則是**政治史**的反映，如地上大國主對高天原天照大御神的讓國神話，隱含大和朝廷統一出雲等地方勢力的歷史過程。

從**文化人類學**的角度來看《古事記》，也令人感到趣味盎然。《古事記》的神話千奇百怪，但世界偏遠角落也可看到不少類似的神話，這些神話表現出上古時代的思考方式。

《古事記》的神話有完整體系，這也是它吸引人的原因之一。世界各地雖也有各式各樣的神話集與敘事詩，但看了《古事記》恰到好處、小而美的編排方式，不免覺得《古事記》真是神話的「幕之內便當」*（編註：初始是指能快速填飽肚子有各種配菜的野戰便當，隨著社會經濟繁榮，轉變為滿載豪華配菜精緻盒餐，在此引申為能一次看到所有組合搭配的故事。）；也像一口壽司，每種材料都恰如其分。說它的編纂方式表現出日本人一絲不苟的性格，並非言過其實。

《古事記》神話故事的編排順序

1 世界由自然的創生力「產靈」而形成。

2 男神伊邪那岐與女神伊邪那美陰陽交媾的力量產生了日本諸島與自然界眾神。

3 伊邪那美赴黃泉，生與死的世界截然二分。

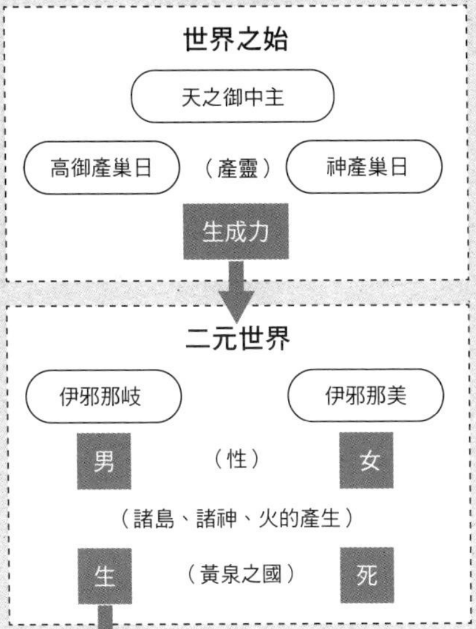

4 世界由天照大御神、月讀命、須佐之男分別統治。

5 太陽神天照大御神隱身洞穴時，世界陷入一片黑暗，之後再度現身。

6 地上則由須佐之男征服自然，英雄神大國主使國土豐饒。

7 天上諸神的權力鞏固後，天皇的統治旋即開始。

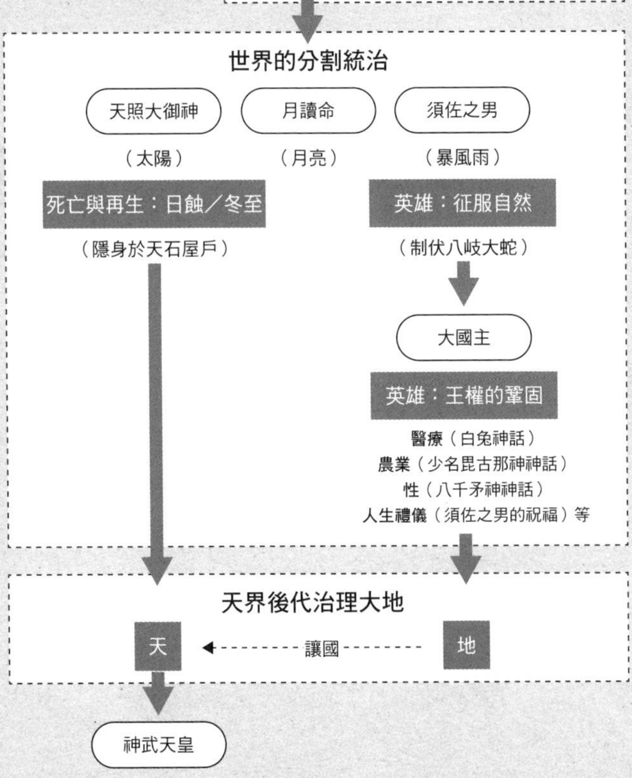

日本神話

▼《古事記》與《日本書紀》

《古事記》編纂於七一二年，是日本最古老的史書；但從現在的定義來看並不算歷史。《古事記》分為上中下三卷，上卷為神代篇，以神話為重心。

《古事記》是天皇侍從稗田阿禮將過去史料的正確讀法背誦出來，再由太安萬侶編纂而成。《日本書紀》則於七二〇年編成，由正規的漢字書寫，被視為國家的正史。《古事記》是以變體漢文的文體記錄，用漢字表記大和語言，保有口誦文學的痕跡。現在提到日本神話，一般都會先介紹《古事記》的版本。

江戶時代的日本古典學者本居宣長，對《古事記》的神話紀錄與文學思想都給予極高的評價。他在《古事記傳》中，以文獻學方法進行詳盡研究，至今這本書仍是閱讀與理解《古事記》的基礎。老實說，《古事記》直到獲得本居宣長的注意之前，並不受重視，因為當時普遍認為有正史《日本書紀》便已足夠。

在神話的細節上，《古事記》記載了許多出雲神話，如大國主神話；《日本書紀》卻略過這部分。《日本書紀》在正文之外，常以「一書曰」*（譯註：引用某本書之意。）的形式記錄數則異傳。由此可知，神話因口傳差異，經常出現不同版本。

《古事記》與《日本書紀》收錄的神話，並非日本列島各地的口傳資料，而是**由編者加上詮釋，重新組織而成**。其他國家的神話也大致如此，希臘神話與聖經神話都也增添了詩人的文學巧思與宗教家的詮釋。不過，因為編者會以神話的觀點思考事物，從現代人的眼光來看，這些都是「神話」無誤。

▼《古事記》的表記

《古事記》的表記方式相當特殊，混合了漢字與大和語言的借字*（譯註：古代日本「假借」漢字的音讀與訓讀來表記古代日本語音節的文字。簡單來說，就是以漢字為音標，但用法與後來的假名相同。）。如「次國稚如浮脂而」是「其次，世界尚幼稚，猶如浮脂」；「久羅下那州多陀用弊流」則是以漢字標示讀音，念成「クラゲなすただよへる」，意思是「像水母那樣漂浮」。

《古事記》與《日本書紀》的主要表記差異

現代日文標示	古事記	日本書紀
ムスヒ 產靈	産巣日（むすひ，musuhi）	産霊尊（むすひ，musuhi）
イザナキ 伊邪那岐	伊邪那岐命（いざなきのみこと，izanakinomikoto）	伊弉諾尊（いざなきのみこと，izanakinomikoto）
イザナミ 伊邪那美	伊邪那美命（いざなみのみこと，izanaminomikoto）	伊弉冉尊（いざなみのみこと, izanaminomikoto）
アマテラス 天照大御神	天照大御神（あまてらすおほみかみ，amaterasuohomikami）	天照大神（あまてらすおほみかみ，amaterasuohomikami）＝大日孁貴（おほひるめのむち，ohohirumenomuchi）
ツクヨミ 月讀命	月読命（つくよみのみこと，tsukuyominomikoto）	月夜見尊（つくよみのみこと，tsukuyominomikoto）
スサノヲ 須佐之男	建速須佐之男命（たけはやすさのをのみこと，takehayasusanoonomikoto）	素戔嗚尊（すさのをのみこと，susanoonomikoto）
ウケヒ 宇氣比	宇気比（うけひ，ukehi）	誓約（うけひ，ukehi）
アメノイハヤト 天石屋戸	天石屋戸（あめのいはやと，amenoihayato）	天石窟（あめのいはや，amenoihaya）
クシナダヒメ 櫛名田比賣	櫛名田比売（くしなだひめ，kushinadahime）	奇稲田姫（くしいなだひめ，kushiinadahime）
ヤマタノヲロチ 八岐大蛇	高志之八俣遠呂智（こしのやまたのをろち koshinoyamatanoorochi）	八岐大蛇（やまたのをろち，yamatanoorochi）
オホクニヌシ 大國主神	大穴牟遲神（おほなむぢのかみ，o h onamudinokami）＝大国主神（おほくにぬしのかみ，ohokuninushinokami）	大己貴神（おほなむぢのかみ，ohonamudinokami）＝大国主神（おほくにぬしのかみ，ohokuninushinokami）
スクナヒコナ 少名毘古那神	少名毘古那神（すくなびこなのかみ，sukunabikonanokami）	少彥名命（すくなびこなのみこと，sukunabikonanomikoto）
ニニギ 邇邇芸命	天邇岐志国邇岐志天津日高日子番能邇邇芸命（あめにきしくににきしあまつひこひこほのににぎのみこと，amenikishikuninikishiamatsuhikohiikohononiniginomikoto）	天津彥彥火瓊瓊杵尊（あまつひこひこほのににぎのみこと，amatsuhikohikohononiniginomikoto）
タケミカヅチ 建御雷之男	建御雷之男（たけみかづちのを，takemikaduchinoo）	武甕槌神（たけみかづちのかみ，takemikaduchinokami）
神武天皇	神倭伊波礼毘古命（かむやまといはれびこのみこと, 神日本磐余彥天皇（かむやまといはれびこのみこと，kamuyamatoiharebikonomikoto）	神日本磐余彥天皇（かむやまといはれびこのすめらみこと，kamuyamatoiharebikonosumeramikoto）
ヤマトタケル 倭建命	倭建命（やまとたけるのみこと，yamatotakerunomikoto）	日本武尊（やまとたけるのみこと，yamatotakerunomikoto）

※編注：為了讓讀者了解《古事記》與《日本書紀》對神明角色表記的差異，此處以日文漢字及讀音呈現。

《古事記》 VS 《日本書紀》

古事記	日本書紀
全3卷（神話部分於上卷）	全30卷（神話部分於第一、二卷）
712年	720年
稗田阿禮（背誦出過去史料） 太安萬侶（編纂）	舍人親王等編纂
變體漢文（重視大和語文）	漢文
從神代開始, 敘述天皇家的由來	律令國家的正史

天地創始

世界由產靈之力誕生

創造日本國土的女神伊邪那美說道：

「眾所周知，我與丈夫伊邪那岐孕育諸島與眾神，但我倆並非於天地之始即存在，我所聽聞的天地之始狀況如下。」

❶世界最初的狀態，只能說無形亦無名。**天之御中主神**出現其中，此神如同其名，即天空中心之神。

❷接著出現**高御產巢日神**與**神產巢日神**，兩者皆為產靈之神。「產靈」指使萬物滋生、成長的力量，這股力量逐漸孕育出世界。

❸初生的天地如水母漂浮不定，一片混沌，其中出現了蘆芽萌長般的年輕神祇「**宇摩志阿斯訶備比古遲神**」，接著出現**天之常立神**。

以上從天之御中主神到天之常立神，五神合稱為別天神。

❹其後出現神世七代的神，首先是**國之常立神**，其次是**豐雲野神**，以上從天之御中主神到豐雲野神皆為獨身神。

之後便出現男女親密成對的神祇，包括宇比地邇神與須比智邇神、角杙神與活杙神、意富斗能地神與大斗乃辨神、淤母陀琉神與阿夜訶志古泥神，再來就是伊邪那岐與伊邪那美，也就是我們兩個。

之後，性愛的力量創造世界，這點由我丈夫說明。

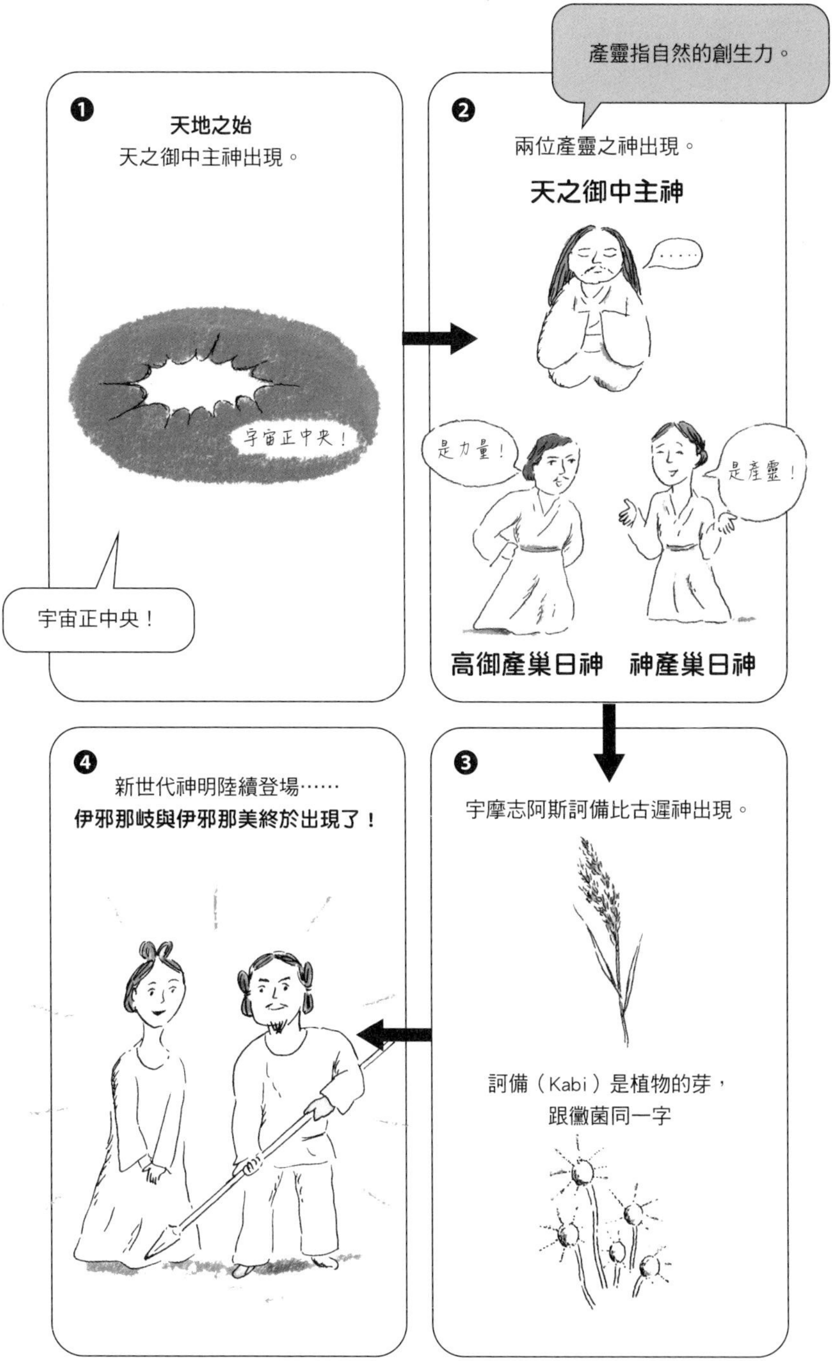
❶
天地之始
天之御中主神出現。
宇宙正中央！
宇宙正中央！
產靈指自然的創生力。
❷
兩位產靈之神出現。
天之御中主神
……
是力量！
是產靈！
高御產巢日神
神產巢日神
❸
宇摩志阿斯訶備比古遲神出現。
訶備（Kabi）是植物的芽，
跟黴菌同一字
❹
新世代神明陸續登場……
伊邪那岐與伊邪那美終於出現了！

1 天地創始

主題≫創世

世界各地的創世神話形形色色，大都採用以下五種模式：

（1）**世界由自然的創生力形成**。《古事記》神話強調「生成」，以神道的說法，「產靈」即不斷創造世界的神奇力量。

▼世界形成之前

世界形成之前的狀態，通常有以下幾種模式。

（2）**世界是破卵而生**。芬蘭的神話敍事詩《卡勒瓦拉》（Kalevala）中描述，世界產生自漂浮海上的少女膝上的蛋。至於那位少女與原初海洋從何而來，則是不需追究的前提。

（3）**世界由男女對偶神孕育而生**。性愛的力量與自然創生的概念息息相關，《古事記》中，真正的天地產生後，伊邪那岐與伊邪那美便創造了日本列島，承繼創造的工作。

（4）**原始巨人死亡後，世界從其肢體生長出來**。北歐神話中，諸神殺死巨人尤彌爾（Ymir）後肢解，創造出山、海、雲及天空（諸神似乎是從「金倫加」〔Ginnungagap〕這片「虛無狀態」自行生長出來）。

中國也有描述巨人盤古死後肢體分解，形成天地萬物的神話。

▼古事記VS創世記

（5）**世界由外部的意志創造**。《聖經》的創世記神話指出，超越一切的神從無到有創造了世界，這位神的由來無從得知。這種說法明確提出世界是「無→（神的意志）→有」的非連續變化，令人印象深刻。

這幾種模式中，（1）的創生力神話看似最合理，這種模式認為世界是自然形成，而不細究構成世界的原材料，但我們也不能忽略，現今的科學思維源自（5）「非連續轉換」的傳統，雖然它也與現在的大爆炸宇宙論（Big-Bang cosmology）、演化論格格不入。

天地創始的神話

生成

古事記神話……自然生成

產靈

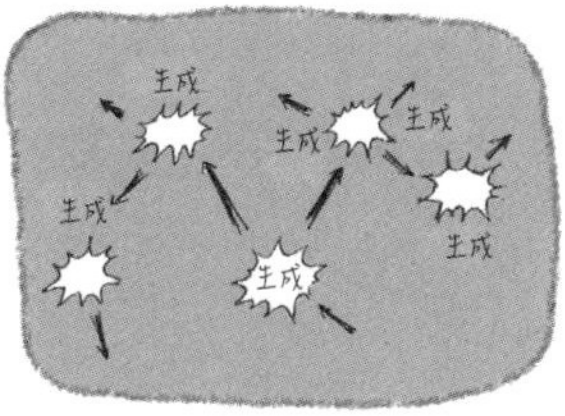

創造

創世記神話……由意志創造

至高無上的神

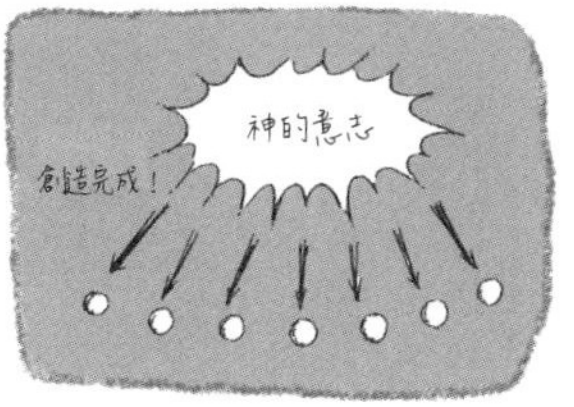

男女對偶神孕育而生

（古事記也屬此類）

原始巨人解體

（中國神話、北歐神話等）

破卵而生

（芬蘭神話、印度神話等）

還有其他五花八門
的萬物起源神話

西斯汀小堂大廳天頂壁畫《創世記》（Volta della Cappella Sistina）
（米開朗基羅〔Michelangelo〕）

創世記神話中，神不只創造天地，還陸續創造了動物與人類。

2 伊邪那岐與伊邪那美

男女對偶神孕育國土

創造日本國土的男神伊邪那岐說道：

❶我與妻子伊邪那美承繼創造世界的工作，我們從天之浮橋放下天沼矛，攪動混沌的海水，提起矛的時候，從矛頭滴下的海水凝固成小島，即淤能碁呂島。我們在這座原初島嶼建立天之御柱，打造八尋殿。

❷我問伊邪那美：「你的身子是如何長成的？」伊邪那美回答：「我的身子都已長成，但有一處未合。」我說：「我的身子都已長成，但有一處多餘。想以我所餘處填塞你的未合處，產生國土，如何？」伊邪那美答道：「好吧。」

於是我們繞著天之御柱走去，伊邪那美說：「啊！真是一個好男子！」我隨後說：「啊！真是一個好女子！」然後行閨房之事，生下未成形的孩子（水蛭子）。我們將他置於蘆舟中，任憑他隨水流去。

❸生出有問題的孩子後，我們往天神處請教，天神乃命占卜，占卜結果顯示當初**不該由女方先開口誘惑男方**。於是我們再度繞行天之御柱，由我先說：「啊！真是一個好女子！」隨後伊邪那美才說：「啊！真是一個好男子！」

❹之後便成功生產出日本列島的大小島嶼，然後陸續孕育眾神，包括與房屋建築相關的神祇、海神、山神、與生產有關的神祇等。

（譯註：本頁對話部分參考商周出版《古事記》）

❶ 伊邪那岐與伊邪那美

從天放下天沼矛，
攪動海水……

水滴凝固，形成淤能碁呂島。

❷ 最初的性愛

繞行天之御柱，然後結合！

不知為何，生出水蛭般的孩子。

❸ 再度交媾！

占卜結果為
「女性不可先誘惑男性」，
所以這次由伊邪那岐先開口。

之後諸島與眾神順利誕生。

《古事記》的編者也許是依循中國哲學「男陽女陰」的觀念，認為「女性不可搭訕男性」。但生產不順利是神話中常見的模式，原本並未隱含男尊女卑之意。

伊邪那岐與伊邪那美從天界放下天沼矛而形成的淤能碁呂島，據說是位於淡路島南方的小島「沼島」。

❹ 國土產生的順序

①～⑧是日本主要島嶼，日本別稱「大八島國」。

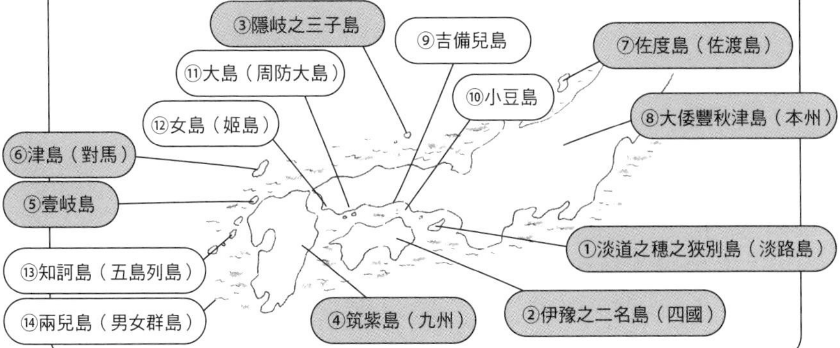

伊邪那岐與伊邪那美

主題》男與女

▼意外創造出世界的一部分

神話雖然說明了「世界」的創始，但實際上，一般只論及流傳該神話之民族所知的**地理範圍**。日本神話的諸神創造了**日本列島**，但完全未提及其他地方（似乎對朝鮮半島與中國有所認識）。《聖經》似乎也是如此，〈創世記〉所談論的地理範圍僅限**中東的一部分**，跟古代日本人所知的地理空間差不多大小。

▼世界因陰陽結合而誕生

不過，日本神話中，為何日本國土是由**男女對偶神**交媾而產生？這類關於**性愛**的敍述，不知該說是原始還是大方，總之非常露骨。所以，在大正時代英譯《古事記》的張伯倫（Basil Hall Chamberlain），將描述性愛的部分翻譯成只有高學識者才看得懂的拉丁文（請見左頁）。

世界由男女對偶神交媾所創造，這種看法與「宇宙本質為男女二元系統」的形而上學思想有關。東方宗教大多有類似觀點，易經的**陰陽思想**為其中代表，其他的宗教、學說中也有各式各樣的例子。

印度教的濕婆神及其配偶神迦梨（Kalī）的性愛場面被描繪成畫像；**藏傳佛教**的冥想與巫術工具，畫有佛與菩薩圖像的「曼陀羅」，中央也描繪了男女佛的性愛畫面；**日本密教**的金剛界曼陀羅表現男性原理，胎藏界曼陀羅則表現女性原理。

伊邪那美身為女性，不可先開口搭訕，這種看法應該是採用陰陽思想中「男性＝陽＝積極，女性＝陰＝消極」的模式，也或許是單純依循儒家**男尊女卑**的觀念（《古事記》與《日本書記》編纂的時代，日本積極吸收中國思想，並將之視為「國際標準」）。

男女的原理

日本民間信仰的道祖神

置於路旁，
保佑子孫滿堂、交通安全的神
多為男女對偶神

藏傳佛教的雙身佛

（Yab-yum，譯注：又稱歡喜佛）

智慧（女性原理）
與方便（男性原理）的合體

西洋鍊金術的象徵圖像：王與女王的結合

@Topfoto/Fortean/amanaimages

日本密教的兩種曼陀羅

金剛界
（男性原理）

胎藏界
（女性原理）

大正時代的英譯《古事記》將尺度較大的部分譯為拉丁文：

Meum corpus crescens crevit sed est una pars quae non crevi continua.
我的身子都已長成，但有一處未合。

Meum corpus crescens crevit sed est una pars quae crevi superflua.
我的身子都已長成，但有一處多餘。
Ergo an bonum erit ut hanc corporis mei partem quae crevit superflua in tul corporis partem quae non crevit continua inseram et regions procreem.
想以我所餘處填塞你的未合處，產生國土，如何？

Bonum erit. 好吧。（引自The Kojiki, Basil Hall Chamberlain, 1919. Vol.1, Sec.4）

黃泉國

伊邪那美赴冥界

丈夫伊邪那岐說道：

❶我的妻子伊邪那美在生火神迦具土時，陰部被烈火燒傷而去世。她在死亡時留在地上的嘔吐物與大小便生出不同的神，我的眼淚也生出不同的神。我將逝去的妻子葬於出雲與伯耆國境的比婆山，我用劍殺死火神，劍上的血與火神的屍體誕生了多位神明。

妻子伊邪那美說道：

❷我到了地下的黃泉國，吃了黃泉國的食物，不能再回到生之世界。我丈夫以生者之姿現身於此，說：「親愛的，我和你所創造的國土尚未完成，跟我回去吧！」我在黑暗中答道：「我去和黃泉之神討論，切記**不要偷看我**。」

丈夫伊邪那岐說道：

❸伊邪那美遲遲未歸，我無法再等，便點火步入殿中。我看到死去的妻子身上**蛆蟲**聚集，遍體發出**雷聲**，轟隆作響。我看見了**死亡的真實樣貌**，深受衝擊，落荒而逃。妻子說：「你讓我出醜了！」隨即差遣**黃泉魔女**追來。我將插在髮間的除魔葛鬘與櫛齒丟在地上，化為葡萄與竹筍，趁魔女撿食之際順利逃走。妻子又差遣她所生下之八雷神，直追至黃泉國與地上國的交界處「黃泉比良坂」。我在此摘取坂下所生桃實，投擲出去，驅散追兵。

妻子伊邪那美說道：「我在黃泉比良坂說：『親愛的哥哥，因為你如此行為，我當每日扼死你的國人千名！』」丈夫伊邪那岐說道：「我答道：『親愛的妹妹，你若這樣，我將每日建立一千五百所產房！』」然後兩人說道：「我們已分處表世界與裡世界，但所謂表與裡、地下與地上、死與生，不就是永遠的夫妻嗎？」

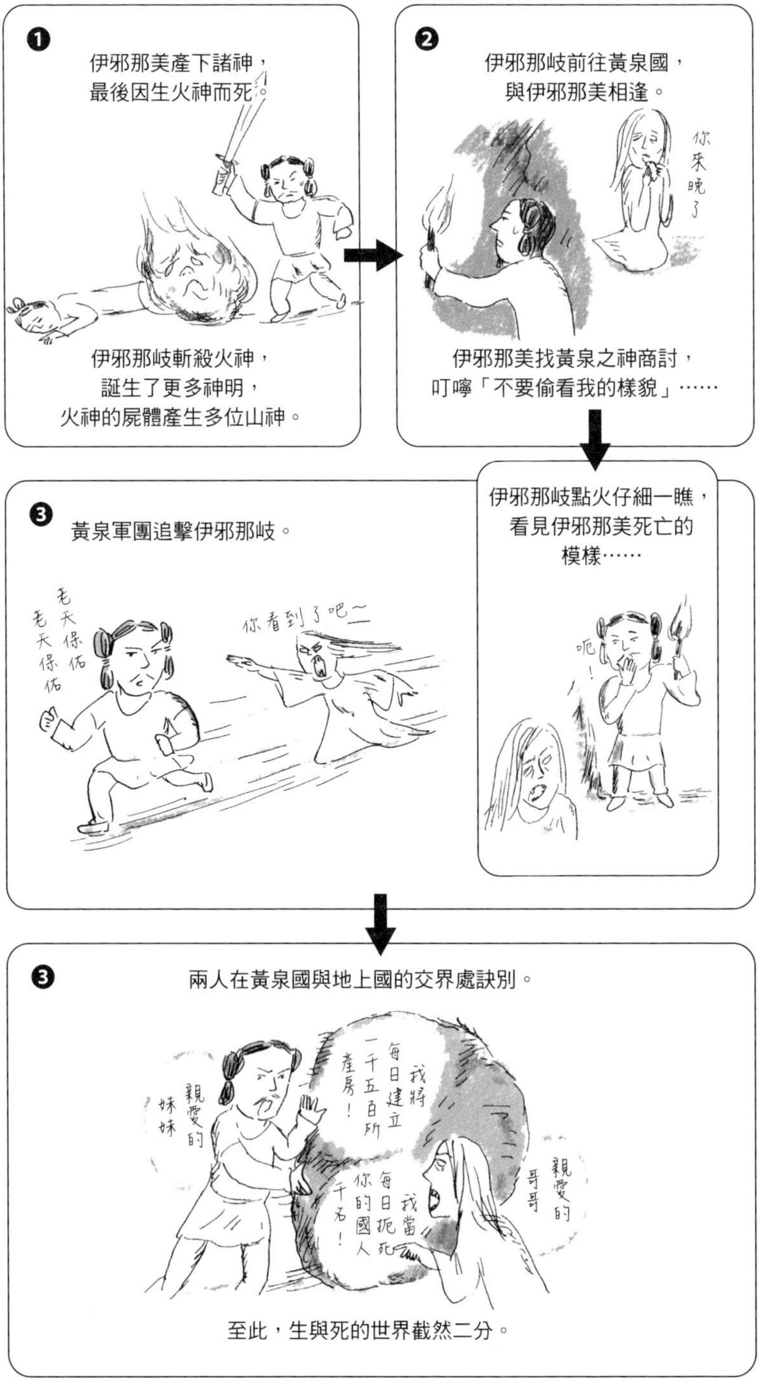
❶
伊邪那美產下諸神，
最後因生火神而死。
伊邪那岐斬殺火神，
誕生了更多神明，
火神的屍體產生多位山神。
❷
伊邪那岐前往黃泉國，
與伊邪那美相逢。
你來晚了
伊邪那美找黃泉之神商討，
叮嚀「不要偷看我的樣貌」……
伊邪那岐點火仔細一瞧，
看見伊邪那美死亡的
模樣……
呃！
❸
黃泉軍團追擊伊邪那岐。
老天保佑
老天保佑
你看到了吧～
❸
兩人在黃泉國與地上國的交界處訣別。
親愛的妹妹
我將每日建立一千五百所產房！
我當每日扼死你的國人千名！
親愛的哥哥
至此，生與死的世界截然二分。

3 黃泉國

主題≫死後的世界

▼生與死

或許有人會覺得，把世界的創造直接連結到死亡是件奇怪的事。不過，「出生」與「消逝」是一體兩面，兩者俱備，事物才完整。

伊邪那美邁向死亡的過程中，多位神明從其嘔吐物、大小便中誕生。伊邪那美是因生火神而死，而火也象徵文明的力量。因此也可說，神的死亡與下一代的力量有關。

▼與希臘神話類似

伊邪那岐訪冥界尋找妻子，中文將地下世界寫成「黃泉」，日文則讀成「yomi」。因為死者埋在土裡，「地下」自然讓人聯想到「死者的世界」。

日本神話的黃泉與希臘神話的冥府一樣，雖是黑暗世界，但與地獄不同。地獄的觀念出現在佛教、基督教（及受此兩者影響的宗教）中，是懲罰惡人的空間；也可說，神話世界的監獄就是地獄。

不過，人類史上的古代神話並未提及地獄。黃泉或冥界單純指昏暗的世界，死者在此繼續他們**縹緲的生命**。伊邪那岐往黃泉國尋找伊邪那美，類似希臘神話中，詩人奧菲斯（Orpheus）（請見一一四頁）至冥界尋找亡妻尤瑞迪絲（Eurydikē）的故事。被叮嚀「不要看」的伊邪那岐無意間看了，於是跟奧菲斯一樣功虧一簣；或許這兩個溯及超古代的神話有共同的起源。

無論如何，伊邪那岐與伊邪那美訣別的含意超越了戀人的分離。天地的創始使**生死界線**分明，也可說是創造神話的一種，它說明了死亡的起源。

《古事記》的異空間

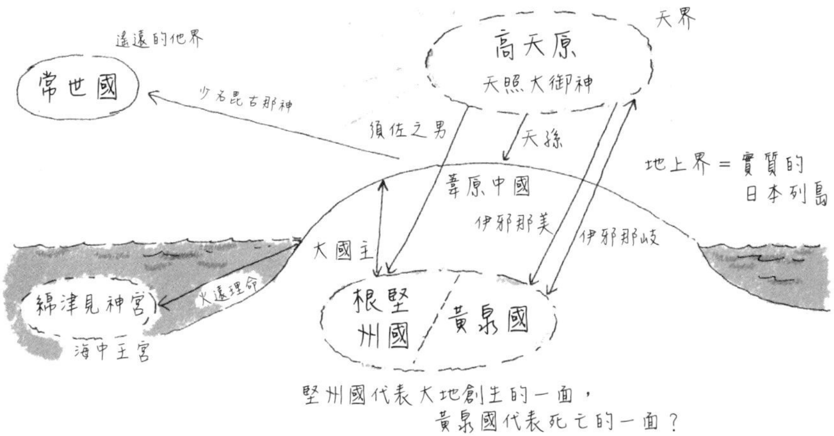

各式各樣的死後世界

冥界（死者繼續虛無縹緲地活著）

冥府（希臘）、黃泉（日本）、陰府（舊約聖經）

天國與地獄

（依據神的審判來分配死者該往何處）
審判分為死後審判與最終審判*

一神教（基督教、伊斯蘭教等）
（天主教教義中，
死者靈魂在煉獄受淨化後才前往天國）

譯註：世界末日時，神會復生死者並對他們進行裁決，分為永生者和打入地獄者。

輪迴轉世

（不斷重回人世）「善良的人也可能有「地獄」般的人生

印度的宗教（佛教、印度教等）
（古希臘、古羅馬也有轉世思想）

4 天照大御神與須佐之男

姊弟倆於天界大對決

伊邪那岐說道：

❶我從黃泉歸來後，前往日向國，以河水清潔身體，舉行**祓除**。此時，又有多位不同的神從我拋棄的棍棒、衣服及清潔過的身體裡出現。

❷最後，洗左眼時生出太陽女神**天照大御神**，洗右眼時生出男神**月讀命**，洗鼻子時生出暴風雨男神**建速須佐之男命**（須佐之男）。我大喜過望，命三子分別治理**高天原**、**夜之國**及**海原**。

令人困擾的是，雖然天照大御神與月讀命皆奉命前去，須佐之男卻直到長出鬍鬚的年齡仍不願赴命，只一味哭鬧，想去母親所在的地下世界「根堅州國」。這令我怒火中燒，便將他驅逐。

天界的天照大御神說道：

❸須佐之男魯莽地上來高天原，我認為他來者不善，恐欲強奪我的國土，於是武裝以待。為了查明粗暴的弟弟有何意圖，我們以**誓約**的形式進行占卜，各自生子。首先我把弟弟的**劍**咬碎，從噴出的霧氣裡生出**三位女神**，她們是須佐之男的孩子。接著，須佐之男咬碎我的**勾玉**串飾，從噴出的霧氣裡生出**五位男神**，他們是我的孩子。

❹我的長子名為正勝吾勝勝速日天之忍穗耳命，他的子孫日後成為天皇。這個名字中含有「正勝」（真正的勝利）、「吾勝」（我勝了），表示占卜的結果是我獲勝。也就是說，我認為「須佐之男有謀反意圖」的猜測是正確的。不過，本性如暴風雨的弟弟須佐之男卻曲解占卜結果。他發表**勝利宣言**：「因為我是清白的，所以我的劍生出女神。這樣看來，自然是我勝了。」藉此大鬧高天原。

❶ 伊邪那岐舉行祓除，陸續生出多位神明

❷ 最後出現三貴神：天照大御神、月讀命、須佐之男

分別獲賜高天原、夜之國及海原為領地。

須佐之男只知哭鬧，想前往母親所在之地，故遭伊邪那岐驅逐。

❸ 須佐之男上高天原，天照大御神全副武裝對峙

兩人為證明須佐之男的意圖，
進行占卜。

勾玉
（天照大御神的咒物）

劍
（須佐之男的咒物）

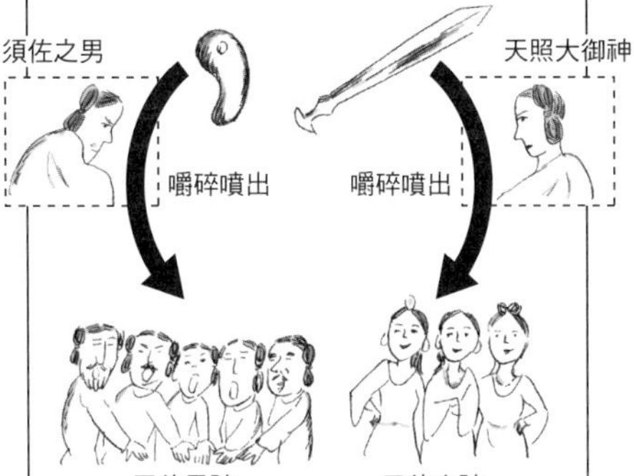

五位男神
（天照大御神之子）

三位女神
（須佐之男之子）

❹ 誰勝誰負？

天照大御神（正統派）的邏輯：
我的勾玉化為「正勝吾勝勝速日天之忍穗耳命」，由名字可知是我勝了！

須佐之男（非正統派）的邏輯：
我的劍化為柔和的女神，明顯表示我並無爭戰之意，所以是我勝了！

宣稱獲勝的須佐之男趁勢大鬧。

天皇家的血脈始於天照大御神之子正勝吾勝勝速日天之忍穗耳命。

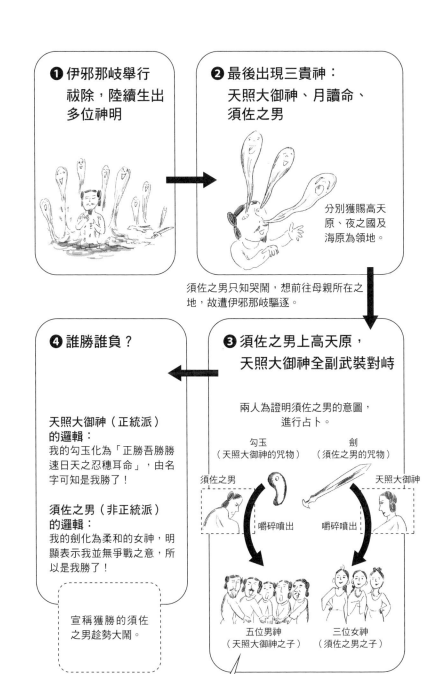

4 天照大御神與須佐之男

主題》太陽與月亮、秩序與破壞

▼太陽、月亮、暴風雨

天照大御神是照耀天空的太陽女神，人類文化中，大都把發出強烈光芒的「太陽」視為男性的象徵，但也有些文化例外，例如北歐神話中的太陽神蘇爾（Sól）就是女性。Sól（太陽）是古代北歐語，不知為何是女性名詞。

非洲多哥共和國的埃維族（Ewe）神話中，太陽與月亮是姊弟關係。兩者皆有多名子女，有一次兩人決定將孩子遺棄於海上。不過，弟弟不遵守約定。月亮至今仍引領著星星（即月亮之子），太陽之子則全數化為魚，遨遊海上。神話也描寫了兩神爭吵，關係破裂的情節。伊邪那岐左眼生出太陽神天照大御神，右眼生出月神月讀命，鼻子生出暴風雨之神須佐之男。其他地方也有類似的神話，東南亞的泰國神話中，太陽是長男，月亮是次男，么弟名為羅睺（Rahu），會造成日蝕與月蝕。天照大御神因須佐之男的胡作非為而驚恐，隱身於天石屋戶，閉門不出，讓人聯想到日蝕神話（請見三二頁）。

▼秩序VS無秩序

《古事記》對月讀命著墨甚少，相對地，代表明朗、秩序井然的天照大御神與代表狂風暴雨的須佐之男，兩者之間有鮮明的對比。天照大御神因孩子名中有「正勝吾勝」而宣稱自己勝利，是重視觀念與名義的**菁英想法**；而須佐之男訴諸感情，宣稱生出女神證明了自己的溫和，卻同時在高天原搗亂，是近乎**無賴的邏輯**。

兩者類似希臘神話中太陽神阿波羅（Apollon，代表理性與光明）與酒神戴奧尼索斯（Dionysus，代表怪異與祕密儀式）的對照（請見九八、一〇二頁）。

神話中各式各樣的對比

太陽與月亮／日與夜

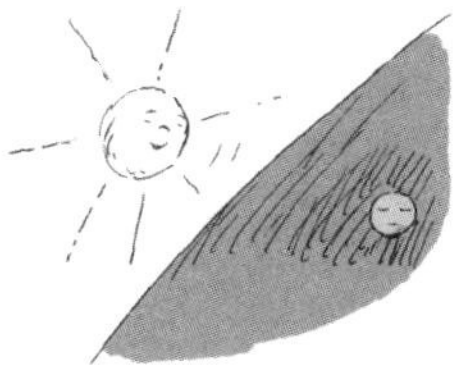

天界與地上界／
支配者與被支配者

陸地與海洋／山幸彥與海幸彥

生與死／地上界與冥界

野蠻與文明／混沌與秩序

男與女／陽與陰

幸與不幸

善人與惡人

善神與惡神

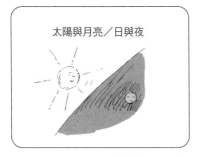

5 天石屋戶

太陽神天照大御神閉門不出

天照大御神說道：

❶弟弟須佐之男主張自己在占卜中獲勝，趁勢在天上妄作胡為。破壞田埂，在神殿中拉屎。

我依舊袒護弟弟，但弟弟某日把天之斑馬逆剝了皮放進屋內，天衣織女見狀大吃一驚，梭子衝撞了陰部，就此死去。此事太不吉祥，我便關閉了天石屋戶的門，閉門不出。

身為太陽神的我足不出戶，世界陷入黑暗。聽說眾神群起呼叫，發生了種種災禍。

高御產巢日神之子思金神說道：

❷為使太陽神重新露面，眾神齊聚商討，詢問掌管智慧的我有何策略。我建議召開盛大宴會，大家盡情喧嘩，引起天照大御神的好奇心，同時把眾神的活力注入太陽。

❸於是眾神聚集，實行我的計畫。先是命長夜之常鳴鳥（雞）宣告黎明的來臨，而後拔取神木，上枝掛勾玉串飾，中枝掛八尺之鏡，使咒術發揮力量。並舉行占卜，唸誦祈禱文。巫女天宇受賣命腳踏空桶作響、手舞足蹈，彷彿神靈附體。他胸乳皆露，衣裳下垂及陰部，眾神哄然大笑。

天照大御神說道：

❹「我隱居此處，為何眾神歡聲雷動呢？」我心中萬分狐疑。天宇受賣命在外頭說道：「因為有比你更高貴的神到來了，所以大家歡笑喜樂。」然後，天兒屋命與布刀玉命舉起鏡來給我看。從未看過鏡子的我，看到鏡中自己發出的光芒，嚇了一跳。此時，天手力男命握住我的手，把我拉出來，布刀玉命急忙把注連繩（譯註：用來當作禁止出入的標誌。）掛在後面，永久封閉天石屋戶的門。

思金神說道：

於是，陽光重返世界。

❶ 須佐之男大鬧高天原，
使天照大御神閉門不出

❷ 世界陷入漆黑，
困擾的眾神開會
商討對策

❸ 召開盛大宴會，
引誘閉居天石屋戶的
天照大御神出來

天宇受賣命跳脫衣舞時，眾神熱烈歡呼

❹ 天照大御神在
詫異之下打開
天石屋戶，
露出臉來，沒想到
被拉了出去

太陽神重返世界，神、人皆歡欣鼓舞。

天石屋戶

主題≫太陽的死亡與復活

▼日蝕與冬至

天照大御神的閉居可能意味最初的**日蝕**（請見三〇頁），不過也有冬至的含意。冬至是一年中白晝最短的一天，意味太陽的衰弱無力。因此，眾神才大肆喧鬧，為太陽注入能量。

實際上，日本在冬至期間會舉行**鎮魂儀式**，以免天皇的魂魄因太陽能量衰弱而脫離身體。

天宇受賣命腳踏木桶，發出聲響，鎮魂祭中似乎也會用矛敲打木箱。

人類認為冬至有太陽的衰弱與重生之意涵，這樣的想像即是聖誕節的起源。聖誕節雖是慶祝耶穌基督誕生的節日，但在歷史上，耶穌並非在十二月二十五日出生。十二月二十五日是古羅馬在冬至舉行太陽神復活儀式的日子，那一天被基督徒用來慶祝自己的神生日。

北歐稱聖誕節為**耶魯節**（Jul），在基督教出現以前，耶魯節本是冬至慶典，聖誕樹也是象徵生命力的常綠樹。

▼死亡與復活的神話

神話中有許多關於**死亡與復活**的描述，一年的循環象徵死亡與復活，枯萎的植物再度發芽也象徵死亡與復活。冬至時祈願太陽甦醒、春分時祈願大地發出新芽、夏至時祝賀「太陽萬歲」，本質上都是相通的邏輯，植物神的死亡與復活請參考五〇頁與一一三頁。

基督教認為**復活節**是與聖誕節同樣重要的節日，復活節在春天舉行，紀念耶穌基督死而復活。復活節雖有特別的神學詮釋，但其淵源似乎也與春天的農耕節慶，以及植物神的死亡與復活有關（請見一一三頁）。

神話中的死亡與復活

太陽神在冬至最衰弱，之後復甦

植物神在冬天赴冥界，春天復活

天照大御神
從天石屋戶出來

死去的歐西里斯
復活
（埃及神話）

歐西里斯被弟弟所殺，
由妃子艾西斯（Isis）
收集散落的屍塊，
用魔法使他復活

死去的雅辛托斯
變成風信子
（希臘神話）

聖誕節、新年都會裝飾常綠樹
（生命的象徵）

死去的耶穌復活
（請見224頁）

大氣津比賣神

女神之死帶來穀物

須佐之男說道：

❶眾神割了我的鬍鬚，拔去我的手指甲與腳趾甲，把我驅逐出高天原。我到達地上時，因極度飢餓，乞食於大氣津比賣神，這位女神便從她的口鼻與肛門取出種種美食。

❷我以為她要給我污穢的食物，便殺害了她。女神死後，頭上生**蠶**、兩眼生**稻**、兩耳生**小米**、鼻生**紅豆**、陰部生**麥**、肛門生**大豆**。後來我聽說，造化三神之一的神產巢日神命人將這些東西採集起來，成為食物的種子。所以，人類啊！你們的食物是女神的死換來的啊！

《日本書紀》中的月讀命也提過類似的事。

①我月讀命奉天照大御神之命來到地上，受保食女神款待，但她備食的方式很可怕。她面向平地吐出米飯、面向海洋吐出魚、面向山巒吐出獸與鳥，實在令我作嘔，憤而殺了女神。

②死去的保食神，頭頂生出**牛馬**、額頭生出**小米**、眉上生出**蠶**、眼睛生出**稗**、腹中生出**稻**，陰部生出**麥**、**大豆**及**紅豆**。姊姊天照大御神高興地說：「天下蒼生可食用這些東西而生存。」養蠶之道亦從此開始。

③不過，天照大御神斥責我的行為，我也跟她賭氣。之後，兩人儘可能不見面。從此，太陽和月亮幾乎沒有同時出現的時候。

女神之死與農業之始

《古事記》版本

❶ 大氣津比賣神提供須佐之男食物

女神從口鼻與肛門取出食物。

❷ 被殺的女神身體各處生出蠶與五穀

神產巢日命人採集，成為食物的種子（請見16頁）。

《日本書紀》版本

① 保食神提供月讀命食物

女神面向三方，吐出三種食物。

② 被殺的女神身體各處生出牛馬、五穀

③ 天照大御神勃然大怒，自此太陽與月亮不再同時出現

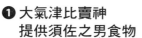

6 大氣津比賣神

主題》農業的起源、活祭的意涵

▼神的死亡與農作物的起源

無論在《古事記》或《日本書紀》中，穀物、蠶等皆因**殺死神明**而產生。這樣的神話之所以特別引人注意，是因為從嘴巴、肛門等身體的洞取出食物、產生種子，總讓人覺得有點噁心。

連須佐之男、月讀命都這麼覺得，古代日本人聽到這樣的故事，可能也有相同的感覺。

不過，世界各地都有這種神話模式，因為糞便是由食物變成的。

印尼西蘭島（Seram）的神話中，少女海奴韋萊（Hainuwele）能將寶物像糞便一樣排泄出來。人人都覺得噁心，便殺了她。她的父親將屍體分葬各處，結果長出各種不同的芋頭，據說這就是農耕（栽種芋頭）的起源。這樣的思維與《古事記》、《日本書紀》一模一樣。

▼活祭的記憶

死去的神身上產生食物、穀物之類的神話，和北歐神話與中國神話中因巨人肢解產生世界（請見二四二頁）、日本神話中伊邪那美死亡之際生出火神（請見二四頁）、希臘神話中阿多尼斯（Adonis）等植物神死後生出各式各樣的植物（請見一一三頁）如出一轍，因為都與太古時代**活祭動物**或**人類**的儀式有關。

人類透過犧牲重要事物獻上活祭，以取得豐收與幸運，後世也承襲了為使工程順利，而將人活埋的習俗。

這種殘酷血腥的記憶，若由現代的環保觀點來詮釋，會得到這樣的結論：人類受大自然的恩惠而生存，不過是在造成自然界極大負擔（以大自然為活祭）的情況下，人類才能享有這些恩惠……。

海奴韋萊的神話
（印尼西蘭島）

少女海奴韋萊
將寶物像糞便一樣排泄出來
↓
村民殺死少女
↓
分葬各處的屍體
長出芋頭
↓

食物的起源
對生存而言必然的
殺害之起源

肢解的神話／由神之死
而產生神的神話

【古代中東神話】
海洋女神迪亞馬特死後被分屍，
形成天與地

【中國神話、北歐神話等】
原始巨人肢解後形成大地與山巒

【古事記】（請見24頁）
伊邪那美死時誕生許多神明
尿→和久產巢日神＝豐宇氣毘賣神
（農業之神）

伊邪那岐殺了火神之後，
火神的屍體生出山神
（火與山的結合，被視為火耕之意）

動物成為供品，幫助人類的生活

感謝神明的祭品

種子死後（埋在土裡），
成為下一代的果實

耶穌說：「一粒麥子若不落在地裡死去，仍舊是一粒麥子；如果死於地裡，會結出許多麥子。」約翰福音12章／杜斯妥也夫斯基，《卡拉馬助夫兄弟們》（The Brothers Karamazov）題詞

八岐大蛇

須佐之男制伏八岐大蛇

須佐之男說道：

❶我到了出雲國的肥河（斐伊川），看見筷子在河上漂流。我向上游走去，看到一對老夫婦神和女兒抱頭痛哭。老公公名叫足名椎，老婆婆名叫手名椎，女兒名叫櫛名田比賣。

❷我問他們為何哭泣，他們說，因為這裡出現八岐大蛇（高志之八俣遠呂智）。我問他們八岐大蛇長什麼樣子，他們說是「一個身體卻有八個頭八條尾巴，眼睛像丹波酸漿果般火紅的怪物」。

女兒恐怕即將成為活祭，八岐大蛇每年現身，已吃掉女兒的七位姊姊。

❸我下定決心要消滅八岐大蛇，便吩咐老公公和老婆婆釀**烈酒**，放入八個桶中。再做一道籬笆圍繞起來，籬笆要有八個入口，再把酒桶分別放在入口。

我還提出跟櫛名田比賣結婚的要求，老夫婦欣然同意。於是我將櫛名田比賣變成**木梳**，插在頭髮上，等候八岐大蛇的到來。

❹不久，八岐大蛇出現了。牠把頭伸進每個酒桶，咕嚕咕嚕，喝得酩酊大醉，不省人事。我把牠切成幾段，牠的血把肥河都染紅了。

切到大蛇尾部時，劍刃砍出了缺口。我覺得奇怪，用劍尖割開尾巴，仔細一瞧，發現裡面有一把鋒利的劍。我將這把劍獻給天上的天照大御神，此劍即為之後日本天皇代代相傳的**草薙劍**，又稱天叢雲劍。

須佐之男被逐出天界後，一夕長大，成為英雄

❶ 須佐之男看見河中有筷子漂流而下，便向上游走去

肥河（斐伊川）

❷ 櫛名田比賣差點成為怪物八岐大蛇的活祭品

八岐大蛇每年都會現身，吃掉活祭品

❸ 須佐之男決定娶櫛名田比賣，並安排制伏八岐大蛇的計畫

老夫婦依照須佐之男的指示釀烈酒，裝入桶中。須佐之男將櫛名田比賣變成木梳，插在頭髮上。

❹ 須佐之男用力砍向喝醉的八岐大蛇

在大蛇尾部發現不可思議的寶劍，即天皇家的三神器之一：草薙劍。

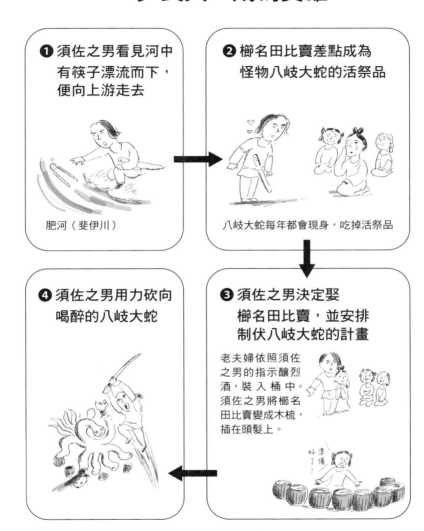

八岐大蛇

主題》怪物、活祭、英雄

▼屠龍神話

八岐大蛇也許象徵**經常氾濫的河**，神話中描寫大蛇血染河流的那一帶，不知是否為鐵的產地。如果是的話，須佐之男就是**治水**的農業神了。

不過，八岐大蛇神話採用的是全世界都可見到的「英雄征服怪物模式」。希臘神話中也有柏修斯斬殺海怪，救出活祭品安德洛米達公主（Andromedā），兩人結為連理的故事。

世界各地有許多屠龍神話，八岐大蛇也可說是龍的一種。印度神話中，因陀羅（又名帝釋天）斬殺妨礙降雨的惡龍弗栗多（Vrtra）後，大雨便傾盆而下（請見一五四頁）；中東神話中，馬爾杜克（Marduk）攔腰斬斷了迪亞馬特（原初海水，外觀被描寫為龍的形象），將其當作創建天地的材料（請見一九二頁）。

《聖經》〈啟示錄〉中，大天使米迦勒（Archangel Michael）與龍（真面目為撒旦）戰鬥，結果龍從天上被摔到地下（〈啟示錄〉十二章）。

基督教也有聖喬治（St. George）屠龍的神話，聖喬治是三世紀的羅馬軍人，卻在高加索的喬治亞殺了當地的惡龍，拯救被當作活祭品的公主。從俄羅斯到英國，聖喬治都備受尊崇。

▼從外界的怪物到精神的怪物

佛教鼻祖釋迦牟尼視心中的煩惱為怪物，與之作戰；基督教創始人耶穌則與人類根深蒂固的罪惡搏鬥。兩位宗教大師遇到的都是**精神上的怪物**，而英雄也是精神上的存在。

英雄神話的人氣至今不墜，電影《星際大戰》（Star Wars）、《哈利波特》（Harry Potter）也都以擊敗怪物為主題。這類現代奇幻作品保存了佛教、基督教創始以來的倫理道德主題，因此天行者路克（Luke Skywalker）等絕地武士才會與來自原力（The Force）黑暗面的誘惑戰鬥；哈利則與魔法帶來的權力欲望交戰，這些都是須佐之男、柏修斯想不到的怪物種類。

屠龍神話

因陀羅斬殺妨礙降雨的惡龍弗栗多，
人間重獲甘霖
（印度神話）

與龍對戰的聖喬治

馬爾杜克攔腰斬斷海洋女神迪亞馬特，
創造天與地

最後審判的大天使
米迦勒與龍戰鬥

釋迦牟尼開悟之前，
與自己的「心魔」作戰

耶穌也在曠野受撒旦的試探

8 因幡的白兔

少年神治癒兔子

白兔說道：

❶我是隱岐島的兔神，有一天，我想渡過日本海到因幡國，於是把鱷魚（指鱷鯊，鯊魚的一種）找來，對牠們說：「我們來比一比，看是兔族或鱷魚族的數量比較多吧！」我要牠們把全族都叫出來，從隱岐到因幡排成一排，然後從牠們的背上跳過，邊跳邊數，就知道誰多誰少了。

❷不過，當我從最後一隻鱷魚背上躍起，不小心說溜了嘴：「你們都被我騙了！」結果被最後一隻鱷魚抓住，牠生氣地把我的毛皮全剝了，變成這副光溜溜的德性。

❸哭著哭著，一群兄弟神經過，要去向因幡的八上比賣求婚。他們告訴我：「去海裡洗澡，然後吹吹風，就可以復原了。」我照著做，結果全身灼熱刺痛，就愈哭愈大聲了。

❹剛才那群神的么弟大穴牟遲神（大國主神年輕時叫做大穴牟遲）隨後經過，這位年輕神明柔聲對我說：「去河口用淡水洗身體，把蒲草花粉灑在地上，在上面打滾。」我照他的話去做，皮膚果然痊癒。

我很感謝他，便**預言**：「你的兄弟必定得不到八上比賣，你雖然只是幫忙背行李的，卻能得到他。」

果然，八上比賣拒絕那群兄弟神的求婚，選大穴牟遲神為夫婿。

❶ 白兔想從隱岐島渡海到因幡，就跟鱷魚打商量

❷ 鱷魚大怒，把兔子變得光禿禿的又痛又丟臉

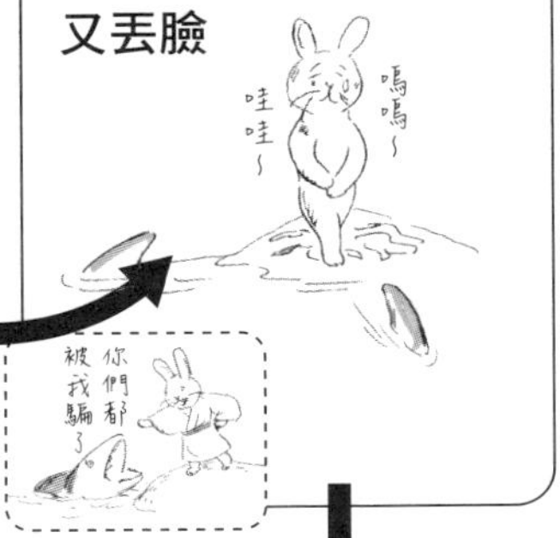

❸ 一群兄弟神經過，要去向八上比賣求婚

❹ 隨後經過的大穴牟遲（大國主）親切地教兔子治療法

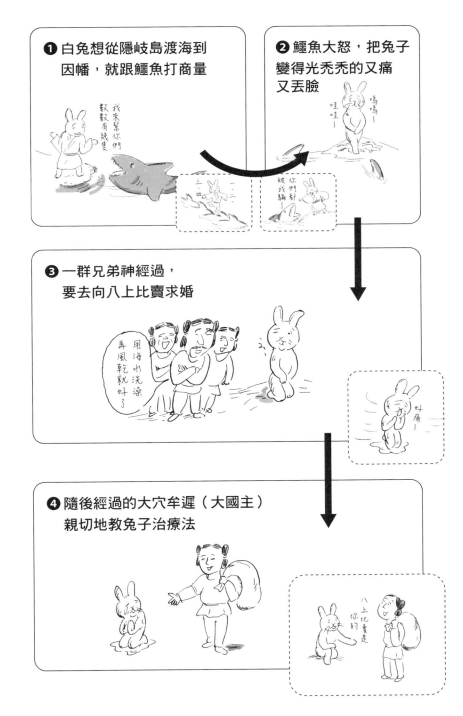

因幡的白兔

主題≫與動物的交流

▼泛靈信仰的世界

大穴牟遲神（大國主神）能與**動物**對話，他對**兔子**親切以待，不像其他兄弟對兔子敷衍了事。這樣的態度對他日後大有助益，在他受須佐之男的火攻考驗時，有隻**老鼠**對他說：「裡頭空空洞洞，外面狹狹小小。」他才知道地面有洞穴，得以逃過一劫（請見四八頁）。

人類歷史上，**農業**大約從一萬年前開始發展。之前的幾十萬年，人類都以**狩獵採集**為生。在那樣的時代，擬人化的神明形象很少，因為當時人類對自然界動物的靈魂與精神有更強烈的感覺，亦即擁有類似大國主神的感受性。

但人類進入農耕生活後，這樣的記憶應該就漸漸模糊了。農業雖然也仰賴大自然，卻是以「人類管理自然」的概念為基礎。不過，宮澤賢治也寫下獵人與熊對話的故事。獵人殺熊、販賣熊皮是生活所需，熊也能理解這件事。

宮澤賢治生長於鄰近北海道的東北地方，北海道的阿伊努族會舉辦熊靈祭，把熊當神靈祭拜，感謝熊賜山珍給人類。

無論是宮澤賢治故事中的獵人，或是北海道的阿伊努族，人類都並非單方面攻擊或管理動物，有時也會被動物襲擊，但仍相信動物會為人類帶來幸福。與動物共存，也意味人類與動物在平等的位階上生存與死亡。

▼性格豐富多彩的人

大國主神身上承繼了各式各樣的太古時代觀點，他不只受動物幫助，還和身形矮小的少名毘古那神搭檔行動（請見五二頁）；也經常受母親與戀人的幫助（請見四八頁）；且因生性好色，擁有多名妻子（請見四八頁），是個多彩多姿的人物。

各式各樣靈魂的存在，靈魂的力量

擁有靈魂的動物

泛靈信仰的世界（狩獵採集時代開始）

祖先的靈魂

祭祀祖先也是泛靈信仰

祭拜神明就會帶來幸運

多神教或一神教

修行就會得到力量

悟道或修行的宗教

宮澤賢治《滑床山之熊》概要

這篇作品融合了泛靈信仰的感性、佛教的無常觀、自然界與社會弱肉強食的苦惱，是膾炙人口的傑作。

滑床山麓有個出名的獵熊高手，名叫小十郎。小十郎家境貧窮，只能以獵熊維生。不過，他對熊心懷歉意，射殺熊時，會對熊說：「來世不要再當熊了。」小十郎覺得自己似乎聽得懂熊的語言。

熊也把小十郎視為活在悲慘世界的夥伴。

有一天，小十郎放過一隻熊，讓牠逃走了。兩年後，那隻熊死在小十郎的家門前，把自己的身體交給小十郎，小十郎對牠合掌行禮。

最後，悲劇發生了。小十郎在山上射擊一隻熊，但沒打中，反遭熊襲擊。熊雖無殺他之意，但他一命歸天。之後，許多熊圍繞著小十郎，彷彿在祭弔他。

大國主神

接受娶妻考驗

大國主神說道：

「在我的名字還是大穴牟遲時，就接受過各式各樣的試煉，讓我說給你們聽吧！」

❶八上比賣選我為夫婿，於是兄弟們大怒，用燒紅的大石頭燙死我，又把我夾死在樹中間。還好有母親想盡辦法幫我，我才能復活。

❷我聽從母神的話，逃往地下的根堅州國。我在此邂逅了須佐之男的女兒須勢理毘賣，我們**一見鍾情**（八上比賣怎麼辦？無論哪一個，都是我的妻子啊）。

❸大神須佐之男為了**測試**我是否有資格與他女兒結婚，要我睡在蛇屋與胡蜂屋裡。兩次都是須勢理毘賣給我辟邪手巾，讓我揮動手巾驅除妖魔，才平安無事。

❹須佐之男給我的下一個課題，是要我取回他射入草原的箭。我進入草原後，他就放起火來。我側耳傾聽，有隻老鼠說：「裡頭空空洞洞，外面狹狹小小。」我看到地面有個洞穴，趕緊躲在裡面，才脫離險境。

❺當我若無其事地現身，大神與須勢理毘賣都驚嘆連連。然後大神橫躺著，要我幫他抓頭上的虱子，但其實頭上都是蜈蚣。聰明的須勢理毘賣教我把糙葉樹的果實與紅土含在口中再吐出來，偽裝成蜈蚣被我咬碎的樣子。大神佩服不已，便安心去睡了。

❻我把大神的頭髮綁在屋頂木條上，揹著須勢理毘賣，拿了大神的大刀與天沼琴逃走，不料天沼琴碰到樹枝，發出巨響。

❼大神驚醒站起，把房屋都推倒了。他追趕我們，直追到根堅州國與地上國的交界處。

大神高喊：「你用那把大刀擊敗你的兄弟，自己立為大國主神，娶我女兒為正室，建立華麗的宮殿，在那裡住下吧！你這傢伙！」——這些是祝福的話。

於是，我通過考驗，成為國王。

大國主的試煉

❶ 遭兄弟怨恨，
兩度被殺！

兩次都是母神幫助他復活。

❷ 前往地下世界，
與須佐之男的女兒
須勢理毘賣
一見鍾情！

❸ 須佐之男進行
結婚測試！

有須勢理
毘賣相助，
輕鬆通過！

❹ 下一個測試是在草原
被火烤！

老鼠告訴祂
地上有洞，
再次過關！

❺ 大穴牟遲若無其事地
回來，大神與須勢理
毘賣都嚇了一跳！
然後大神要大穴牟
遲幫他抓頭上的
虱子（其實是
蜈蚣）！

這次也是靠須勢理毘
賣的主意輕鬆解決。

❻ 大穴牟遲把大神的
頭髮綁在屋頂的
木條上，
溜之大吉！
但天沼琴碰
到了樹枝，
發出巨響！

❼ 須佐之男在根堅州國與
地上國的交界處
祝福兩人：「女兒和大刀
都給你！自己立為大國
主神吧！」

測驗總算及格了！英雄所認同的
另一位英雄誕生了……

英雄被母親與戀人守護！（受歡迎男性的勝利！）
英雄傾聽小動物說話（無論老鼠或白兔！）

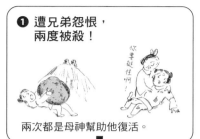

大國主神

主題≫人生禮儀

▼復活與母神的功能

大國主神（大穴牟遲神）的故事大多是**成長歷程的試煉**，而試煉扮演了人生禮儀的角色。

首先，他兩度被兄弟殺死、兩度復活。許多民族會舉行類似的「成人式」，讓少年在長成青年的過程中，先暫時象徵性地死亡，再重新復活為大人。這是藉由死亡與再生的主題，表現人在成長過程中社會處境與意識的巨大轉變。

有趣的是，大國主神的復活與**母神**有關。世界各地有許多神話描寫**男性植物神**死亡後，在**大地母神**的庇蔭下復活。

例如希臘神話中，美神阿芙羅黛蒂（Aphroditē，起源似乎是豐收女神）愛上美少年阿多尼斯，於是阿芙羅黛蒂的情人醋意大發，派野豬刺死了阿多尼斯（大國主也是在獵野豬時被殺）。阿多尼斯的血化為銀蓮花，阿芙羅黛蒂的眼淚則化為玫瑰（請見九七頁）；阿多尼斯每年都會死而復生。

中東神話中，植物神塔姆茲（Tammuz）也在大地母神伊絲塔（Ishtar）的幫助下多次復活；希臘神話中阿多尼斯的故事是此神話的翻版。

▼結婚的試煉

大國主神**娶親**也是九死一生的人生禮儀，他不只被關在蛇屋、蜈蚣屋與胡蜂屋裡，還在草原被火燒。最後趁岳父須佐之男睡著時帶妻子逃走，測試才結束；須佐之男終於同意他是合格的女婿，並給予祝福。

能繼承狂野的須佐之男家族的男性，應該也必須是狂野且注意力超群的人吧！

各式各樣的人生禮儀

陸地高空彈跳（Naghol）（萬那杜的成人禮）

將長藤蔓綁在參加者腳踝上，讓他從高台上跳下來……高空彈跳的起源

巴咪茲霸（Bar Mitzvah）（猶太教少年的成年禮）

十三歲少年公開誦讀聖經

少女的成年禮稱為貝咪茲霸（Bat Mitzvah）（一般在十二歲舉行）

欺負新生

徵兵檢查

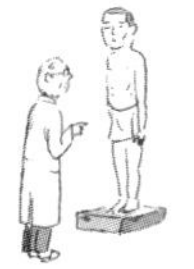

七五三節*

婚禮

*（譯註：日本的傳統活動，每年11月，有5歲男孩和3歲、7歲女孩的家庭，會到神社或寺廟參拜，祈願孩子健康成長。）

女神信仰

純潔

擁有智慧與技藝的處女神雅典娜（雅典的守護神）

生殖

世界各地的大地母神

能量

踩著濕婆神跳舞的迦梨女神

世界主流宗教中也有類似的例子

成為女神的觀音

聖母馬利亞

少名毘古那神

兩神搭檔建設國家

建立國家的大國主神說道：

❶我和各地的公主結為夫婦，正室是須佐之男的女兒須勢理毘賣，還娶了因幡的八上比賣、高志（越）的沼河比賣、宗像的多紀理毘賣以及神屋楯比賣、鳥取女神。我有好幾個名字，年輕時叫大穴牟遲；須佐之男大神第一次見到我時，稱我「葦原色許男」；等我通過測試，祝福我時，賜給我「大國主」這個很像大國帝王的名字。

❷我也被稱為八千矛神，即「擁有無數武器或陰莖的神」。我向沼河比賣求婚時，她遲遲不讓我進家門，令我十分苦惱，當時似乎還有個傢伙以「八千矛神之歌」為名，在宴會上把這件事唱了出來。另外，還有一首歌描寫須勢理毘賣妖豔又善妒。說實話，我並不討厭這些八卦。

❸我也做了不少正經事，推廣農業、為國盡心盡力。我和矮小的少名毘古那神組成天龍地虎搭檔，四處巡迴，百姓皆歡喜相迎。

❹少名毘古那神是個厲害、嬌小玲瓏的神，他穿著蛾羽製的衣裳，划著以蘿藦果實所造的船來到這裡。一開始沒人知道他是誰，後來我聽了癩蝦蟆的指示，去問久延毘古，才知他真正的身分是生成之神神產巢日的兒子。是從父神的指縫間落下的**穀物之靈**。

不久，少名毘古那神就遠赴**常世國**了。

❷ 八千矛神之歌

八千矛神，在大八島國裡找不到妻子，
在遠遠的高志國裡，聽說有賢淑的女人，聽說有美麗的女人，
跑去求婚，佇立良久。
大刀的繩索還沒有解，外套也沒有脫，
站在姑娘臥房的板門外，又推又搖，又拉又搖。
青山上怪鴟已經叫了，野鳥的雉雞也喚了起來，家禽的雄雞也叫了。
可憎呀那些叫的鳥，
把這種鳥都收拾了吧！

八千矛神，在各處尋找妻子，
遠方的越國，聽說有賢淑的女人，聽說有美麗的女人，
跑來求婚，跑去求婚。
大刀的繩索還沒有解，上衣也沒有脫，
在少女臥房的門扉外，那裡推推，這裡拉拉。
山上怪鴟啼叫，原野的雉雞跟著聲喚，
家禽的雄雞也叫了。
不尊重、可惡、嘈雜的鳥，
畜生！安靜點！我來打你們了！

❸ 迷你的少名毘古那神出現在巨大的大國主神面前！

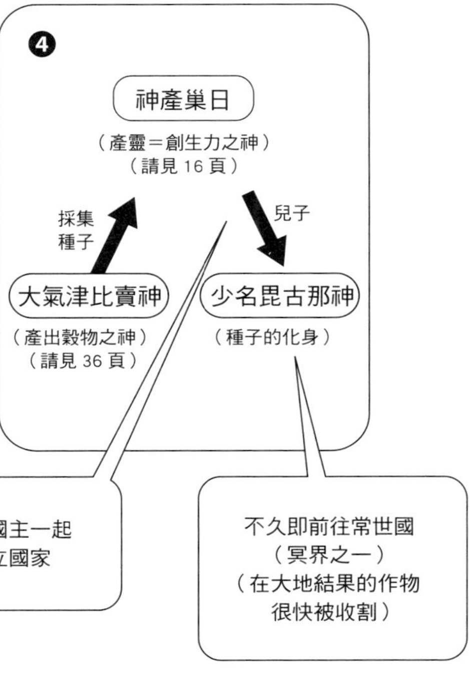
與大國主一起建立國家

少名毘古那神

主題》性與豐收

▼農耕之神與穀物之靈

大國主雖是建國之神，但更具體來說，是推廣農業的**農耕文化之神**；與他組成團隊的迷你神**少名毘古那神**則是**穀物之靈**。大國主這個名字容易讓人聯想到廣闊、豐饒的國土，在這樣的國土播種，想必會大豐收。

少名毘古那神突然回到**常世國**令人錯愕，不過他好像原本就來自那裡。常世屬於來世的一種，但也是永遠不變、永生的世界；植物的種子在這個世界與大地另一側的世界之間不斷循環。

巨人大國主神與侏儒少名毘古那神這個組合的活躍事蹟，《古事記》中幾乎未記載，但在各地的《風土記》可找出幾則軼事，兩神的組合在古代似乎相當出名。基本上，這個組合所扮演的角色似乎是在全國推廣**稻作**，《出雲風土記》便記錄了他們在多禰推廣稻種之事。

▼旺盛的生命力

還有一個令人欣慰的故事，少名毘古那神在伊予（愛媛縣）身患重病時，大國主神命人引來大分一帶的**溫泉**，讓少名毘古那神入浴；據說這是愛媛縣道後溫泉的起源。《伊豆風土記》中記載，這個組合也扮演**醫療之神**的角色，教導大眾溫泉療法。

此外，大國主神十分**好色**，與多位公主締結姻緣。多次婚姻雖也有播種的意涵，但無論如何，從性、農耕、醫療到**政治力**，大國主皆給人生命力旺盛的印象。他的名字也很多，但總歸是一個統合各方土地神、強大、英雄豪傑般的神明形象。

好色與掌權之男神

好色的神

融合各地神明信仰的同時，
也娶了多位配偶

戰神

大國主也擁有醫療神的性格

白兔與
大國主

大國主讓生病的少名毘古那神泡溫泉

古希臘的醫療神
阿斯克雷皮俄斯
（Asclepius）
（名醫成為醫神）

世界衛生組織（WHO）
會旗上的阿斯克雷皮俄斯之杖

蛇象徵生命，蛇所盤繞
的木杖是醫療的象徵

耶穌基督
也有醫療神的面向

聖母馬利亞在露德（
Lourdes）治病聞名世界

釋迦牟尼醫治精神上的痛苦
帶來治癒疾病的佛陀形象

藥師如來是藥神

11 讓國

地上的神將國家讓給天界

高天原的天照大御神說道：

❶我曾下定決心要確立天上對地下的支配，因此我宣布，在豐饒的葦原上，穀物長久生長茁壯的日本國（葦原千秋萬歲的水穗之國），應由天忍穗耳（正勝吾勝勝速日天之忍穗耳命）統治。

❷天忍穗耳眺望下界，發現各方土著神逞凶鬥狠。於是我傳令，派天菩比神前往平亂，他卻與土著神領導者大國主同聲一氣。接著，我派天若日子至下界交涉，並賜他天之靈鹿弓與天之大羽箭，結果他背叛我，跟大國主的女兒結婚。我派**雉雞**前去偵察，天若日子那傢伙卻用我賜給他的弓箭射死了雉雞。那把箭飛回高天原後，天界的神又將它擲回地上，**天若日子**被射中，因而殞命。

建御雷之男神說道：

❸最後，天照大御神派我下去。我一到達出雲，便將劍倒插在浪花之上，在劍鋒盤腿而坐，與大國主神面對面，逼問他是否願意讓國，這位老國王答道：「我沒什麼好說的。」

❹於是我讓他的兒子們代為回答，其中八重事代主之神願意讓國，退隱離開。另一個兒子建御名方神向我挑戰相撲，我輕鬆扭倒他，把他丟出去，他隨即逃走。我一路追到諏訪湖，他拜託我別殺他，並承諾不離開當地。大國主神表示「依兒子所言」，決定讓國。我為大國主神建造雄偉的宮殿，供奉著他。

❺於是，我開始籌備迎接天孫降臨。因為天忍穗耳生了兒子瓊瓊杵尊（天邇岐志國邇岐志天津日高日子番能邇邇芸命），便改派兒子治理地上。

天照大御神族譜

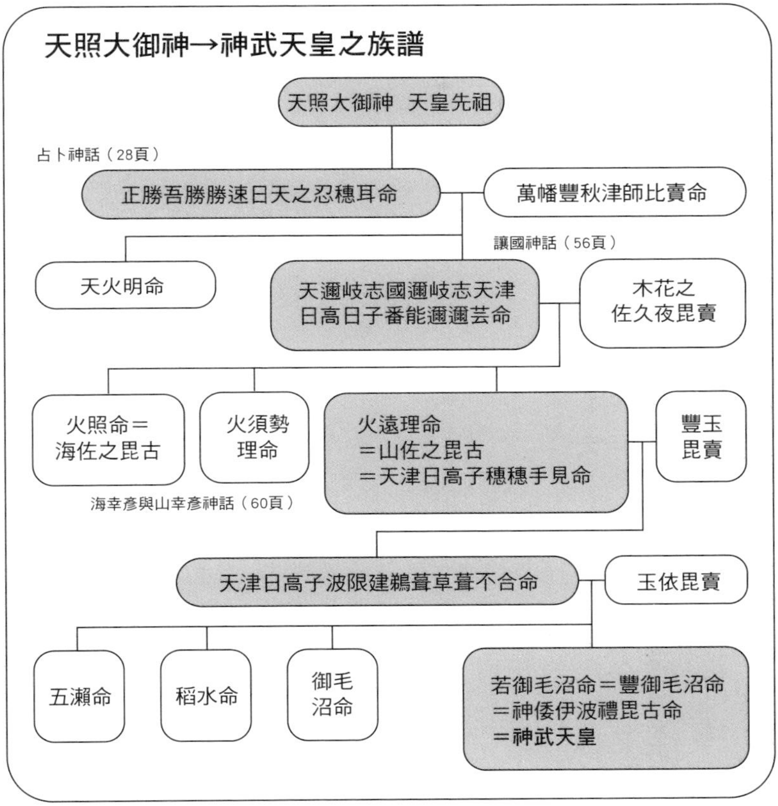

❸ 天上使者建御雷之男逼迫地上的統治者大國主讓國

❹ 一個兒子輕易答應，另一個兒子則挑戰相撲，但被輕鬆擊敗，於是大國主神同意讓國

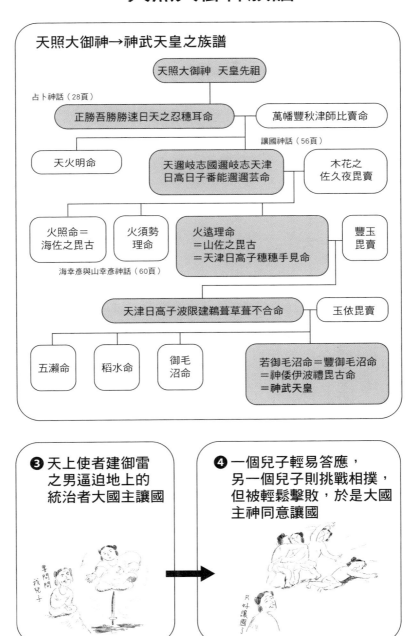

讓國

主題》兩種神

▼神之間的對抗

常看到世界各地的神話會把神分為兩類。

例如**北歐神話**有兩支神族，**阿薩神族**（Ás）與**華納神族**（Vanr）（請見五九頁）。阿薩神族包括主神奧丁（Odin）、雷神索爾（Thor）、戰神提爾（Tyr）等，住在類似高天原的阿斯嘉特（Asgard）。華納神族包括豐收神弗雷（Frey）、愛神芙雷雅（Freya）等，住在華納海姆（Vanaheimr）。神之所以分為兩種，反映了太古時期兩個部族或宗教間對抗、融合的歷史。

印度神話，有**提婆**（Deva，梵語本意是天）與**阿修羅**兩種神，不知何時開始，提婆被歸為善神之列，阿修羅則被類為惡神之列——雖並非全然的邪惡，但屬於只知爭鬥的下等鬼神（請見一六二頁）。興福寺的少年阿修羅像非常有名，雕像滿面愁容，充分表現了阿修羅的苦悶心境。

將神二分為善惡勢力的是波斯宗教的祭司查拉圖斯特拉（**Zarathustra**，即瑣羅亞斯德〔**Zoroaster**〕），該宗教與印度也有關。在他的體系中，阿胡拉・馬茲達（Ahura Mazdā）是善神，與惡靈安格拉・曼紐（Angra Mainyu）永遠對峙；其他神的影響力顯得黯淡無光，但在歷史上仍占一席之地。

▼大和政權的勝利

日本神話雖非完全採取「善惡對抗」模式，但天照大御神等天界神明似乎相對上是善的一方，被天界放逐的地界神明須佐之男是暴風雨神兼英雄神，為善亦為惡，善惡定義模糊不清。

當天照大御神等高天原勢力（天津神）宣布要統治大國主等地上界勢力（國津神）開始，善惡二分法即帶有明顯政治意味。一般認為，這反映了**大和政權與出雲**等各地土著勢力在歷史上的對立。勝的一方（大和）被稱為「善」也是沒辦法的事，因為《古事記》與《日本書記》都是大和政權的出版物；不過，失敗的一方並未被歸類為惡。

兩種神

阿薩神族與華納神族
（北歐神話）

主神奧丁屬
阿薩神族

豐收神弗雷屬
華納神族

提婆與阿修羅
（印度神話）

阿修羅
（惡神）

提婆
（天）

天津神與國津神
（日本神話）

地上的神
將統治權
讓給天界的神

據說古代出雲大社高度近一百公尺，不過可信度很低；可能只有五十公尺，但仍是座巨大神殿。

在古代，出雲是祭祀中心，擁有龐大勢力。一九八四年，島根縣斐川町的荒神谷遺跡挖掘出三百五十八把銅劍（並非武器，而是祭祀用品）。在此之前，全國發現的銅劍大約有三百把，可知在祭祀方面，出雲是相當特別的地方。

12 海幸彥與山幸彥

弟弟智取哥哥，統治海洋

地上界歸順天界後，天忍穗耳之子瓊瓊杵尊（天邇岐志國邇岐志天津日高日子番能邇邇芸命）降臨地上。他與木花之佐久夜毘賣結婚，生下火照、火須勢理、火遠理三個兒子。

火照以捕魚為生，又稱海幸（海佐知毘古）；弟弟火遠理以在山中打獵為生，又稱山幸（山佐知毘古）。

我們來看看山幸的日記……。

○月○日 ❶我和哥哥交換了工具，但一條魚也沒釣到，連釣鉤也遺失在海裡。我製作了許多釣鉤送給哥哥，但他都不接受，真是心胸狹窄的傢伙！

○月○日 ❷我在海邊哭時，鹽椎神走過來，指引我前往海神宮殿的路。我依他所指方向前進，就在海神宮殿遇見了海神與他的女兒豐玉毘賣。我跟公主結婚了，運氣真好！

（三年後）

○月○日 ❸我忽然想起弄丟哥哥釣鉤的事，告訴大家。海神召集了海裡大小魚詢問這件事，諸魚表示，鯛魚說喉嚨有東西鯁住。於是我從鯛魚喉裡取出釣鉤，騎著鱷魚（鯊魚）回到陸地。

○月○日 ❹我把釣鉤還給哥哥，但由於釣鉤受到詛咒，哥哥變得更加貧窮了。他心懷怨恨，想要攻擊我，我就用海神給我的「滿潮珠」，使他溺水，然後用「乾潮珠」救他。自此，哥哥就成了我的衛兵。

（不久後）

○月○日 ❺豐玉毘賣來找我，告訴我她懷孕了。雖然她叫我不要往產房裡看，但愈禁止，我就愈想看，所以還是偷窺了一下，結果看到她以鱷魚原形生產的樣子。她引以為恥，就留下孩子，回到大海裡去，我實在有點莫名其妙。

山幸（火遠理）與豐玉毘賣之子為鸕鶿草葺不合尊（津日高子波限建鵜葺草葺不合命），其子即初代天皇：神武天皇。

❶ 山幸與哥哥海幸交換工具。

……什麼都沒釣到，連釣鉤都弄丟了。

❷ 山幸為此煩惱時，有位親切的神出現，指引他往海神宮殿的路。

❸ 在海神宮殿結婚，過著幸福快樂的日子，某日忽然唉聲嘆氣。

❹ 哥哥海幸陷入困境，懷恨攻擊山幸；山幸用海神給的魔法珠使海水漲潮，讓哥哥溺水，再用另一顆魔法珠退潮，救起哥哥，從此哥哥成了他的衛兵。

❺ 海神公主來到海岸，搭建產房；交代山幸不要看，但他還是偷看了；公主的原形是鱷魚（鯊魚）。

這個擁有海神血統的孩子名叫鸕鷀草葺不合尊，其子為神武天皇。

海幸彥與山幸彥

主題》兄弟鬩牆

▼生活工具是重要咒物

根據神話學者吉田敦彥的研究，印尼蘇拉威西島也有類似山幸與海幸的故事；不過不是兄弟相爭，而是男性朋友間的爭鬥。這個故事也描述兩人交換工具，但釣鉤遺失；後來在海中發現，歸還原主，最後也懲罰了要求歸還者。

讀者通常會偏袒主角，覺得吵著要弟弟歸還釣鉤的哥哥很討人厭。不過依照神話的邏輯，釣鉤之類的維生工具其實帶有**特殊力量**，堅持要對方歸還原物，也是理所當然的事。

山幸弄丟了哥哥的魔法道具之後，與戀人享受三年快樂的假期；回到陸地時，又用**有符咒力量的魔法珠**收服哥哥。古代文學專家三浦佑之強調，這其實是弟弟在霸凌哥哥。

▼政治與社會的投影

無論如何，山幸與海幸的神話——不如說是火照與火遠理的兄弟神話，著眼點在於兄弟被歸類在不同的族系：火照代表九州隼人*（譯註：隼人是古代日本南九州地區的原住民，大和王權時期被和人當作異族人看待。天武天皇時期（六七三年－六八六年），大和朝廷統一了南九州，多數隼人部落服從大和朝廷統治。），火遠理則代表大和朝廷的人類。

也就是說，此神話是政治的象徵：火遠理是天皇家祖先，以山幸的身分掌握統治陸地與山的權力，還擺了海幸一道，藉助海神之力，將**天、陸地與海洋一把抓**。

〈創世記〉中的該隱（Cain）與亞伯（Abel），也是知名的兄弟鬩牆故事。兄弟分別向耶和華獻上供物，哥哥該隱獻上穀物，弟弟亞伯則獻上羔羊。耶和華喜歡亞伯的供物，不喜歡該隱的供物，該隱盛怒之下就殺了弟弟；這個故事說明了**農耕民族**與**游牧民族**生活形態的對立（《聖經》中的神似乎較偏愛游牧民族）。

《古事記》中的兄弟
似乎總是么弟占優勢

將了兄弟一軍，
與公主結婚
大國主神

打敗哥哥海幸，
獲得統治權
山幸

折斷哥哥的
脖子與四肢
倭建命

<創世記>中的兄弟
好人似乎不一定會得勝

亞當與夏娃之子
該隱與亞伯

農耕民族該隱（兄）殺了游牧民族亞伯（弟）
世界第一件殺人案

亞伯拉罕
的兒子以撒
（Isaac）之子
以掃（Esau）與
雅各（Jacob）

雅各將山羊皮包在手臂上，偽裝成毛髮濃密的哥哥；眼盲的父親不察，便賜予他長子的繼承權

雅各之子
約瑟（Joseph）與
異母兄弟們

約瑟遭兄長霸凌賣到埃及／其子孫後來建立以色列民族

倭建命

怪力小孩成為英雄、化身天鵝

眾神的時代過去，人類的時代來臨，接下來介紹一個人類英雄的故事。

景行天皇之子倭建命說道：

❶我的哥哥名叫大碓命，我名叫小碓命。有一天，哥哥早餐時間沒出現，父親要我去「慰問、勸誡他」。我為了勸導哥哥，就殺了他，棄置在廁所。父親覺得我的行為很恐怖，就命令我去征討不服大和朝廷的**熊曾國**，該國由熊曾建兄弟領導。

❷我前往熊曾，混進慶祝宮殿落成的宴會。我穿上姑姑倭比賣借我的衣服，打扮成女子。豪傑熊曾建兄弟很欣賞我跳的舞，而我趁其不備，刺殺了他們。熊曾建弟弟死前，把「倭建」這個英雄御名獻給我。從此，我就自稱倭建命。

❸班師回朝後，父親又命我**征伐東國**。我精疲力竭，就對姑姑說：「父親大概是希望我早點死吧！」我打起精神前往東國，但在當地被騙，以致在原野被火攻。我用倭比賣給我的草薙劍割去周圍的草，朝敵人方向放火，才倖免於難。

橫渡浦賀水道時，因為海神的咒語，船無法前進。此時，我的妃子弟橘比賣提議以她為活祭品。她坐在鋪於海面的蓆子上，消失遠去，我痛哭失聲。

❹我雖成功討伐了東國，但在最後一步失敗了。攻打山神時，他化為一隻白色野豬，我糊裡糊塗地讓他逃走了。然後，山神迷惑我的心志、愚弄我，我變得奄奄一息。

我思念起故鄉，便吟唱：「大和是諸國之真秀國，山巒層疊如青垣，隱於青翠群山間，錦繡河山大和國。」我的生命結束在只離大和一步之遙的地方。

如今，我的魂魄化為天鵝，飛向故鄉，我所懷念的夢中世界。

❶ 天皇對小碓命說：「最近都沒看到你哥哥。你去勸勸他吧！」他用獨特的方式勸誡哥哥大碓命

流氓說「給他好看」時，就表示要動用私刑。小碓命似乎把「勸勸他」解讀為「給他好看」……

❷ 小碓命穿女裝進入熊曾建兄弟的宮殿，在跳舞時殺死熊曾建兄弟

從今以後，
請稱自己為倭建命……

❸ 平定西方的熊曾國後，天皇馬上命倭建命討伐東國。倭建命雖感沮喪，仍四處建立戰功

把這個帶著
父親大概是要我去死吧
草薙劍

❹ 一時不察，遭山神攻擊而一命歸西，化做天鵝翩翩飛去

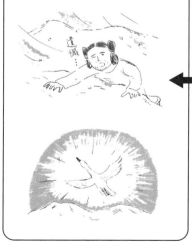

遺憾……

倭建命

主題》悲劇英雄

▼悲劇英雄

英雄的人生不是只有制服怪物、和公主結婚，他們必須經過各式各樣的試煉，承受許多常人不知道的苦。「悲劇英雄」就是強調英雄苦難的一面。

倭建命故事的背景似乎有各種不同的地方口傳，粗暴的怪力小孩與因思念故鄉而傷感的人，原本可能是不同的人物，或許是各地英雄的性格被組合在一起，形成一個須佐之男型的英雄形象。

這個神話的書寫方式雖然古樸，但**怪力小孩**、**帥哥**、**勇敢**、**悲劇**這些元素跟現代英雄劇本的設定一模一樣，所以倭建命的故事至今仍擁有高人氣。

梅原猛原作、市川猿之助主演的《超級歌舞伎　倭建命》，將倭建命少年時代殺兄的原委合理化，改成他為了制止哥哥謀反而誤殺了他。因小碓命心地善良，不稱哥哥為謀反者，而使自己成為悲劇人物。不過，原本的故事中，因匪夷所思的理由而殘殺哥哥的怪力小孩，似乎比較有原始神話的能量。

▼英雄的死亡與復活

《超級歌舞伎》中，應已身亡的倭建命最後象徵性地出場，變成天鵝，消失在觀眾席上方，這樣的表演方式鮮活地呈現了「死亡與復活」的主題。

前文提過太陽在冬至後重生、植物在春天復活的神話，許多戲劇也表現了英雄在人生最後的死亡與復活。倭建命在死後化為天鵝、赫拉克勒斯（Hēraklēs）死後升格為神、耶穌在死後三日復活、宮崎駿動畫《風之谷》中的娜烏西卡也是靠王蟲的治癒力復活，宣告新時代的黎明到來。

談論現實世界中的英雄時，我們也會說「其精神在下一代身上重現」，以此表示英雄的萬古長存。例如，我們會說黑人解放運動者馬丁路德・金恩牧師繼承了印度獨立之父甘地（被暗殺而死）非暴力抗爭的精神。

中世紀神話……
英雄源義經的一生

① 父親被殺，在京都鞍馬寺長大，乳名牛若丸，由山上的天狗訓練他武藝

倭建命

② 在五條橋打敗大力士弁慶，兩人成為師徒

③ 以義經之名討伐平家，戰功彪炳

④ 因行動獨斷，遭源賴朝猜忌，被認為是叛徒，不得已而自殺……
義經是阿伊努族的英雄，在民間神話是不死之身，甚至還有義經前往蒙古、成吉思汗就是義經的奇譚。

第 2 章

希臘神話

概論　個性派人物的劇場

▼「神話」的代名詞

希臘神話因描寫細緻、包羅萬象且奇趣橫生，幾乎成為神話的代名詞。其中許多故事被改編成敘事詩與戲劇，角色從諸神、英雄到半獸神、妖精，個個性格獨特。《古事記》中也有許多神祇，但除了伊邪那岐、天照大御神等少數神明，大部分都沒有具體的故事。而在希臘神話，奧林帕斯諸神每個都有豐富的奇聞軼事，如以雷電支配世界的宙斯、最美女神阿芙羅黛蒂、光明與醫藥之神阿波羅、處女戰神雅典娜、常令海上冒險者困擾的海神波賽頓（Poseidon）、因女兒到冥界而悲傷的豐收女神黛美特（Demeter）、淘氣的信使之神荷米斯（Hermes）；再加上赫拉克勒斯、阿基里斯（Achilles）、奧德修斯（Odysseus）等無數特立獨行的英雄，整體來說，與日本神話的神祇數量差距相當懸殊。

以量來看，印度神話也是重量級，不過印度神話充滿宗教氣息，希臘神話則有明顯的世俗化自我主張；相較之下，希臘神話似乎比較符合現代人的喜好。宙斯與赫拉（Hera）是愛情劇中好色丈夫與善妒妻子角色的鼻祖；積極挑戰未知事物的人，應該都想自比為在海上漂泊十年的奧德修斯；看到自戀的年輕人，我們也會想稱呼他納西瑟斯（Narcissus，水仙花）。

老實說，希臘神話的戲劇之所以有趣，大部分歸功於詩人經由文學上的雕琢，將神話從信仰轉換成**娛樂**，而非如實反映各地神明的神話。在各個村落、島嶼口耳相傳的鄉野奇譚，比我們所知的戲劇簡單、質樸許多。追根溯源，赫拉並非善妒的妻子，而是擁有主神地位的大母神；荷米斯並非俐落的信使之神，而是生殖之神，以田邊附有陰莖的神柱為象徵。

看到穀物的再生、成長的人生禮儀、屠龍等**神話的構成要素**，我們就會發現，戲劇化的希臘神話與素樸的日本神話其實有許多共同點。

希臘神話的主舞台
羅馬市
古希臘人無意間知曉的世界

希臘神話的定位

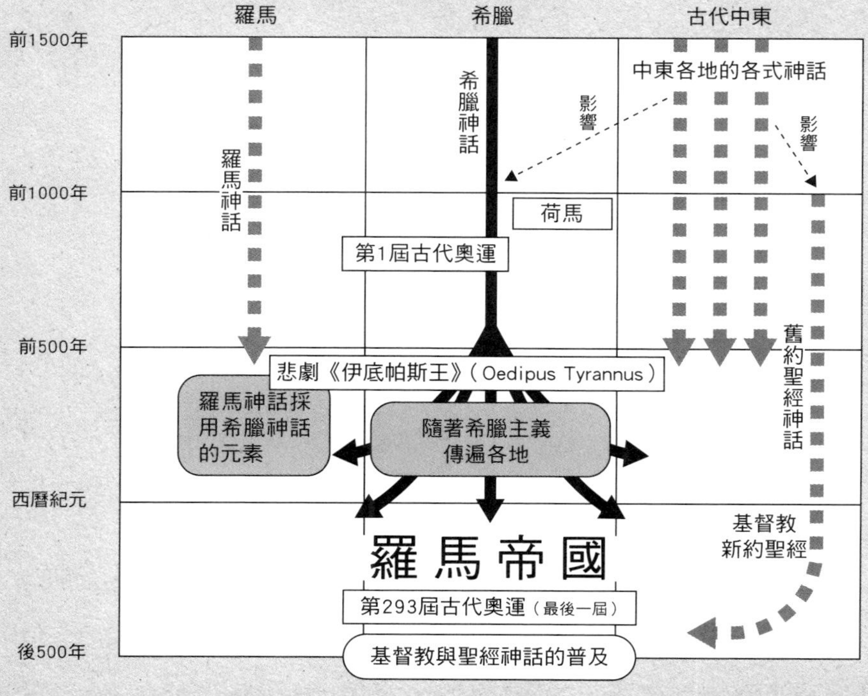
羅馬
希臘
古代中東
前1500年
前1000年
前500年
西曆紀元
後500年
羅馬神話
希臘神話
影響
中東各地的各式神話
影響
荷馬
第1屆古代奧運
舊約聖經神話
悲劇《伊底帕斯王》(Oedipus Tyrannus)
羅馬神話採用希臘神話的元素
隨著希臘主義傳遍各地
羅馬帝國
基督教
新約聖經
第293屆古代奧運(最後一屆)
基督教與聖經神話的普及

概論

希臘神話

▼敘事詩與悲劇

自古以來，希臘神話最知名的來源就是西元前八世紀由詩人荷馬所寫的兩大敘事詩：《伊里亞德》（Iliad）與《奧德賽》（Odyssey）。《伊里亞德》述說希臘如何傾全國之力，集合了阿基里斯、奧德修斯等英雄，殲滅太古時期的特洛伊城邦；《奧德賽》則描寫奧德修斯回鄉前艱辛的航海旅程（也有其他敘事詩描述這系列的故事，但現在只剩斷簡殘編）；宙斯、阿波羅、赫拉、雅典娜等奧林帕斯諸神皆在荷馬的兩大敘事詩中登場。

兩大敘事詩並非完全由一人創作，而是由一個傑出人物，如同製片人般，以敘事詩的形式，把民間代代傳頌的英雄事蹟整理出來，流傳下來的成品即為今日的荷馬史詩。

還有一位與荷馬齊名的著名詩人，名叫賀希歐。他撰寫較短篇的史詩《神譜》，敘述從世界誕生到宙斯支配世界這段時間的眾神歷史，類似《舊約聖經》的〈創世記〉及《古事記》的天地創始故事。他在《工作與時日》（Erga kaí Hēmérai）中，將人類史區分為黃金時代到黑鐵時代等五個時代；引火到人間的普羅米修斯、帶來災害的少女潘朵拉（Pandora）等皆出現在這部作品中。

「悲劇」這種戲劇形式是從祭祀酒神戴奧尼索斯的音樂、舞蹈中發展出來的，西元前五世紀是希臘古典文化的綻放期，有許多悲劇作品出現。埃斯奇勒斯的《阿格門儂》（Agamemnon）、索福克里斯（Sophokles）的《伊底帕斯王》、尤里彼得斯的《美蒂亞》（Medeia）等都是膾炙人口的作品。

▼希臘化的羅馬神話

義大利半島的羅馬人在歷史登場的時間晚於希臘人，他們積極吸取希臘文化的精華，認為自己的神與希臘的神每個功能都能相對應（請參考左頁）。

著名的詩人包括羅馬建國神話《伊尼亞德》的作者維吉爾（Virgil）、《變形記》的作者奧維德（Ovid）等。

希臘神話與羅馬神話的人物名

希臘神話（希臘文名字）	羅馬神話（希臘文名字）	英文名字
宙斯Ζ Ε Υ Σ	朱比特JUPITER、JUPPITER	朱比特Jupiter
赫拉Η Ρ Α	朱諾JUNO	朱諾Juno
波賽頓Π Ο Σ Ε Ι Δ Ω Ν	涅普頓NEPTUNUS	涅普頓Neptune
黑帝斯Α Ι Δ Η Σ	普魯托PLUTO、帝烏斯DIS	普魯托Pluto
黛美特Δ Η Μ Η Τ Η Ρ	柯瑞絲CERES	柯瑞絲Ceres
赫斯提亞Ε Σ Τ Ι Α	維斯塔VESTA	維斯塔Vesta
雅典娜☒θ Η Ν Α	米娜娃MINERVA	米娜娃Minerva
阿芙羅黛蒂Α Φ Ρ Ο Δ Ι Τ Η	維納斯VENUS	維納斯Venus
阿特蜜斯Α Ρ Τ Ε Μ Ι Σ	黛安娜DIANA	黛安娜Diana
阿波羅Α Π Ο Λ Λ Ω Ν	阿波羅APOLLO	阿波羅Apollo
赫費斯托斯Η Φ Α Ι Σ Τ Ο Σ	霍爾坎VULCANUS	霍爾坎Vulcan
阿瑞斯Α Ρ Η Σ	馬爾斯MARS	馬爾斯Mars
荷米斯Ε Ρ Μ Η Σ	墨丘利MERCURIUS	墨丘利Mercury
戴奧尼索斯Δ Ι Ο Ν Υ Σ Ο Σ	巴克斯BACCHUS	巴克斯Bacchus
艾若斯Ε Ρ Ω Σ	阿莫爾AMOR、丘比特CUPIDO	丘比特Cupid
蓋亞Γ Α Ι Α（Gaia）	地魯斯TELLUS	地魯斯Tellus
烏拉諾斯Ο Υ Ρ Α Ν Ο Σ	烏拉諾斯URANUS	烏拉諾斯Uranus
克羅納斯Κ Ρ Ο Ν Ο Σ	薩頓SATURNUS	薩頓Saturn
普羅米修斯Π Ρ Ο Μ Η Θ Ε Υ Σ	普羅米修斯PROMETHEUS	普羅米修斯Prometheus
阿特拉斯Α Τ Λ Α Σ	阿特拉斯ATLAS	阿特拉斯Atlas
赫拉克勒斯Η Ρ Α Κ Λ Η Σ	海克力斯HERCULES	海克力斯Hercules
阿基里斯Α Χ Ι Λ Λ Ε Υ Σ	阿基里斯ACHILLES	阿基里斯Achilles
奧德修斯Ο Δ Υ Σ Σ Ε Υ Σ（Odysseus）	尤里西斯ULIXES、ULISSES	尤里西斯Ulysses
繆斯Μ Ο Υ Σ Α	繆斯MUSA	繆斯Muse
潘恩Π Α Ν（Pān）	法努斯FAUNUS	法努斯Faunus
薩提洛斯Σ Α Τ Υ Ρ Ο Σ	薩提洛斯SATYRUS	薩提爾Satyr
寧芙Ν Υ Μ Φ Η	寧芙NYMPHA	寧芙Nymph

奧林帕斯王權的成立

宙斯在天界戰爭中勝出

住在奧林帕斯山的主神宙斯說道：

「我從父親克羅納斯手中奪得眾神的最高地位，這個地位也是父親以前從祖父烏拉諾斯那裡搶來的，讓我來告訴大家前因後果。」

❶我的祖父烏拉諾斯是**天空之神**，而天空產生自**大地**（大地之母蓋亞），但**卡俄斯**（Chaos，混沌）先於大地而存在。沒錯，天地就是從混沌中出現的。

❷大地蓋亞與天空烏拉諾斯因為原初之神「愛」（Eros，艾若斯）的力量而結合，生出**泰坦神族**，我父親克羅納斯是泰坦神族的么弟。

❸大地之母還生出了怪物獨眼巨神與百臂巨神，但支配者天空之神將怪物們拋入**地獄**（塔爾塔茹斯，Tartarus）。

❹大地之母對此懷恨在心，欲對天空復仇。她給了自告奮勇的么子克羅納斯一把鐮刀，克羅納斯便用這把刀砍掉父親的**陽具**，烏拉諾斯被去勢後權威盡失。

❺我父親克羅納斯奪得支配者地位後，與姊姊瑞亞結婚。孩子一個個出生，但父親因「王位會被孩子奪走」的預言而心生恐懼，把孩子都吞入肚裡。或許是因為自己從父親手中奪權，所以也害怕有同樣遭遇吧！

❻母親偷偷到克里特島生下肚子裡的我，而我等待機會向父親復仇。長大後，我讓父親喝一種藥水，他喝了後，把兄姊都吐了出來。於是我和兄姊團結起來，對抗父親與伯伯們；我這一代和父親那一代（泰坦神族）的戰爭稱為泰坦之戰（Titanomachia）。

地獄裡的三位獨眼巨神給了我雷鳴、閃電的力量，使我成為雷霆天神。我用雷的力量擊敗父親的世代，在天界稱霸。

嗯？我不怕以後兒子又來奪權嗎？放心，沒事沒事！現在跟以前不一樣，世界很安定，孩子們應該覺得反抗我也沒什麼好處啦……。

烏拉諾斯、克羅納斯、宙斯

1 混沌、大地、地獄與愛於天地之始產生。

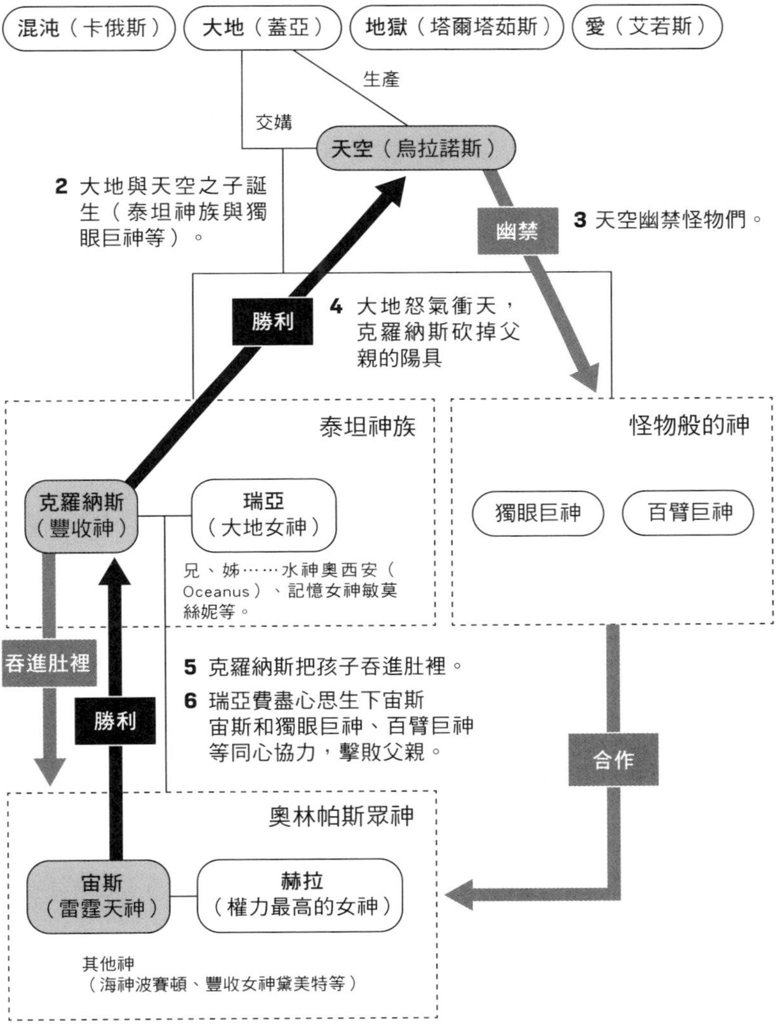

後來……
宙斯獲勝後，將父親世代的泰坦神族幽禁於地獄。
此舉又惹怒了大地之母，生出巨神基迦（Gigas）與宙斯開戰，
這場戰爭稱為巨人之戰（Gigantomakhia）。
宙斯借人類英雄赫拉克勒斯之力打倒眾巨神。
大地又生泰風（Typhon）去對付宙斯，宙斯一開始處於劣勢，
但最後贏得勝利，自此確立在奧林帕斯眾神中的支配地位。

奧林帕斯王權的成立

主題≫眾神的權力鬥爭

▼政權三度交替

《古事記》神話中，從天地創始到天照大御神派確立地上主權，也歷經許多曲折，但大多和平收場。而希臘神話的情況就相當慘烈，有父子間反覆激戰、閹割、吞小孩等場景，人物行事霸氣十足，戰爭勝負分明。

順道一提，奧林帕斯政權從烏拉諾斯→克羅納斯→宙斯的交替，並未反應希臘真實的歷史，而是受中東文化的影響。現在土耳其西臺人（Hittites）的神話故事是這樣的：

天空之神的**反叛者**出現，他咬住了天空之神的**陽具**，但天空之神的精液殘留在反叛者體內，又誕生一個神，形勢因此逆轉。「天空之神→反叛者→再挑戰者」的結構類似希臘神話，陽具的主題請參考九四頁。

▼母神的介入

大地之母蓋亞每次政爭都介入，是希臘版本的有趣之處。蓋亞唆使第二代的克羅納斯開戰（設法讓他割掉父親的陽具），在第三代的宙斯與父親交戰時，也幫宙斯出主意（借用獨眼巨神與百臂巨神之力）。

大地之母蓋亞就是**自然**，包含了所有事物，因此她生出眾神，也生出怪物；無論是善是惡，她都一視同仁。她讓宙斯戰勝，但當宙斯囚禁父親世代，她便生出巨神基迦與怪物泰風牽制宙斯。

瑞亞的角色也頗值得玩味，當克羅納斯一一吞下自己的孩子，妻子瑞亞因為愛孩子而背叛丈夫，保護生下來的宙斯。對男神而言，父神是潛在的敵人，母神則是強而有力的夥伴。

男神與母神的連結，在《古事記》神話裡也有許多描述。須佐之男鬧脾氣，是因為想去母親伊邪那美所在的黃泉國；死去的大國主神因為母神的幫助才復活；耶穌與聖母馬利亞的強烈連結或許也是同一種主題。

媽媽都是強大的！

第二代的支配者……泰坦神族

希臘神話	羅馬神話（行星名稱）
宙斯（第三代）	朱比特Jupiter（木星）
克羅納斯（第二代）	薩頓Saturn（土星）
烏拉諾斯（第一代）	烏拉諾斯 Uranus（天王星）

希臘的克羅納斯，在羅馬世界變成農業之神薩頓。
土星是薩頓所變成的行星。

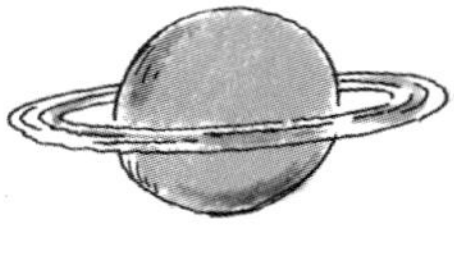

阿特拉斯在泰坦之戰中牽制宙斯，所以宙斯懲罰他用肩膀扛著整片天空。

（普羅米修斯之父伊亞匹特士〔Iapetus〕也是泰坦神族）

最後勝利者宙斯的族譜

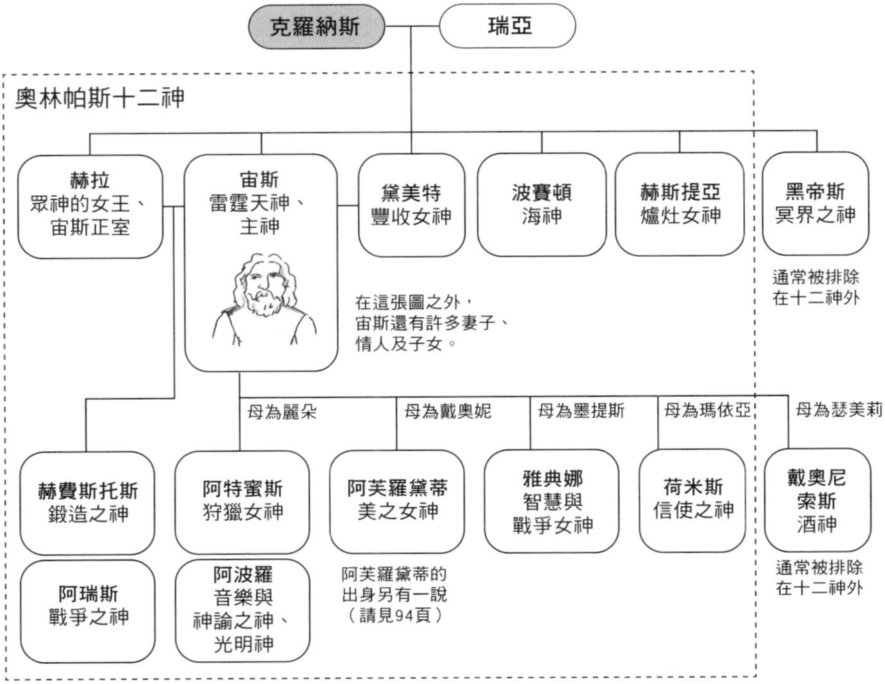

2 宙斯與赫拉

主神外遇，天后妒火中燒

主神宙斯說道：

拈花惹草是我的癖好，但也是我身為主神的權利，不過我的正宮赫拉是個醋罈子，我不得不提心吊膽，真慘啊！如果她也出軌就好了……但她是**貞操女神**，不可能這麼做。唉！神和女神實在不是好當的。

❶我的第一任妻子是睿智女神墨提斯，我認為我聰明的老婆如果生下男孩子，我的地位將岌岌可危，所以我就把懷孕的墨提斯一口吞進肚裡。懷孕期滿時，孩子上升到我的頭部。我頭痛欲裂，命人用斧頭劈開我的頭顱，全副武裝的女神雅典娜就從我的額頭跳出來，嚇死我了！

❷我的第二任妻子是正義女神提密斯（Themis），隨後娶了姊姊，即偉大的女神赫拉，封為正宮，生下軍神阿瑞斯（鍛造之神赫費斯托斯則是赫拉自己生的，赫拉生的孩子，無論哪一個，長相都比較平庸）。

我又跟表妹麗朵發生關係，生下雙胞胎姊弟：狩獵女神阿特蜜斯與光明之神阿波羅，他們都是相貌不凡的漂亮孩子。

我也和妹妹大地女神黛美特交歡，生下植物女神波瑟芬妮（Persephone）；還和女神瑪依亞生下信使之神荷米斯。

瑟美莉公主是我在人間的情婦，我跟她生下酒神戴奧尼索斯。

❸我所愛的女神或女人，有時會受到赫拉嚴重的迫害。赫拉命令所有土地神不得提供生產場所給麗朵，所以麗朵在生阿特蜜斯與阿波羅時，為找不到生產之處而煩惱不已。還好，此時提洛島（Delos）自海面升起，助麗朵一臂之力。後來提洛島被石柱固定，成為一座美麗的島嶼。

❹瑟美莉公主吃了更多苦頭；赫拉扮成瑟美莉的奶媽，接近瑟美莉，慫恿她要求我以真面目現身，以證明我真的是宙斯。我曾發誓對瑟美莉有求必應，無奈之下，只得露出**雷神**的真面目，瑟美莉就被我發出的閃電燒死了。任誰都會說是我害的吧！

宙斯（希臘神話）
朱比特（羅馬神話＝英語）
主神、雷霆天神

❶處女神雅典娜全副武裝，從額頭跳出來。

❷宙斯四處與女神交合，孩子一個接一個誕生。

提密斯→
命運三女神莫拉娥（Moirai）
季節三女神荷賴（Horae）
赫拉→
軍神阿瑞斯
麗朵→
狩獵女神阿特蜜斯
光明之神阿波羅
黛美特→
植物女神波瑟芬妮
瑪依亞→
信使之神荷米斯
瑟美莉→
酒與酩酊之神戴奧尼索斯

許多女神與女人成為赫拉嫉妒之下的犧牲品……

❸麗朵找不到生產的地方，
十分頭痛！

❹瑟美莉受赫拉的慫恿，
看到了宙斯的真面目！

赫拉（希臘神話）
朱諾（羅馬神話）
大母神、掌管婚姻與家庭的女神

宙斯還去招惹赫拉神殿的祭司愛奧（Io），而且怕赫拉發現，把愛奧變成一隻母牛，赫拉則派出牛虻不斷騷擾愛奧。

2 宙斯與赫拉

主題》眾神的統合

▼大國主與宙斯

《古事記》的大國主與許多公主發生關係，這使人聯想到豪門的策略婚姻，也可能代表異族神祇間的合體。宙斯的「好色神話」，無疑是綜合眾神的產物。隨著希臘人遍布世界各地，各方主神的神話也被納入宙斯的神話中，連妻子、情婦的數目也增加了。

▼宙斯的起源

希臘語屬**印歐語系**，說這種語言的人，可能在超古代居住於今天的烏克蘭一帶。從各地的英語到印地語，許多語言都是從希臘語衍生出來的。

希臘主神宙斯的名字可追溯到原始印歐語主神帝屋斯（天、光之意），羅馬主神朱比特Jupiter的Ju是帝屋斯的訛音，piter則是Pater（父）的變形。帝屋斯在拉丁語中泛指「神」（Deus），與印度語「提婆」（Deva，也是神的意思）同一詞源。

宙斯被視為「神與人類之父」，也就是全世界的**家父長**、**族長**，以「正義」、「法令」、「憤怒」來掌控全世界。宙斯雖為正義之神，卻四處偷腥，只能說創造出神話的人類想像力真是奇妙。

▼赫拉的起源

赫拉是女神中的女神——大母神，在希臘人到來之前，她似乎是**豐收女神**。敍事詩中，她有「牛眼女神」的稱號，這應該是太古時期克里特島（Crete）視牛為聖獸的關係。因為希臘人的到來，赫拉成為宙斯的妻子，失去獨立的大母神風格，變成愛情劇裡因嫉妒而發狂的主角。

赫拉之所以爭風吃醋，除了因為她被視為**夫妻生活與家庭的守護者**，也因為主神宙斯是個出軌成性、無視家庭倫理的角色——這是神話設定矛盾所產生的結果。

印歐語系

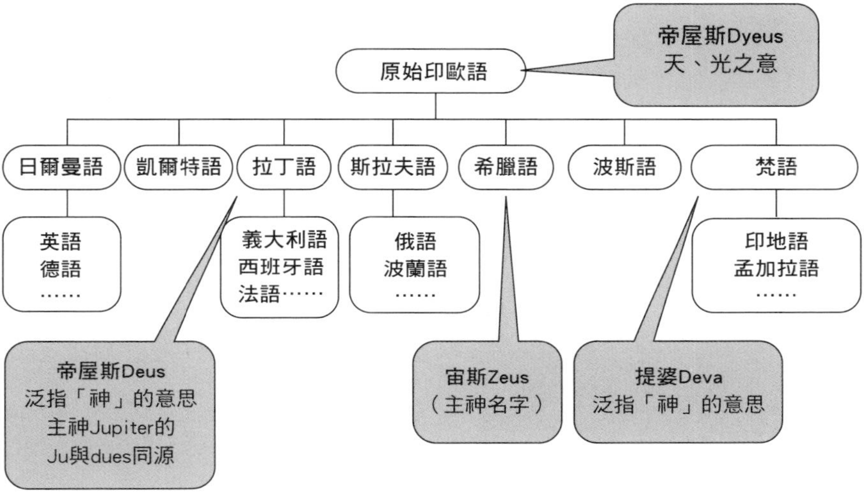

奧林匹亞（請見89頁地圖）建有宙斯的神殿，每4年舉行一次運動會（短跑、擲鐵餅、擲標槍等項目），作為希臘人獻給宙斯的祭禮賽會，這就是古代奧運。

古代奧運始於西元前776年，最後一次大會是在西元後393年，歷史長達1100年。

宙斯宮殿的所在地奧林帕斯山位於希臘北方（請見89頁地圖），是希臘的最高峰。

希臘各地都會舉行紀念宙斯與赫拉結婚的慶典，據說會讓赫拉像穿著新娘禮服，在市內遊行，躺在聖域的結婚新床上。

3 莫拉娥

三女神掌管人類命運

主神宙斯說道：

我性好漁色，和眾多女神交往，幸運地生出許多男神與女神，我來介紹一下其中掌管命運、秩序及藝術靈感的女神。

❶我和正義女神提密斯生下命運三女神莫拉娥，她們掌管人間的生死命運。

其中克洛莎（Clotho，紡織者）不斷編織生命線，拉綺絲（Lachesis，分配者）負責將線分配給人類。大限到來時，雅托普絲（Atropos，不可改變者）就會把線剪斷。

也可說，克洛莎代表生命**現在**的樣子，拉綺絲代表生命**未來**的樣子，雅托普絲則代表無法改變的**過去**。

莫拉娥的決定具有絕對權威，即使是身為父親、主神的我，也不容易推翻她們的決定。所以，生小孩時，要小心別得罪莫拉娥。

❷我和提密斯還生了掌管**時間**與**季節**的荷賴三女神，歐諾彌亞（Eunomia）掌管秩序、狄琪（Dike）掌管正義、艾連娜（Irene）掌管和平。

我和記憶女神敏莫絲妮共度了九夜，生下九個掌管**技藝**與**靈感**的繆斯女神。其中，克萊歐（Clio）掌管歷史、尤蕾妮雅（Urania）負責天文學、梅波繆妮（Melpomene）掌管悲劇、陶麗雅（Thalia）專司喜劇、托西克麗（Terpsichore）掌管合唱詩到舞蹈、埃瑞朵（Erato）掌管情詩、卡萊雅碧（Calliope）掌管敘事詩、尤特碧（Euterpe）負責吹奏樂到抒情詩、波麗西米雅（Polyhymnia）負責頌歌。不過我是分不清楚啦！

然後，水神奧西安的女兒尤瑞諾美（Eurynome）又為我生下代表美麗與優雅的美惠三女神（Charites）：葛拉依雅（光芒）、尤弗羅絲妮（歡愉）及陶麗雅（榮華），這三個女神恰好頌揚了我的美德。

抽象功能的女神們

莫拉娥（命運女神）

克洛莎不斷編織生命線。
拉綺絲負責將線分配給人類。
雅托普絲負責把線剪斷──線被剪斷代表死亡。

荷賴（時間、季節女神）

歐諾彌亞（秩序）、狄琪（正義）、艾連娜（和平）。

繆斯（掌管技藝與靈感的女神）

共九個，分別負責歷史、天文學、悲劇、喜劇、舞蹈、情詩、敘事詩、抒情詩、頌歌。

美惠三女神（代表美麗與優雅的女神）

葛拉依雅（光芒）、尤弗羅絲妮（歡愉）、陶麗雅（榮華）。

莫拉娥

主題≫神與命運

▼神的位階高還是命運的位階高

宙斯是主神，是專制君主。雖不像基督教或伊斯蘭教的唯一真神，但畢竟是絕對的。既然如此，**人類的個人命運**由宙斯決定，好像也滿合理的。

不過，人類在思考自己、家人的人生或死亡的可能性時，通常認為是「命運」這種**抽象原理**的作用。希臘人也將這種抽象原理稱為「Moira」（命運），是連神都難以改變的自然法則。希臘神話將命運擬人化，即命運女神莫拉娥（Moirai為Moira的複數形）。

因為這樣的特性，莫拉娥幾乎沒有具體的神話故事。從某種意義來看，「神」與「命運」的觀念是相反的。演出各式劇本的眾神，是人類意志在天界的投影，而意志無法改變的事稱為命運。

因此，宙斯也無法違抗命運女神，這也許表示「神的意志」與「命運的必然」兩者勢均力敵。

▼一神教與佛教

一般來說，把神或人類的意志視為絕對，以及把自然法則或命運視為絕對，這兩種看法的對立存在於任何宗教。

在基督教等**一神教**的世界，**唯一真神**是絕對的。自然法則雖由神所制定，但**奇蹟**出現時，該法則就被選擇性地無視。有人認為，神可以不顧道德的**善惡**，但作為善的存在，其命令若為惡，豈非自相矛盾？

佛教教義中，人如果多做善事，來世就會得到福報；如果常做壞事，來世就會有惡報，有什麼樣的來世，是人類自身行為（**業**，karma）的自動化作用（自業自得）。但在神話中，人類是經由**閻王**的審判而決定來世。

希臘神話中的兩種命名方式

以詞源不明的**專有名詞**為神命名
（性格通常是多面向、混亂的）

阿波羅
（青年神：專司神諭、音樂、醫術、光明等）
阿芙羅黛蒂
（女神：專司愛、美、豐收等）
波賽頓
（男神：掌管海洋、泉水、大地、地震、馬等）
宙斯
（男性主神：掌管雷、天、白晝、光等）

以希臘語的**抽象名詞**為神命名
（偏重概念抽象、個性不鮮明的神）

艾若斯
「愛、欲望」
莫拉娥
「分配、命運」（莫拉娥三女神之一）
敏莫絲妮
「記憶」
蓋亞
「大地」

一神教與佛教中的「神的意志」

一神教（基督教、伊斯蘭教等）
神制定自然法則，
有時卻自己破壞法則（奇蹟）

神的所做所為必定為善，但是全能的神違反善，也是神的自由吧？

佛教
依據業報法則，人若行善事，來世必有福報；若行惡事，來世必有惡報。

也有神話描述人死後接受閻王審判。
不依據善惡紀錄（生死簿），閻王就不能進行審判嗎？

4 過去的黃金時代

從黃金時代到黑鐵時代，人類一步步倒退

主神宙斯談論人類的歷史：

❶你們人類出現在地上的時間，是我父親克羅納斯的時代，那時我尚未成為主神。當時的人類遠比現在幸福，人生只有快樂，沒有疾病、勞苦與爭執，在壽命結束前，都能安適生活，這個時代是人類的**黃金時代**。

❷不久到了**白銀時代**，此時人類的素質降低，一百歲前仍處於幼兒期，長大成人後，馬上會因為自己的輕率而結束短命的一生。人接受大自然的恩惠，卻粗暴地對待大自然。身為主神的我將人類驅趕到地下，因為他們忽略對神的祭祀。

❸接著來到**青銅時代**，此時人類更加好戰，擁有強壯的身體，使用青銅製的農具，濫用青銅製的武器。他們彼此殺戮，一個接一個向冥王黑帝斯報到。

❹接下來是**英雄時代**，你們代代相傳的**特洛伊戰爭**故事中英雄輩出。他們雖然也好戰，但行為比從前的人合乎正義，其中有些人死後去了大洋盡頭的**至福島**。

❺英雄時代結束，現在你們處於**黑鐵時代**。人類素質益發低落，也如你們所知，生活非常辛苦。你們又開始爭吵不休，經常忘了敬畏神。

❶黃金時代

大家都住在天堂，沒有疾病、勞苦與爭戰。人類能享盡天年，安然迎接死亡。

❷白銀時代

漫長的童年在母親照顧下安適度日，不過一旦成人，便日夜爭鬥。

❸青銅時代

身體強壯的人類使用青銅製農具，並以青銅製武器戰鬥。

❹英雄時代

人類能力非凡且對神虔誠，但因戰事不斷，有許多人喪生。

❺黑鐵時代

我們的時代，人類日夜受勞苦折磨。

4 過去的黃金時代

主題》過去的烏托邦

▼進化與退化

現代人與古代人的思想有各式各樣的差異，例如對歷史是前進或後退，就有不同看法。

現代人相信歷史是**進步**的，因為實際上自近代以降，在歐洲科學革命、資本主義革命、工業革命、民主革命的影響之下，生產、消費、知識及財富皆不斷成長。另一方面，太古神話描述的時代，看不到生產力提高的可能性，知識的成長也極有限，歷史只是不斷重複，再加上戰爭的摧殘與古代建築物年久失修，所以大家可能覺得文明正走向退化。

▼愛琴海的古代文明與希臘人

希臘人並非原本就住在希臘，而是從北方黑海沿岸移居過來的。他們南下時，愛琴海沿岸已發展出幾種燦爛的文明，如**邁諾安文明**（Cretan civilization）、**特洛伊文明**。各種文明起起落落，希臘人也慢慢融入其中，最後控制了這個地區。有一段時期，文明顯著衰退，進入缺乏文字資料的「希臘黑暗時代」（西元前一二〇〇年到西元前七〇〇年）。之後希臘古典文明逐漸復興、開花結果，所以他們的神話也隱含「從前存在更偉大的文明」之感。

太古時期克里特島上建立的克諾索斯（Knossos）宮殿，傳說是希臘人的迷宮（請見一二九頁）；位於愛琴海對岸的土耳其，至今仍存在名為特洛伊的都市；這兩項證據形成希臘人在這座城市戰勝的傳說（**特洛伊戰爭**請見一三四頁）。

無論如何，過去的事物，總是顯得比現在偉大與繁榮，人的素質與神的聲望也比較高。哲學家柏拉圖所說的亞特蘭提斯（Atlantis）神話，也是含有類似意味的訓諭故事。

古代希臘歷史

前20世紀	邁諾安文明開始 希臘人南下
前16世紀	邁錫尼文明（Mycenaean civilization）開始
前8世紀	希臘人在愛琴海沿岸四處建立城邦 敘事詩人荷馬：《伊里亞德》、《奧德賽》 詩人賀希歐：《神譜》、《工作與時日》
前7世紀	制定成文法 思想家泰利斯（Thales）詢問萬物的物質根源
前6世紀	政治改革進展
前5世紀	與波斯戰爭（馬拉松戰役等） 歷史家希羅多德：《歷史》（Historiae） 雅典民主政治開花結果 雅典與斯巴達的戰爭：伯羅奔尼撒戰爭（Peloponnesian War） 悲劇作家索福克里斯：《伊底帕斯王》 蘇格拉底的哲學問答（學生為柏拉圖）
前4世紀	亞歷山大大帝遠征東方 古希臘文化開花結果 阿基米德原理

神話經由口傳而流傳下來的時代

從神話到劇作

科學與哲學的萌芽

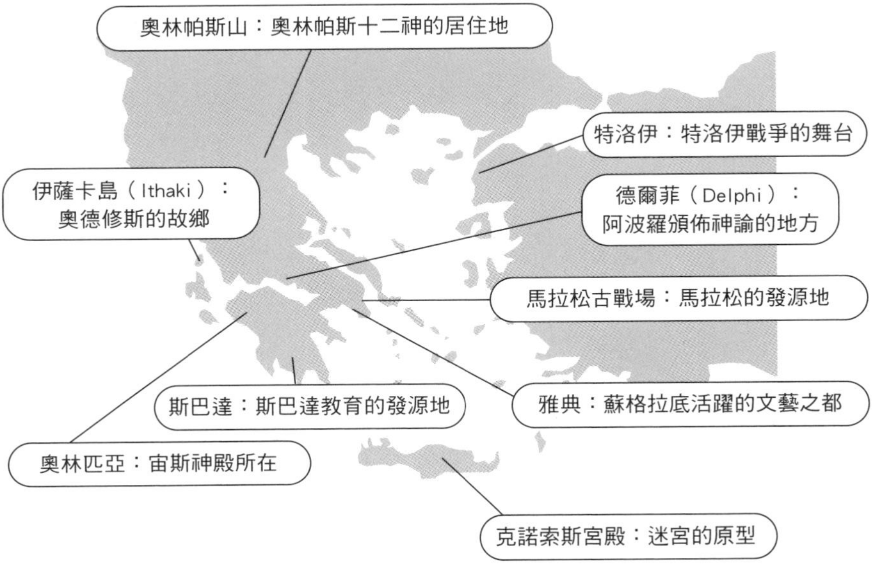

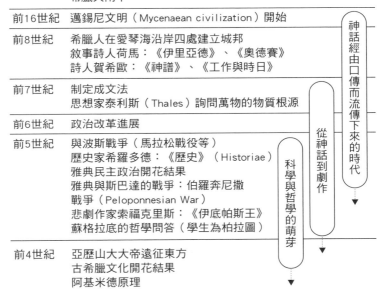

5 普羅米修斯與潘朵拉

火的澤被蒼生與帶來的種種災難

引火到人間的普羅米修斯說道：

「青銅時代，人類的素質愈來愈低。因為宙斯的命令，**人與神分道揚鑣**。」

❶我受主神宙斯的命令舉行儀式，以決定在祭祀當中，人類與神如何分配祭品。我把美味、營養的部分給人類，將祭品中，牛的**肉**與**內臟**部分挑出來，塞在不能吃的胃裡，把**骨頭**包在看似鮮美的牛脂中，然後請宙斯先挑選神的份額。宙斯選了看似美味的部分，而有營養的肉與內臟就分給人類。

不過，宙斯可能會說，他所選的骨頭不會腐爛，比較適合神；人類選擇會腐爛的肉，本身必將腐朽。但就我看來，宙斯是因為悔恨而失去理智才會這麼說。

❷宙斯把火藏起來，不許人類使用，我就盜火給人類。憤怒的宙斯把我綁起來，用酷刑拷問我，讓鷲夜夜啄食我的肝臟。後來，人類英雄赫拉克勒斯殺了那隻鷲，但在這之前，我的日子實在是水深火熱啊！

❸宙斯為了向人類復仇，命鍛造之神赫費斯托斯製造一個如同女神美麗，但本性邪惡的少女。眾神給了這少女所有富含魅力之物，由宙斯賜名為潘朵拉（獲贈一切禮物之意）。

宙斯把潘朵拉賜給我那個思慮不周的弟弟伊比米修斯（Epimetheus），貪得無厭的少女打開了眾神給她的盒子，盒中各式各樣的災難全都跑出來，蔓延到全世界，只有「希望」留在盒裡。

❹因為戰亂不絕，宙斯又決定用洪水淹死人類。我兒子琉克里翁（Deucalion）與媳婦皮拉（Pyrra，伊比米修斯與潘朵拉的女兒）乘上方舟躲避洪水。洪水消退之後，兩人依照神諭拋出石頭，石頭變成下一代的人類，英雄時代就此開始。

普羅米修斯

普羅米修斯*是泰坦神族伊亞匹特士的兒子，
但他在泰坦之戰（請見74頁）時，站在宙斯的陣營，
因為他預見了宙斯的勝利。

*詞源為「預知」，prometheus為希臘文「先知、智者」之意，
來自pro-（提前）、-meth（思考）。

❶神與人類的份額

普羅米修斯把祭品的肉塞在看似難吃的胃裡，把骨頭包在看似可口的牛脂中。宙斯選擇了牛脂（其實是骨頭），於是骨頭成為神的份額。

骨頭有永恆的生命，就像神一樣，所以適合神使用；肉雖然美味，但也象徵了人類脆弱的生命。

❷普羅米修斯盜火

普羅米修斯盜取天界獨占的火給人類。

❸潘朵拉打開災難的「盒子」

宙斯製造了美女潘朵拉，送到地上。潘朵拉打開了盒子，拜她所賜，世界災難頻仍。

災難之女潘朵拉類似〈創世記〉的夏娃（請見212頁）

❹宙斯帶來洪水

青銅時代結束，
新人類一英雄誕生。

洪水神話類似〈創世記〉的「挪亞方舟」（請見198頁）

普羅米修斯與潘朵拉

主題≫文化英雄與女性

▼帶來文化的英雄

普羅米修斯屬於宙斯上一代的泰坦神族，泰坦之戰時，如同他的名字（普羅米修斯為「預知者」之意），他預見了未來，於是站在宙斯這一方。

之後，他總是策劃欺瞞宙斯，而對人類來說，他是堅強的盟友，是送火到人間的**文化英雄**。

文化英雄雖用了各種狡猾的手段，比如在分配祭品的肉時騙了宙斯，但他的意圖是正向、善意的。

並非心存善意，但為人們帶來好結果的文化英雄稱為**搗蛋鬼**（Trickster，英語為「騙子」之意，請見一〇八頁）。不過，正經的文化英雄與胡鬧的文化英雄，兩者其實並沒有明確的分界線。

▼帶來災難的女性

神話中經常看到「女性帶來災害」的主題，《舊約聖經》的〈創世記〉中，亞當與**夏娃**因為偷吃禁果，被逐出伊甸園，而這件事是因為夏娃受蛇慫恿才會發生。

人類承受勞苦，是被這位最初的女性所害（請見二一二頁）。希臘神話中，與夏娃類似的人物就是**潘朵拉**。

輕視女性的神話，可說反映了口傳或書寫神話的男性之女性觀，背後隱含隨時代而發展的**家父長制與男尊女卑思想**。《古事記》神話中「女神不可先誘惑男神」，反映的也是同一種思想。

神話世界中活躍的女神有兩種，一是「偉大的母親」，一是「純潔的處女」，但這也是男性觀點下的女性形象，神話總充滿戀母情結與美少女偶像的主題。

各式各樣的文化英雄

荷米斯（希臘神話）

音樂之神阿波羅手上的豎琴是他發明的（請見106頁）。

戴達洛斯

（Daedalus，希臘神話）

發明斧頭與船帆；把翅膀裝在背上，在空中飛翔；建造囚禁怪物的迷宮（請見130頁）。

凱隆

（Chiron，希臘神話）

半人半獸的人馬族（請見123頁）；凱隆極有智慧，將武術、醫術傳授給人類。

郊狼

（Coyote，那瓦侯族）

聰明的郊狼登上天界，把火帶給人類（請見281頁）。

毛伊

（Maui，玻里尼西亞神話）

發現島嶼、創造語言，從火神祖母那裏帶火給人類（請見281頁）。

大國主神（日本神話）

告訴因幡白兔治療法，與少名毘古那神將醫療、溫泉療法傳至各地（請見54頁）。

阿伊努拉克爾（阿伊努神話）

神的兒子阿伊努拉克爾少年時期於遊戲中，創造出弓箭、網子等重要工具。

也有傳說指出，阿伊努拉克爾從天上盜取麥子到地上。

維納莫寧（Väinämöinen，芬蘭神話）

運用各種魔法的智慧老人（請見268頁），被視為芬蘭弦樂器「康特勒琴」（kantele）的發明者。

弘法大師空海（日本傳說）

據說他在中國留學時盜出麥種帶回日本；也被視為平假名的發明者（只是傳說）。

6 艾若斯與阿芙羅黛蒂

少年神專管愛，女神專管美

❶愛神艾若斯說道：「如同你所看見的，愛神我擁有少年的外型，但你一定想不到我實際上有多老。我是天地創始時，和蓋亞等同一批出生的。如果沒有我，世界就不會成形，因為我是結合物質與物質、意識與意識的力量。」

❷美神阿芙羅黛蒂說道：「我是**女性美**的象徵，而其中祕密在於男性的生殖力。天空之神烏拉諾斯的陽具被兒子克羅納斯用鐮刀砍斷時，精液落在海上，產生泡沫，我就是從這些泡沫裡冒出來的。」

❸艾若斯說道：「有人說我是阿芙羅黛蒂的兒子，雖然我年紀比較大，但神話就是這麼混亂。也有人說，我和這位年輕媽媽（？）很親密，彼此用緞帶綁在一起，在天上游泳。這是**雙魚座**的故事，你們知道雙魚座的形狀是兩隻魚綁在一起吧？說是眾神開宴會時，大河中突然出現怪物，於是我和阿芙羅黛蒂就用緞帶綁在一起，跳進河中。不過我不記得這件事耶！」

❹阿芙羅黛蒂說道：「我嫉妒心其實很強，有個人類女孩名叫賽姬（Psyche，靈魂之意），大家都稱讚她是美少女。這令我深惡痛絕，就命令兒子艾若斯讓她愛上最糟糕的男人。但他失敗了，愛情弓箭刺傷了自己的手指，大笨蛋艾若斯迷上賽姬了。」

艾若斯說道：「阿波羅給了賽姬的父母神諭，要他們把賽姬遺棄在岩石山上。於是我跟賽姬夜夜在岩石山幽會，但我並未向她揭露自己真正的身分，只告訴她：『不要看我。』但她還是看了，禁忌一旦打破，身為神的我就不能再跟她見面。再見了！雖然我也很痛苦，但這是賽姬的錯啊！」

阿芙羅黛蒂說道：「真是大快人心！美少女這種東西最討厭了！」

艾若斯與阿芙羅黛蒂

艾若斯 ΕΡΩΣ（愛、性愛）
【希臘神話】
阿莫爾AMOR（愛）＝
丘比特CUPIDO（欲望）
【羅馬神話】
愛之男神

❶艾若斯（愛）是從太古時期的卡俄斯（混沌）中產生的。

被描述為青少年的樣子。
被他的黃金箭射中者會陷入愛河，被鉛箭射中者會萌生憎惡感。

阿芙羅黛蒂 ΑΦΡΟΔΙΤΗ
【希臘神話】
維納斯VENUS【羅馬神話】
（＝維納斯Venus〔英語〕）
美之女神

❷烏拉諾斯被咔嚓掉的陽具落入海中，精液冒出泡沫，泡沫中誕生了美之女神阿芙羅黛蒂。

關於她的出生另有一說。

波提且利（Sandro Botticelli）《維納斯的誕生》（La Nascita di Venere）

❸也有阿芙羅黛蒂和艾若斯是母子的說法

宴會中突然出現怪物，母子倆大驚，彼此用緞帶綁在一起，跳入河中，變成雙魚座。

❹艾若斯（愛）與賽姬（靈魂）

夜夜拜訪賽姬的艾若斯叮嚀賽姬不可看他的樣貌，但賽姬還是看到了他的真面目。

破壞「不要看」的禁令是神話、傳說的必備橋段。

艾若斯的形象隨著時代愈變愈年輕，古羅馬壁畫所描繪的丘比特跟今天丘比特的嬰兒形象一模一樣。

艾若斯與阿芙羅黛蒂

主題≫女神的經歷

▼阿芙羅黛蒂與艾若斯

阿芙羅黛蒂原本帶有**豐收女神**、**大地女神**的性格，但所有給人美好感覺的東西最後都加在一起，使她又多了**美神**與**愛神**的身分。

阿芙羅黛蒂在羅馬神話中叫做維納斯。

艾若斯是愛之男神，被描寫成美少年的形象。這兩個神的性格相近，所以在西元前五世紀左右，艾若斯被視為阿芙羅黛蒂的兒子（但不確定艾若斯的父親是誰）。羅馬神話中，艾若斯名叫阿莫爾（愛）或丘比特（欲望）。他的外型隨著時代愈來愈年輕，在龐貝古城遺跡的牆上，畫了好幾個有翅膀、嬰兒樣貌的丘比特，就是現在丘比特的原型。

▼中東的豐收女神

阿芙羅黛蒂（維納斯）似乎原本是中東的豐收女神，可能是春之女神或地母神，賽普勒斯是她的聖地。在某些地方，她則是航海女神或戰爭女神。

中東（古代東方）許多女神的起源皆相互關聯，伊南娜（Inanna）是蘇美（伊拉克南部民族）的**豐收**、**愛**及**金星女神**；美索不達米亞（即伊拉克一帶）所信仰的愛與戰爭女神伊絲塔，與伊南娜有密切的關係；西亞到埃及一帶、希臘也有一群名為阿斯塔蒂（Astaroth），或名字類似阿斯塔蒂的女神。

阿芙羅黛蒂是這些女神的西方版，但在奧林帕斯十二神的家庭神話中，較強調其愛神與美神的角色；金星女神的面向在某段時期相當模糊，但之後又被突顯出來；透過占星術，金星女神的角色逐漸定型。

古代中東的愛與戰爭女神伊絲塔，被視為阿芙羅黛蒂的起源之一。

阿芙羅黛蒂（維納斯）在占星學是金星女神，這也是中東以來的傳統，金星的英語也是Venus。

金星符號
（美神維納斯）
女性的性別符號

火星符號
（軍神阿瑞斯）
男性的性別符號

蘇美神話中，伊南娜的丈夫是牧神杜姆茲（Dumuzi或塔姆茲），而杜姆茲先一步死亡。
女神伊南娜與死去的杜姆茲夫妻，在希臘神話變成阿芙羅黛蒂與阿多尼斯這對情侶。阿多尼斯是阿芙羅黛蒂所愛的美少年，因事故而死。

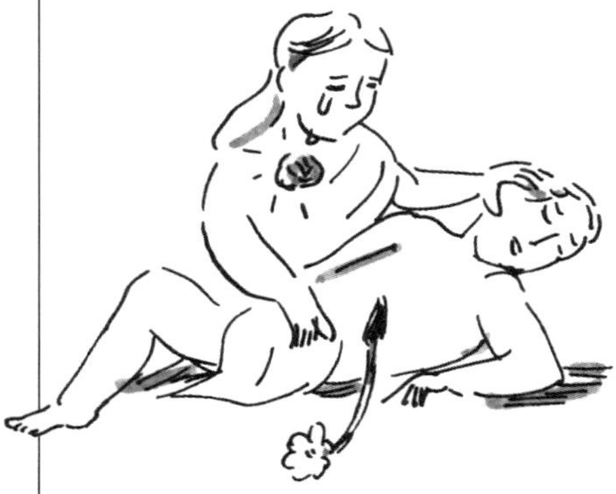

據說阿多尼斯的血化為銀蓮花，阿芙羅黛蒂悲傷的眼淚化做玫瑰。

基督教的聖母馬利亞崇拜形成之時，形象與豐收女神和金星女神重疊。馬利亞被尊稱為「海星聖母」（Stella Maris），海星即「初更的金星」之意。

埃及神話的母神艾西斯和阿芙羅黛蒂被視為相同的神，同時也是聖母馬利亞形象的起源。

7 阿特蜜斯與阿波羅

純潔的姊弟神是人類的守護神

狩獵與生產女神阿特蜜斯說道：

我和阿波羅是**雙胞胎**，我們的父親是宙斯，母親麗朵因為被父親的正宮赫拉大人盯上，為了尋找我們的生產場所疲於奔命。

我比阿波羅稍早出生，還幫母親接生弟弟，所以被尊為孕婦與生產的守護神。不過，孕婦分娩時死亡，其實也是我造成的。

我和愛犬生活在森林，不接近任何男神或男人，守身如玉。我守護野獸的生產，也保護謹守分際的獵人。

❶如果有男性看到森林中的我，會發生什麼事呢？我告訴你們獵人阿克泰翁（Actaeon）的下場。有一次，我和精靈寧芙們在森林的泉水中沐浴，大剌剌的阿克泰翁帶著一群獵犬，冒失地進入泉水中。我馬上把他變成一隻鹿，他就被自己飼養的獵犬咬死了，處事輕率的人就是會有這樣的命運。

光明與神諭之神阿波羅說道：

如果姊姊阿特蜜斯是少女的榜樣，我就是被閃耀希望之光的青年們視為偶像、是希臘重視青年的象徵。不過，以為我只會傳送希望與光明的人，應以自己的樂觀為恥。祭祀我的德爾菲神殿入口，寫著「認識你自己」（γνῶθι σεαυτόν），意思就是「人類啊！要知道分寸喔！」

❷大家聽過這個故事嗎？我在德爾菲神殿的女祭司告訴蘇格拉底的學生：「沒有比蘇格拉底更有智慧的人。」蘇格拉底感到懷疑，就去跟希臘的「智者」們討論。結果他發現，即使是不知道的事，大家也假裝自己知道。所以他認為：「不知道的事，我就說不知道；我和其他人的唯一差異就是『我知道自己的無知』；就這點來看，或許可說我比其他人有智慧。」就是這樣沒錯！正如我所料，蘇格拉底是個智者。

❸對於太奢侈的人，我也不會留情，我會即刻射殺不知分寸的人。人類啊！要記住，你們所崇尚的光明，其實也有黑暗面啊！

兩神是雙胞胎，父為宙斯，母為麗朵

阿特蜜斯ＡＰＴＥＭＩΣ【希臘神話】
黛安娜DIANA【羅馬神話】（＝黛安娜Diana【英語】）

掌管貞節、狩獵、生產的女神

阿特蜜斯也被視為月亮女神

阿波羅ΑΠΟΛΛΩΝ【希臘神話】
阿波羅APOLLO【羅馬神話】

掌管神諭、音樂、醫術、弓、光明的青年神

❶阿克泰翁出現在阿特蜜斯沐浴的泉水中，受到詛咒，變成一隻鹿。

❷德爾菲神殿的女祭司告訴蘇格拉底的學生：「沒有比蘇格拉底更有智慧的人。」全國的「智者」其實都在假裝自己無所不知，而坦白承認自己無知的蘇格拉底才是最有智慧的人。

德爾菲建有阿波羅神殿，因有巫女宣告神諭而知名。

❸阿波羅無法容忍傲慢的人。

特洛伊戰爭指揮官阿格門儂拒絕將阿波羅神殿祭司的女兒歸還其父，阿波羅便對阿格門儂的士兵射出瘟疫之箭。

馬敘亞斯（Marsyas）發出豪語，說自己吹奏的豎笛聲比阿波羅彈的豎琴聲悅耳，阿波羅就剝了他的皮。

阿特蜜斯與阿波羅

主題》死的哲學

▼光明之神、死神

阿波羅崇拜與阿特蜜斯崇拜皆有複雜的起源。

阿特蜜斯是野獸的朋友、生產的守護者，這兩個面向可能是來自**大地母神**的性格。

阿波羅崇拜的起源也相當錯綜複雜，特洛伊戰爭中，他站在特洛伊城邦的一方，與希臘民族對抗，使希臘軍隊陷入苦戰，敍事詩《伊里亞德》把他描寫得像是恐怖的**死神**。

在古典時期（Classical Period，從希臘打贏波希戰爭的西元前四七九年至希臘敗給馬其頓的西元前三三八年），阿波羅是**光明與青春之神**，卻也帶有死神的影子。詩人品達（Pindar）問阿波羅：「對人類而言，什麼是最好的？」得到的神諭是，為表揚對神殿建築有功的兄弟，神賜給他們死亡；而這也是品達自己詩中提到的事，品達因此領悟到自己的死期。

力行阿波羅神諭、一生探求智慧的蘇格拉底，被不合理的審判宣告死刑時，一邊議論「對人類來說，死亡有沒有可能是最好的事」，同時泰然自若地赴死。他也說過「哲學就是在**練習死亡**」，條理分明的哲學與死亡命運的連結，跟阿波羅的雙面性格無比契合。

▼不死者與必死者

任何神話中，神的地位皆高於人類。神的存在說明了「人類有其界限」，而人類的極限就是「不免一死」，因此神被形容為「不朽的」（immoratal），人類則被形容為「終有一死的」（mortal）。

德爾菲的阿波羅神殿刻有「認識你自己」，這句話告訴我們，要知道自己所知的有限、自己是終將一死的人類。「知道自己的無知」，才是最高的智慧。**蘇格拉底的「無知之知」**，表達了面對**哲學與科學**時的基本態度（以「知識並非完善」為前提，持續往下一步探究）。宗教信徒往往將其經典視為絕對，疏於進行新探索，這並非哲學與科學之道。

阿波羅崇拜雖是宗教，但希臘人從阿波羅的教訓中發現了超越宗教之道。

阿特蜜斯的多面性

艾菲索斯（Ephesus，現位於土耳其西岸的古希臘都市）建有巨大的阿特蜜斯神殿，該神殿因建築的壯麗而被列入「世界七大奇蹟」之一。

艾菲索斯的阿特蜜斯像造型奇特，胸部有**許多乳房狀的東西**，有人說是象徵豐收多產的乳房，也有人說是祭品牛的睪丸。

這尊神和純潔可愛的女神黛安娜竟然是同一尊！

阿波羅的多面性

阿波羅與本能之神戴奧尼索斯呈現兩極對立的狀態（請見102頁）

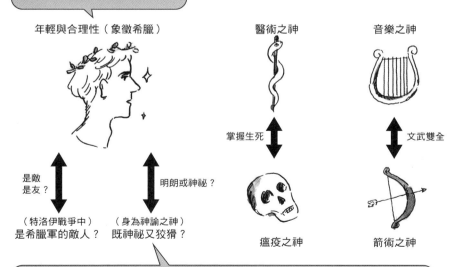

年輕與合理性（象徵希臘）

是敵是友？

（特洛伊戰爭中）是希臘軍的敵人？

明朗或神祕？

（身為神諭之神）既神祕又狡猾？

醫術之神

掌握生死

瘟疫之神

音樂之神

文武雙全

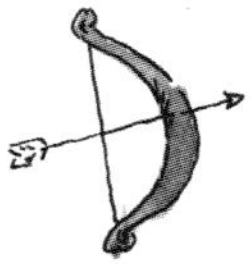

箭術之神

神諭含糊不清

克羅索斯（Croesus）王對自己國家的權力與財力相當自豪，立志打敗波斯大帝國。對此，德爾菲神殿巫女給的神諭是「如果出兵，可能導致一大帝國的滅亡」。克羅索斯王大受鼓舞，決定開戰，結果大敗，失去自己的國土，原來神諭是指克羅索斯自己國家的滅亡。

戴奧尼索斯

事奉酒神的女子陷入瘋狂

酒、酩酊、瘋狂、戲劇與祕教之神戴奧尼索斯（又名巴克斯）說道：

❶我的父親是天空之神宙斯，母親是大地女神瑟美莉。母親因大母神赫拉的嫉妒而被燒死，母親死時，父親取出尚在子宮中的我，縫在自己的大腿裡直到足月才讓我生出來。我從出生前，就一直遭受各式各樣的迫害。人類似乎認為我是喝酒誤人生的象徵，不過希望大家也別忘了，希臘**戲劇**是從為我獻祭的舞蹈中產生的。

❷我還小的時候，周圍就有女信徒了。她們**離開自己的家園，在山野漫步，恣意狂舞**。色雷斯（Thrace）國王萊克爾庫斯（Lycurgus）迫害我與我的信徒，宙斯為我復仇，弄瞎了他的眼睛；我也氣憤不已，**瘋狂**追殺他。結果，他把自己的兒子跟葡萄樹搞混了，用斧頭砍倒兒子，還「修剪」他的手腳。

不久，我長成俊美的年輕人，帶著跳舞狂歡的女信徒走進開著舞會的街道。這裡的國王彭透斯的母親也是我的信徒，跟著我們一起狂舞。信徒們能赤手空拳打死牛，撕裂牠、吃牠的肉。國王把我關進監獄，但牢籠、腳鐐對我沒有用，所有的束縛都會自動脫落，所以我脫身後，出現在國王面前。我引誘國王，讓他爬上高樹，告訴他，這樣可以視察信徒瘋狂的情況。等國王到達樹梢，我就對信徒發出指令。瘋狂的女信徒一擁而上，把樹推倒，撕裂了國王，連國王的母親也把兒子看成野獸，加入撕碎他的行列。等她回神，已後悔莫及。我早說過，我要報復人類從小對我的迫害。

❸某次我站在海邊，被**海盜船**所擄。因為他們看我像是貴族子弟，以為能從我身上獲取贖金。他們想用繩子綁住我，想當然耳，繩子自己鬆開了。舵手看出異狀，告訴大家：「這一定是神，快把他放了！」但其他船員嗤之以鼻。我在甲板裝滿**葡萄酒**，讓**葡萄藤蔓**纏繞住帆桁與桅杆。然後，我變成一隻獅子，大聲咆哮。船員紛紛跳入海裡，變成了**海豚**。我只對舵手開恩，所以他仍維持人形，留在甲板上。

戴奧尼索斯ΔΙΟΝΥΣΟΣ【希臘神話】

=巴克斯ΒΑΚΧΟΣ【羅馬神話】

=巴克斯Bacchus【拉丁語】（=巴克斯Bacchus【英語】）

酒、酩酊、瘋狂、戲劇與祕教之男神

戴奧尼索斯的妻子是雅瑞安妮（Ariadne），她曾被破解迷宮的英雄翟修斯（Theseus）拋棄，傷透了心（請見130頁），而戴奧尼索斯送給她的王冠變成夜空的**北冕座**（Corona Borealis）。

❶戴奧尼索斯=巴克斯是酒神，也是戲劇之神。

❷酒神的女信徒稱為巴凱（Bacchae），她們會用常春藤、橡樹、樅樹的葉子裝飾頭髮，披著豹等野獸的毛皮，半裸身體狂舞，進入深山野嶺。

萊克爾庫斯王想禁止酒徒的狂亂行為，結果自己也發狂了，誤認兒子是葡萄樹而殺了他；彭透斯王則是被喪失理智的親生母親撕得粉碎。

❸海盜以為戴奧尼索斯
是貴族子弟，
就抓住他，
用繩子綁起來，
結果全被變成海豚。

戴奧尼索斯

主題》對神的供奉

▼祭禮、上供、祈禱

從太古的狩獵採集時代，人類就對神靈獻上各種祭品。最典型的就是以活體動物為**祭品**，現代人或許會覺得，宰殺動物、鮮血淋漓的場面很野蠻，但這就是古代人的生活方式。祭祀時，人類焚燒牲禮的一部分，奉獻給神。對沒有什麼財產的原始人來說，除此之外，也沒有其他禮物可以獻給神了。漢字的「犧牲」中包含「牛」、「羊」兩個字，「儀式」、「意義」、「美」等字詞中也有羊，或許代表羊是很重要的東西吧！

人類獻供品給神，神就會**滿足人類的祈願或赦免人類的罪**。

後來，獻給神的祭品愈來愈「簡單化」、「精神化」，例如採用**鮮花**獻祭、或獻上**祈禱**與**信仰**。

釋迦牟尼主張**不殺生**，認為與其獻給神任何物品，不如冥想。後世佛教徒則對著釋迦牟尼「念佛」，祈願他能讓自己開悟。

耶穌被**釘上十字架**，是以自己為「牲禮」，經由此犧牲的「淨化」效果，「使人類的罪得以赦免」。現代的彌撒（聖餐式）上，也會以麵包與葡萄酒象徵**耶穌的身體與血**，分給每個人吃。

▼以表演為獻禮

可以獻給神的東西還有**舞蹈**，祭禮中會為神獻上各式各樣的舞蹈，例如日本神道教的**神樂**。

古希臘的酒神祭典上，會由**合唱隊**演唱獻給酒神的狄提然波斯（Dithyrambos）頌歌，頌歌中的對話便成為希臘**悲劇**與**喜劇**的起源。酒神節會舉辦盛大的戲劇比賽，擅長悲劇的詩人以希臘神話為題材演出各式各樣的戲劇；會有好幾組作品參與競爭，最後由優勝者獲得象徵戴奧尼索斯的山羊，「山羊之歌」（Tragodia）便成了悲劇（Tragedy）的詞源。

獻給神靈的祭品

活祭品（供品）

穀類、酒、甘茶、鮮花

祈禱、念佛

禮儀、歌、舞蹈、戲劇

戴奧尼索斯的朋友

山羊腳的牧神薩提洛斯

羅馬神話中的薩提洛斯（英語為薩提爾〔Satyr〕）

擁有馬耳和馬尾的半獸神西勒努斯（Silenus）

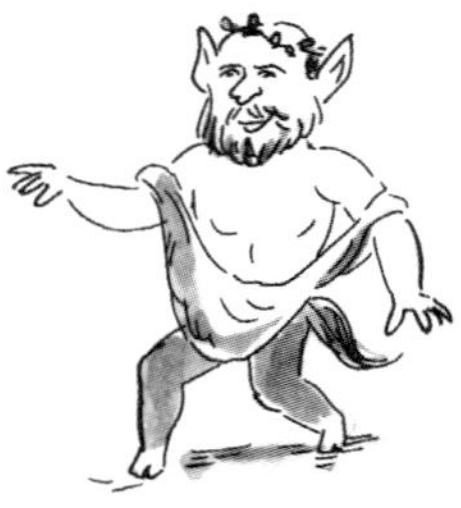

據說蘇格拉底長得很像西勒努斯

長相類似薩提爾的潘恩也是戴奧尼索斯的朋友，據說潘恩是荷米斯之子（請見107頁）。

9 荷米斯

鬼靈精成為信使之神

腳穿翅膀鞋的荷米斯說道：

我是荷米斯，奧林帕斯**眾神的信使**。同父異母的哥哥阿波羅老擺出神諭之神的架子，但我不做那種正經八百的事，只是咻咻咻地飛來飛去，向大家傳達我老爸宙斯說的話。

信使就是**傳遞訊息**的神，東奔西跑的我同時也是**旅行與交通**之神，還是**商業與小偷**之神。我不只腳程快，腦子也轉得非常快。我可是點子王呢！

❶告訴大家一件我小時候做過的事。

我的父親是宙斯，母親瑪依亞則是個地位不高的女神，我是在山洞裡出生的，在我還只會爬的時候，我就到阿波羅的牧場，帶走了**五十隻母牛**。還是個嬰兒的我，如何牽走那麼大的牛呢？因為我是神啊！神是無所不能的。為避免牛留下腳印，我讓牛穿上鞋子。我殺了其中兩頭牛來吃。為何嬰兒要吃那麼多呢？因為我是神啊！這種分量我一下子就吃光了。

粗心的哥哥氣沖沖地來興師問罪：「是你做的吧！」我說：「嬰兒怎麼可能做得出這種無法無天的事？」阿波羅一時瞠目結舌，就去找老爸哭訴，所以大神宙斯也來質問我了。我就哭給他看，辯駁道：「這種事嬰兒做不到吧！」不愧是老爸，他說：「你雖是嬰兒但古靈精怪，有句話說，說謊是小偷的開始，但你從一開始就是騙子兼小偷，真有前途！怎麼樣？來當爸爸的信使好嗎？」我當然說好囉！於是我對哥哥伸出手，說：「我們握手言和吧！過去的事讓它過去。」阿波羅的臉一陣紅一陣青。

❷順道一提，阿波羅的**豎琴**其實是我在嬰兒時期發明的。我把從他那邊偷來的牛腸筋綁在龜甲上，製成樂器。我看他很想要的樣子，就給了他，也把**蘆笛**給了他。我說：「今天開始，哥哥就是音樂之神了呢！」他竟有些害羞。我太喜歡這樣的哥哥了！

荷米斯ΕΡΜΗΣ【希臘神話】

墨丘利MERCURIUS【羅馬神話】

(＝墨丘利Mercury【英語】)

眾神的信使；旅行、商業、小偷之神；冥界的嚮導

傳令的雙蛇雙翼之丈(Caduceus)能讓人睡著與醒來。

❶嬰兒時期就從阿波羅的牧場偷了五十隻牛，還裝無辜。

❷用龜甲製作豎琴，也製作了蘆笛，送給音樂之神阿波羅。

荷米斯愛上凡間女子，生下山羊腳、一臉老成的潘恩。喜孜孜的荷米斯在奧林帕斯公布此事，惹來眾神捧腹大笑，後來潘恩成了戴奧尼索斯的朋友。

荷米斯負責帶領死者前往冥界，他不是死神，比較像是親切的引路者，他的職稱叫做塞克蓬伯斯(Psycho-pompos，亡魂的嚮導)。

荷米斯

▼淘氣鬼的神

佛教、基督教等講倫理道德的宗教，神佛總是一本正經，而太古神話世界有許多經常惡作劇、滑稽逗趣的神。這樣的神會搞出**新發明**，或在偶然間成為文化英雄。神話學中，這類神稱為搗蛋鬼（英語為騙子、詐騙犯之意，請見二八二頁）。

▼神出鬼沒的荷米斯

希臘神話中，欺騙宙斯、把祭品中較好吃的部分給人類，並帶火給人類的普羅米修斯有一點搗蛋鬼的影子，但商業與小偷之神荷米斯才是名符其實的搗蛋鬼。他心思敏捷，擁有發明的才能。雖有人見人愛的性格，戀愛方面卻平淡無奇（外表俊美，也談過戀愛，但沒有特別精彩的故事）。

荷米斯負責傳令的「通訊」工作，這點十分值得玩味。通訊與發明、科學、商業、交通皆密切相關，就像現在的網際網路能散布好訊息，也會散布不良資訊。荷米斯甚至是小偷的守護神——這似乎有著**超越善惡**的深刻含義。

羅馬神話的商業之神墨丘利（Mercurius）被認為相當於希臘神話的荷米斯，墨丘利名字中的merc是英語commerce（商業）的詞根，也是「market」（市場）的詞源。墨丘利的英語Mercury是「水星」、「水銀」的意思；水星運行迅速；水銀雖是金屬，卻是液態，無法捉摸。因此，反覆無常的人也被稱為墨丘利。

▼鍊金術等於荷米斯之術

此外，鍊金術之神三重至聖荷米斯（Hermes Trismegistus，偉大三倍的荷米斯之意），是荷米斯、埃及知識之神托特（Thoth），以及名為荷米斯的鍊金術師三者混合而產生的，這個名字恰恰符合荷米斯科學的面向與水銀般的形象。

世界各地的知識之神

荷米斯雖是搗蛋鬼，
但也被尊為嚴肅知識與科學之神。

托特（埃及神話）

知識之神、文字的守護者，在希臘文化傳至亞洲、埃及的希臘化時代，**被視為與荷米斯相同的神。**

外型被描繪為朱鷺頭或狒狒頭。

奧丁（北歐神話）

地位最高的神、知識與詩之神，從古代便**被視為與荷米斯（墨丘利）相同職掌的神。**

英語Wednesday（星期三）是奧丁之日的意思，其來源是仿照拉丁語的「墨丘利之日」。而日語的「水曜日」（星期三）是水星日，亦即墨丘利之日。

辯才天女（Saraswati）（印度神話）

日本神話中七福神的**弁才天**與辯才天女是同一個女神，兩位都身兼水神與文藝之神，也都手持樂器。

希臘神話的**雅典娜**也是

荷米斯的起源

眾神性格的起源大多與**豐收多產**的信仰有關，而都會氣質、敏捷伶俐的荷米斯也不例外。田地或牧場邊界、路旁常立有柱狀神像，稱為赫馬（Herma，可能是Hermes的詞源），就是來自祈求豐收的習俗。神像造型非常簡單，平滑的石柱上端有個男性頭形，石柱中央部位冒出勃起的陽具。世界各地都有這種「道祖神」，後來發展成引路與傳令神。

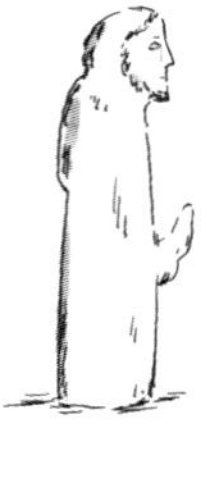

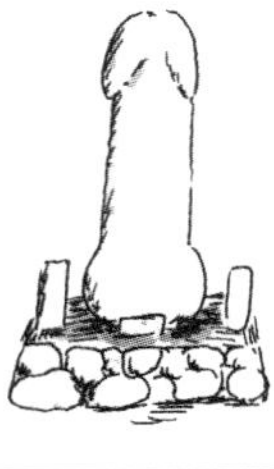

道祖神是日本鄉村的守護神，含有道路之神與性愛之神（夫妻圓滿、子孫興旺之神）的要素。

10

黑帝斯與黛美特

冥王劫走豐收女神的女兒

黛美特女神説道：

我、宙斯、黑帝斯都是克羅納斯與瑞亞的孩子，而我和宙斯生了女兒波瑟芬妮。我是豐收女神，波瑟芬妮是穀物之靈，人類經常一起敬拜我們母女。

但實際上，我和女兒有非常痛苦的遭遇。這是黑暗與光明的故事，但人們把它變成象徵植物死亡與再生的宗教節日，實在令人啼笑皆非。

我和女兒的遭遇如下：

❶始作俑者是宙斯，他希望我女兒當冥王黑帝斯的王后。有一天，女兒在原野摘花，大地忽然裂開，黑帝斯出現，把女兒強擄到地下。

❷我失去心愛的女兒，陷入半瘋癲狀態，閉居於依琉西斯（Eleusis）的神殿中。因為我什麼事都不做，人間農作物歉收，世界陷入**飢荒**。

❸宙斯不知所措，只得派信使荷米斯到冥界協調，帶回女兒波瑟芬妮。雖然我與女兒開心重逢，但因黑帝斯曾給波瑟芬妮吃冥界的水果，使女兒無法離開冥界，令我萬念俱灰。

❹最後，宙斯與黑帝斯達成協議，讓波瑟芬妮一年只要待在冥界三分之一的時間。所以，女兒一年有三分之二的時間可以回到地上，跟我在一起；其餘時間就和那無趣的丈夫黑帝斯在黑暗中度過。

從那時起，女兒在地上的時間就是陽光溫暖的季節，女兒不在時，我悲傷嘆息，嚴寒的冬天籠罩大地。

我們母女的信徒會在依琉西斯的神殿舉行祕密儀式，他們會在黑暗的神殿度過一整夜，然後在早上打開樓上的窗戶、天窗等，沐浴晨光下，為大地的**死亡與重生**祈福。

❶冥王黑帝斯擄走
女神黛美特的女兒。

黛美特ΔΗΜΗΤΗΡ【希臘神話】
柯瑞絲Ceres【羅馬神話】
豐收女神

❷女神黛美特閉居神殿中，引起飢荒。

❸因宙斯的命令，母女得以重逢，但是……

波瑟芬妮【希臘神話】
ΠΕΡΣΕΦΟΝΗ
被稱為柯瑞（Kore，少女之意）
普洛瑟菲妮【羅馬神話】
Proserpina
穀物之靈

❹經過宙斯的斡旋，波瑟芬妮一年只需要待在冥界三分之一的時間，其他時間可回到地上。

一年的三分之一
波瑟芬妮在冥界度過
女神黛美特長吁短嘆
→ 荒蕪的冬天

一年的三分之二
波瑟芬妮在地上生活
女神黛美特歡天喜地
→ 欣欣向榮的季節

黑帝斯ΑΙΔΗΣ【希臘神話】
普魯托Pluto【羅馬神話】
冥界之神

黑帝斯與黛美特

主題》大地的兩種含意——死亡與收成

▼冥界與豐收的密切關係

被稱為「少女」的清純女神波瑟芬妮為何非得當冥王黑帝斯的王后呢？在古人的想像中，種在田土之下的**植物種子**有「死亡」的意象，而再度發芽的植物當然象徵了「生命」，波瑟芬妮就在生死間來來回回。

大地本身即帶有生與死兩種意含，黛美特代表大地的生命力與豐收的力量，黑帝斯則代表大地死亡的黑暗面。冥王黑帝斯在天界沒有自己的宮殿，也未名列奧林帕斯十二神。他又被稱為普魯托（Plouvtwn），這個名字影射他是個「富人」，因為大地能生出各種財富。另外，冥界這個空間也稱為黑帝斯（詞源是「看不見的」）。希臘神話的冥界並非懲罰的空間（地獄），冥王也不同於「審判之神」、「惡魔」或「死神」。

▼與《古事記》神話的相似之處

大國主是農耕文化之神，如同其分身少名毘古那神則是穀物種子之靈；少名毘古那神很快就遠赴被視為死後世界的常世國（請見五二頁），這讓我們聯想到黛美特與如同其分身的波瑟芬妮。

農業因穀物之靈的死亡而產生，這樣的想法也創造出大氣津比賣神死亡的神話（請見三六頁）。

大國主成人前曾到地下的根堅州國，該地接近死後世界黃泉國。或許黃泉國象徵大地死亡的面向，根堅州國象徵大地生命力的面向（請見四八頁）。大地有生死兩面，這點與希臘人的想法無異。

另外，我們也可以對照因兄弟黑帝斯侵犯自己的分身波瑟芬妮，因而閉居神殿的黛美特，以及兄弟須佐之男冒犯自己的分身天衣織女，因而隱身石屋戶的天照大御神（請見三二頁）。傳說中，有一名婦女暴露自己的性器，以博藺居的黛美特一笑；這和天宇受賣命露出性器，誘使天照大御神「復活」的橋段若合符節。

植物神的死亡與重生／死後變成植物的神

波瑟芬妮（柯瑞）	穀物神格化的少女： 一年有三分之一的時間在地下與冥王（黑帝斯）共度，三分之二的時間在地上與母親黛美特（豐收神）在一起。	人類會舉辦波瑟芬妮出發到地下與返回地上的祭祀活動，依琉西斯的神殿也會舉行祕密儀式。
阿多尼斯	穀物神格化的少年： 一年有三分之一的時間在地下與波瑟芬妮（冥后）共度，三分之二的時間在地上與阿芙羅黛蒂（在此為豐收神）共度。因事故而死亡，流出的鮮血中開出銀蓮花。	起源為中東的植物神杜姆茲／塔姆茲。
雅辛托斯	阿波羅愛慕的少年： 西風之神澤費魯斯（Zephyros）因為嫉妒，用風吹動阿波羅投擲的鐵餅，導致雅辛托斯被擊中致死，據說雅辛托斯流的血中開出風信子（一般認為是鳶尾花）。	由希臘從前的男性神祇降級為阿波羅的隨從？
納西瑟斯（水仙花）	迷戀自己的少年： 死後化為水仙（請見144頁）。	自戀（Narcissism）的詞源。

希臘神話的冥界

要到冥界，必須付船資給船夫卡榮（Charon），他才會幫忙駕船渡過阿刻戎河（Acheron）。

類似日本神話，要渡過三途川，必須讓死者帶著六文錢。

冥界入口由三頭犬柯柏魯斯（Kerberos）看守。

冥界之外，另有**地獄**（塔爾塔茹斯），亦即宙斯監禁泰坦神族的空間（請見75頁）。地獄是欺騙神明者受罰的地方。譚塔洛斯（Tantalus）所受的刑罰是，當他想喝水，水就退去；想吃水果時，果樹的枝就會遠離；薛西弗斯（Sisyphus）所受的刑罰是，必須把岩石推上山頂，無論岩石滾下來多少次；至於懲罰的原因眾說紛紜。

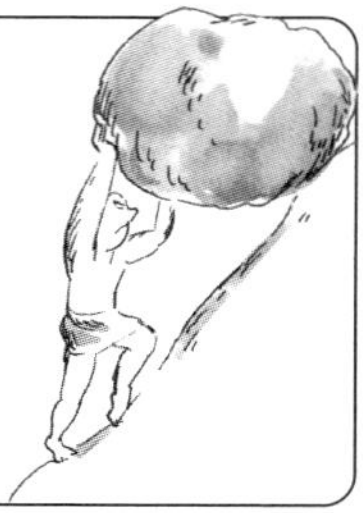

11 奧菲斯與尤瑞迪絲

音樂家下冥界尋找妻子

音樂家奧菲斯說道：

❶我有一把阿波羅贈送的豎琴，大家都說我是舉世無雙的歌唱家與演奏家。無論人類、薩提洛斯或寧芙，聽了我的音樂都如癡如醉。

❷原本過著幸福快樂日子的我，某日被絕望侵襲。我的妻子，寧芙尤瑞迪絲，為逃避阿里斯塔奧斯的求歡，不慎被蛇咬到。蛇毒迅速傳遍全身，尤瑞迪絲魂赴冥府。

❸為了找回心愛的尤瑞迪絲，我來到地下。我撥動豎琴，渡過冥界的阿刻戎河。冥界亡者為我的音樂陶醉，連冥王黑帝斯也側耳傾聽。

如同黑帝斯不肯放開波瑟芬妮，
我也不想放開尤瑞迪絲。
因為冥王與我都贏不了**愛神**。
冥王啊！我不說把妻子還給我，
只希望您把妻子暫時借我，
直到我們老了共赴冥府。

❹很快地，冥王打開心房，允許我帶回尤瑞迪絲。「但是，到達地上之前，**不可回頭看**妻子」冥王這麼說。

我覺得很簡單，但其實這是冥王的策略。

❺歸途到處都是黑暗的坡道，我爬著爬著，愈來愈擔心妻子是否真的跟在後面。為了確認心愛的人到底在不在，我回頭了。

轉瞬間，妻子消失在遠方，只有「再見」兩個字迴盪在我耳邊。

讓我失去判斷力的，正是愛神。

❶奧菲斯是無與倫比的歌唱家與演奏家。

❷奧菲斯的妻子尤瑞迪絲被蛇咬死。

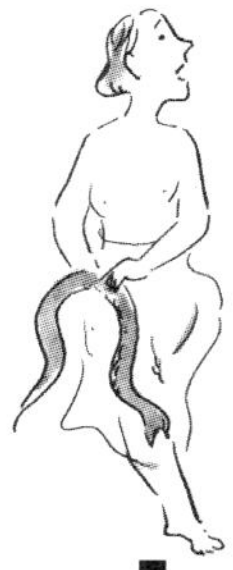

❸奧菲斯下冥界，以歌聲征服冥王黑帝斯。

❹冥王允許奧菲斯帶回尤瑞迪絲，條件是奧菲斯在途中不可回頭。

❺但奧菲斯回頭了，妻子永遠無法從冥界回來了。

據傳古代密教「奧菲斯教」鼻祖是神話中的詩人奧菲斯，此宗教似乎主張輪迴轉世，但細節不明。

雅典娜

文武雙全的女神守護城邦

女神雅典娜說道：

❶我是主神宙斯與睿智女神墨提斯的女兒，父親把母親吞進肚裡，我把父親的身體當作「母胎」，在裡面生長發育，足月後，從父親的額頭跳出來，誕生在這個世界。我出生時，就跟現在一樣穿著黃金盔甲。

說我是**戰神**？沒錯，我也做戰神的工作。身為戰士，我支援赫拉克勒斯、柏修斯等英雄，至於勝利女神尼姬（Nike）則是我的隨從。

不過，我也是**智慧與文藝女神**。如大家所知，我的使者貓頭鷹被視為智慧的象徵。另外，我也守護紡織者、建築家、雕刻家等。

我能文又能武。

❷雅典中央有一座衛城（Akropolis）山，山上的帕德嫩（Parthenon）神殿是我的神殿。帕德嫩在希臘文中是處女的意思，因為我是**處女神**，所以我的神殿有如此稱呼。對於性，我有完全的潔癖。

鍛造之神赫費斯托斯意圖性侵我，被我掙脫，但他的精液灑在大地，使蓋亞懷孕，生下伊利克托尼俄斯。我照顧著這個嬰兒，而他後來成為雅典的君主，是我最虔誠的信徒。

❸柯可若普斯（Cecrops）擔任雅典王時，海神波賽頓與我為了誰適合擁有這塊土地而爭執不下。波賽頓用三叉戟刺向衛城的土地，地上湧出鹽水泉；我則讓衛城長出橄欖樹。結果，當地公民認為我比較適合當那裡的守護神。

我的工作基本上是守護城邦，除了希臘第一文藝都市雅典，特拜城（Θῆβαι）等幾個城邦也是我的守備範圍。為了保護城邦，我什麼都願意做，因為那是我的工作，我會用我的學問與武藝努力完成。

雅典娜'Α θ Η Ν Α【希臘神話】
米娜娃MINERVA【羅馬神話】
戰士、文藝、城邦的守護神、處女神

❶既是女戰神，
又是智慧與文藝女神。
文武雙全！

❷帕德嫩神殿位於
雅典（Athēnai，現雅典市），
供奉雅典娜。

建築傑作帕德嫩神殿

以前裡面有巨大的雅典娜神像。

勝利女神尼姬
是女戰神雅典
娜的隨從。

尼姬的翅膀被耐
吉（Nike）運動
用品公司當作標
誌。

雕刻傑作「薩莫特拉斯的勝利女神像」（The Winged Victory of Samothrace）

❸雅典娜是城邦的守護神，
曾與海神波賽頓
爭奪雅典的土地。

阿瑞斯與赫費斯托斯

軍神與技藝之神甘心做不起眼的工作

軍神阿瑞斯說道：

❶我雖是身強力壯的神，卻不受人類歡迎。女人怕我，男人也不信仰我。計畫與指揮戰爭的是宙斯、阿波羅及雅典娜，我的工作是處理戰爭中現實的一面：**血淋淋的互殺**。我不思考戰略這種東西，也認為正義在戰爭中無足輕重。雖然我的工作吃力不討好，得不到人類的感謝，但我仍甘之如飴，因為實際上，世界是依照我的邏輯運轉。

❷人類怎麼看我都無所謂，反正女神都為我的帥氣著迷。阿芙羅黛蒂是我的情婦，她對丈夫赫費斯托斯不理不睬，跟我這個情夫卻連續歡愛數日，當然我也很享受。她可是美的化身阿芙羅黛蒂呢！我跟她生下了「恐怖之魔」與「恐懼之魔」。

鍛造之神赫費斯托斯說道：

❸我是戴綠帽的赫費斯托斯，我**天生其貌不揚**，且不良於行。我老媽赫拉覺得我的醜陋讓她丟臉，就把我抓起來轉了一圈，丟出奧林帕斯，事後又假慈愛悲戚地掉淚。

❹宙斯大神選了美神阿芙羅黛蒂做我的妻子，我老婆在我面前總繃著一張臉，所以我也沒辦法說她有多美或多幸福。不出所料，她跟美男子阿瑞斯偷情，不過我馬上報了一箭之仇。我在床上裝了一個機關，活捉他們兩個。眾神看了他們不成體統的德行，紛紛嘲笑。

❺工作就是我的人生意義，我是所有**技藝**的神，能製造任何東西，包括**建築**。奧林帕斯宮殿是我建造的，我還製作了宙斯的寶座、阿特蜜斯與阿波羅的箭、人類英雄阿基里斯的盔甲，以及各式各樣的酒杯與珠寶首飾，連為人類帶來災難的小姑娘潘朵拉也是我的作品。

我對自己很滿意，十分佩服自己的技能。重要的不是外表，是才能啊！

阿瑞斯ΑΡΗΣ【希臘神話】
馬爾斯MARS【羅馬神話】
戰神

馬爾斯在羅馬世界擁有高人氣，被視為羅馬建國英雄羅慕路斯（Romulus）與雷穆斯（Remus）的父親，並以火星（Mars）與三月（March）等名稱流傳後世。

赫費斯托斯ΗΦΑΙΣΤΟΣ【希臘神話】
霍爾坎VULCANUS【羅馬神話】
鍛造與技藝男神

❸雖然眾神多是俊男美女，赫費斯托斯卻天生貌醜又跛腳，母親赫拉還把他丟出奧林帕斯。

❺赫費斯托斯為眾神與人類製造了各式各樣的東西，從現代的角度來看，他的鍛造場應該是座高科技工廠。

❷❹阿芙羅黛蒂是赫費斯托斯的妻子，但比起不體面的丈夫，她寧願投向俊男阿瑞斯的懷抱。赫費斯托斯在床上安裝機關，抓住正在幽會的他們。

波賽頓與赫斯提亞

世界也由海神與灶神支配

海神波賽頓說道：

❶我是宙斯的哥哥，也有人說是弟弟。其實無所謂，反正就是兄弟。我將一切權力交給宙斯，但我擁有與宙斯同等級的力量。雖然我退至海神的地位，但海洋也延伸到大地之下，所以我也能憾動大地。因此，我也是地震之神。怎麼樣？要我證明給你看嗎？

說真心話，我認為全世界都是我的。我主張自己擁有雅典等城邦的土地**所有權**，但這類爭執我全盤皆輸，真沒意思！有時我氣不過，就引發**洪水**氾濫。

❷我的妻子是安菲翠緹（Amphitrite），兒子是特里同（Triton）。海上的冒險者，你們看好了！特里同吹著海螺，我手持**三叉戟**，乘著海馬戰車，往安菲翠緹等待的海上宮殿前進。崇拜我吧！因為希臘是海洋之國、愛琴海之國啊！如果違抗我，我會掀起暴風雨喔！哇哈哈哈哈哈哈！

爐灶女神赫斯提亞說道：

❸我是宙斯的姊姊，宙斯、波賽頓這些兄弟很在意領土的事，但我對政治沒什麼興趣。我是家庭中**爐**、**灶**的女神，每個家庭都有爐灶，如果不升火，就不能做飯，冬天也需要火爐取暖。所以，無論大家要做什麼事，都要先為我上供。

普羅米修斯為人類盜火，可見火是最重要的東西。火也有淨化的力量！在幕後統治世界的，是我**家庭之神**。宙斯聽到這些話也不會生氣的！因為弟弟不敢僭越姊姊。

波賽頓ΠΟΣΕΙΔΩΝ【希臘神話】
涅普頓NEPTUNUS【羅馬神話】
（＝涅普頓Neptune【英語】）
海神

希臘神話中有許多與海洋相關的神祇，除了波賽頓，還有水神奧西安、海洋老人尼勒沃斯（Nereus）、海豹放牧人普洛提烏斯（Proteus）等。

❶海神波賽頓身兼地震之神，也掌管陸地的泉水。他到處爭奪土地所有權，也曾和擁有雅典城邦的女神雅典娜爭地（請見116頁）

❷海神的妻子是安菲翠緹，兒子是特里同。

世界各地皆重視管理爐灶的神，如日本的荒神。

印度舉行祭祀時，會先上供給火神阿耆尼（Agni）（請見154頁）。

赫斯提亞ΕΣΤΙΑ【希臘神話】
維斯塔VESTA【羅馬神話】
爐灶女神

15 奧瑞翁與昴星七姊妹

夜空的獵人永遠追著七姊妹

宙斯說道：

❶有許多人類升上天空，化為星星，例如**甘米德**就是**水瓶座**的化身。他原本是特洛伊王子，被我劫來天上當眾神的酒童侍者。當我看到正在放牧的他，怦然心動，就變身為**鷲**把他擄走，當時的鷲便成為**天鷹座**。

❷**金牛座**也是我的化身，我看到腓尼基公主歐羅芭時，心頭小鹿亂撞。於是我變身為**公牛**讓她乘坐，把她帶到克里特島，在那裡得逞。我為了紀念自己變成公牛的樣子，就創造了金牛座。

昴星七姊妹（Pleiades）七嘴八舌道：

❸「雖然宙斯大人說自己『心頭小鹿亂撞』，但簡單來說，他的行為不就是強姦嗎？」

「也可以這麼說。」

「神話都是些『夭壽』的事。」

「或許吧！我們那時遇到的事不是也很奇怪嗎？」

「我們是沒被宙斯大人糾纏過……。」

「我說的是獵人奧瑞翁（Orion），他對我們和母親普勒俄涅（Pleione）死纏爛打，宙斯大人可憐我們，才把我們化為星星。」

「從那時起，**獵戶座**就對我們**昴星團**窮追不捨。」

「都變成天上的星座還被纏著不放，不曉得宙斯大人會覺得我們多可憐呢？」

「就是說啊！」

「神話就是些奇奇怪怪的東西！不過，因為我們都在北極星周圍以相同速度轉動，至少永遠不必擔心會落入他的魔掌。」

❶宙斯變身為鷲，擄走美少年甘米德，讓他擔任奧林帕斯的酒童侍者。

水瓶座在中東神話與洪水有關，在希臘神話則與長生不老酒的酒器有關。

鷲成為天鷹座

少年成為水瓶座

❷宙斯變身為公牛，拐走歐羅芭公主，公牛化為金牛座。

金牛座的起源是在中東象徵財富的牛。

❸獵人奧瑞翁向國王的女兒求婚，卻被國王弄瞎了眼睛，經朝日晨光照射，才又恢復視力。據說他因為愛慕女神阿特蜜斯，被女神派蠍子刺死，之後那隻蠍子化為天蠍座。

昴星團位於獵戶座前方，因此產生獵戶座對昴星七姊妹窮追不捨的神話。

星座背後的希臘神話故事

天鵝座……女神涅墨西斯（Nemesis）變身為鵝，逃避宙斯的追求，宙斯則變成天鵝猛追，天鵝座就是那隻天鵝的化身。

雙子座……擁有宙斯血統的雙胞胎兄弟卡斯托（Castor）與波魯克斯（Pollux），其中一個死了，另一個寧願離開天上，放棄永生的權利；宙斯將他們化為友愛的雙子座。

射手座……教育眾多英雄的人馬族賢者凱隆的化身，凱隆被赫拉克勒斯的毒箭誤傷，只因他是不死之身，不得不永遠受折磨，但他寧願死去。

處女座……與黃金時代人類共同生活的正義女神阿斯特拉亞（Astraea）的化身，另有一說是豐收女神黛美特的化身。

天秤座……女神阿斯特拉亞的正義天秤。

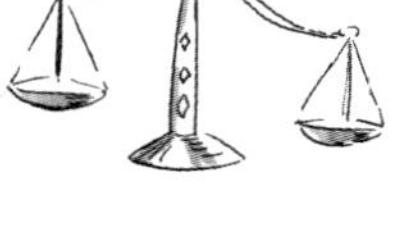

赫拉克勒斯

希臘第一英雄，死後化身為神

赫拉克勒斯說道：

❶我是被譽為希臘第一英雄的赫拉克勒斯，我父親宙斯推翻其父克羅納斯，成為天界的霸主，但被基迦巨神一族阻攔。光憑眾神之力無法打敗巨神族，還需要我這個人類的力量。眾神推倒巨神時，我就用箭刺穿他們的咽喉。

❷我身上穿著**獅皮**，這是我赤手空拳打倒被視為不死之身的怪物獅子後，用獅爪剝下來的。宙斯為紀念我的豐功偉業，把這隻獅子變成**獅子座**。

❸我也曾打敗九頭毒蛇海濁（Hydra），牠的頭被砍掉後，還會再重新長出來。我叫姪子伊歐勞斯幫忙，在我砍下蛇頭後，他馬上用火燒灼切口，這才解決掉八顆頭。第九顆頭是長生不死的，於是我將整隻蛇硬塞到地下，才除掉這個禍害。我把箭浸泡在海濁的血液裡，製成厲害的毒箭。

❹我的功績無奇不有，歐葛阿斯王的牛圈三十年沒打掃，糞便黏得到處都是，污穢不堪。我承包掃除工作，在牛圈的地基挖洞，從旁引進河水沖刷，轉眼間牛糞就清潔溜溜。我不僅四肢發達，頭腦也不簡單。

❺因為宙斯正宮赫拉的詛咒，我必須挑戰艱巨任務。由於我不是她的親生兒子，她對我的名聲十分眼紅。她讓我發狂，在神智不清的情況下殺了自己的孩子。阿波羅的神諭宣告，為了洗清此罪孽，我必須完成提林斯（Tiryns）國王尤瑞透斯（Eurystheus）給的任務，國王出了消滅怪物獅子等**十道難題**。

❻我死得有點慘，因為出軌過幾次，被我射殺的人馬族就在臨死前欺騙我妻子，說自己的血具有魔力，能讓人回心轉意。妻子信以為真，就把他的血塗在我的內衣上，但那傢伙的血其實充滿我箭上的海濁蛇毒。我穿上這件內衣，渾身猶如火燒，痛苦而死。

不過，我死後得到了好報，宙斯將我迎上天界，我成了眾神的一員。

赫拉克勒斯ΗΡΑΚΛΗΣ【希臘神話】
海克力斯 HERCULES【羅馬神話】
（＝海克力斯 Hercules【英語】）
希臘第一英雄

成為金剛力士的赫拉克勒斯
住在印度西北方犍陀羅（Gandhara）的希臘人不只創作希臘諸神，也雕刻佛像。赫拉克勒斯的形象成了佛法守護神的模型，不久又演變成金剛力士*形象。

（編按：佛教護法，依傳說不同有不盡相似的奉祀對象，而佛教伽藍中，最常見執守於佛像旁的是兩大仁王，也就是台灣民間信仰的「哼哈二將」。）

赫拉克勒斯的十道難題

為贖罪必須完成十道難題，後來又追加兩個。
消滅海濁是藉由姪子的幫助、清洗牛圈有報酬，所以不列入贖罪難題之內。

消滅幾乎不死的獅子 將牠趕進洞窟，赤手空拳勒斃牠	**清掃骯髒的牛圈** 引入河水沖刷牛圈，完成清潔	**奪取亞馬遜女王的腰帶** 與亞馬遜族的女戰士大戰
捕獲大野豬 在雪中設陷阱捕捉	**捉拿食人馬** 馬吃掉飼主後變得溫馴	**捕捉冥界看門狗柯柏魯斯** 加入依琉西斯的祕教，成功進入冥界
捕捉克里特島的狂牛 原要獻給赫拉，但她拒收，所以又把牛放了	**奪取黃金蘋果** 從扛著天空的巨神阿特拉斯手中獲得	
捉住巨人的紅毛牛群 在直布羅陀對岸的島嶼捕獲紅毛牛	**射殺怪物猛禽** 用銅鈸聲將怪鳥趕出森林再射殺	
消滅九頭毒蛇海濁 在姪子幫助下成功	**捕獲女神阿特蜜斯的神鹿** 不斷追逐，使鹿疲累不堪，最後成功捕獲	

柏修斯與梅杜莎

英雄消滅怪物，與公主結為連理

柏修斯說道：

❶我的母親是阿古斯（Argus）的公主達娜葉，國王（我祖父）相信「自己會被孫子所殺」的神諭，就把女兒關起來。但宙斯化為黃金雨進入房內，我母親便懷孕，生下了我。

❷祖父發現我之後，就把我和母親一起關進箱子，拋入大海。我們漂流到西里弗斯島（Serifos）後就在那裡住下來，島主看上了我母親，但在我的保護之下，他無法出手。

❸島主召開宴會，要求客人贈送馬當禮物。我沒錢買馬，十分沮喪，就對島主說：「要比實力，我絕不會輸給有錢人。我去取戈爾貢（Gorgon）蛇髮女妖的首級！」島主獰笑道：「那就請你取回來吧！」我想我失策了。

❹不過，我是神的兒子。信使之神荷米斯先帶我找到葛瑞依雅（Graeae）三女巫，這三個女巫共用一個眼睛，我趁她們交換時奪走了它。女巫哭著求我歸還眼睛，不得已供出寧芙們的住處。寧芙們借我飛行涼鞋、隱身帽子以及能裝戈爾貢首級的特殊袋子；荷米斯也借我金鐮刀。

❺我向西方邊界前進，找到了**戈爾貢蛇髮女妖三姊妹**。戈爾貢是非常恐怖的怪物，若與她對視，就會變成石頭。我的目標是三姊妹中的**梅杜莎**，因為唯有她並非不死之身。我以青銅盾為鏡，尋找梅杜莎所在位置。找到後，順利砍下梅杜莎的頭，塞進寧芙借我的袋中。這次任務大功告成！

❻歸途，我經過衣索比亞。當時，公主安卓美妲即將被獻祭給海怪，所以我殺掉海怪，和公主結婚，回到母親所在的島嶼。我讓島主和那些馬屁精看看梅杜莎的頭，得到母親的讚賞。

❶阿古斯王害怕神諭成真，
把女兒達娜葉關在房間。
宙斯化為黃金雨，闖入房中，
達娜葉因此懷孕，生下柏修斯。

❷達娜葉與柏修斯被裝箱
丟進大海，兩人漂流到西里弗斯島，
就在那裡住下來。

❸島主礙於柏修斯，
不能娶達娜葉，便差遣柏修斯
去取戈爾貢的首級。

❹柏修斯向葛瑞依雅三女巫
打探出寧芙的住處，
寧芙借給他飛行涼鞋等工具。

❺在西方邊界
取得戈爾貢三
姊妹中梅杜莎
的頭。

❻柏修斯消滅海怪，
娶活祭品安卓美妲公主為妻。

後來……回到西里弗斯島，讓領主看梅杜莎的首級，他就變成石頭了。

然後……把達娜葉與柏修斯丟進大海的阿古斯王逃之夭夭，不過柏修斯參加鐵餅比賽時，鐵餅擲中了參觀比賽的老國王，神諭實現。

類似須佐之男殺八岐大蛇（請見40頁）。

18 翟修斯與米諾陶

英雄消滅迷宮中的牛怪

克里特公主雅瑞安妮説道：

❶我是克里特王米諾斯（Minos）與王后帕西菲的女兒，我的王室家族受了詛咒，波賽頓對母親帕西菲施法，使母親陷入瘋狂，與公牛交合，生下牛頭人米諾陶（Minotaur，米諾斯王的公牛）。

❷父親命技師戴達洛斯建造迷宮，把米諾陶關在裡面，並命令雅典提供給怪物的活祭品。因此，每年雅典有七名少年和七名少女成為米諾陶的腹中餐。

❸這種情況終於要結束了，雅典王子翟修斯混在七名少年中，想消滅米諾陶。我欣賞他的男子氣概，悄悄告訴他戴達洛斯所教的祕訣逃出迷宮。我給了他一卷線，教他把線的一端綁在迷宮入口，之後便可循著線出來。

❹翟修斯成功擊敗怪物，離開迷宮，帶著我與獻祭的少年少女逃出克里特島。但是，他把我一個人丟在奈克索斯島（Naxos）就走了。關於這件事，我聽到各式各樣的傳言，包括他早有戀人等等。

後來，我成了酒神戴奧尼索斯的妻子。我想，他是看我被拋棄，可憐我，才會娶我。不過現在回想，也有可能是因為他迷上我，威脅翟修斯，我才會被甩吧！

❺悲劇等待著翟修斯，他的父親愛琴士（Aegeus）跟兒子約定，若遠征成功就揚起白帆，失敗就掛上黑帆。但翟修斯忘了此事，掛著黑帆向故鄉前進。愛琴士遠遠望見船上的黑帆，悲痛欲絕，就從崖上跳入海中。自此之後，那片海就被稱為愛琴海（Aegean Sea）。

聽說後來翟修斯登上雅典王位。

❶帕西菲與公牛交合，
生出牛頭怪米諾陶。

❷米諾斯王命戴達洛斯建造迷宮，監禁米諾陶。

一般認為，這座迷宮的雛形可能是克里特島的克諾索斯宮殿。克諾索斯宮殿比希臘文明更古老，建築物裡有許多房間，就像迷宮一樣。

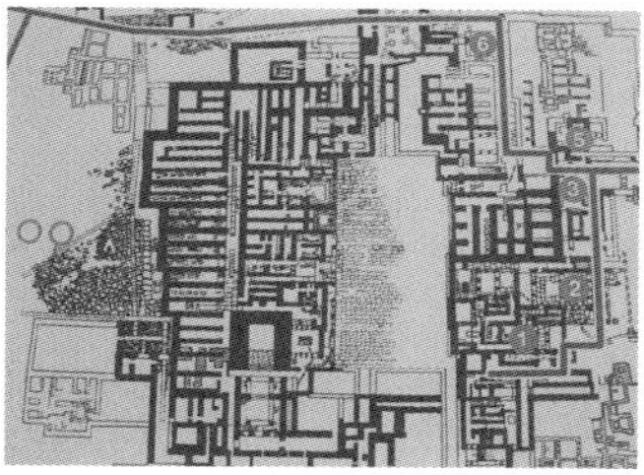

發展於克里特島的邁諾安文明，
經常舉辦祭祀聖牛的活動。

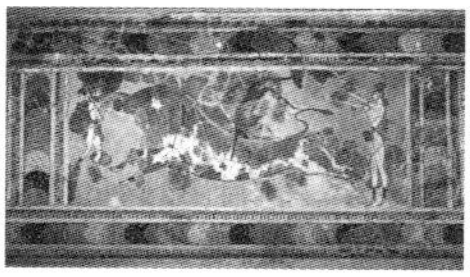

❸翟修斯聽從雅瑞安妮的建議，
把線的一端綁在迷宮入口，
拉著線走進迷宮。

❹翟修斯成功擊敗怪物，
但不知為何，把雅瑞安妮遺棄在
奈克索斯島。

❺翟修斯的父親愛琴士看見黑帆，
以為翟修斯失敗遇難，
就從崖上跳入海中。

戴達洛斯與伊卡洛斯

天才技師拿不肖子伊卡洛斯沒輒

發明各種物品，被譽為天才技師的戴達洛斯說道：

❶我對自己是天才這件事十分自豪，不喜歡聽到別人被稱為天才。姪子發明鋸子時，我忍不住把他從懸崖推下去。為了逃避刑罰，我逃到克里特島，受米諾斯王的庇護。

❷克里特王宮曾發生這樣的事：米諾斯王祈求海神波賽頓給他一隻漂亮的公牛，海神便給了他。米諾斯王曾許諾，若能如願，這隻牛將成為海神的祭品。但他反悔了，把祭品換成另外一隻牛。海神大怒，施咒讓王后發狂，對那隻公牛產生情慾。

王后對我說：「我想得到那隻公牛，請你設計個東西來幫幫我吧！」我製作了一個仿真的空心母牛，讓王后進去裡面，跟海神所賜公牛交合。

❸王后生下牛頭怪米諾陶。

國王來找我，說：「請你設計個東西，不要讓那隻怪物露面。」於是我建造了迷宮，把怪物關在裡頭。

❹接著來找我的是公主雅瑞安妮，她說：「我希望英雄翟修斯打贏牛怪，幫我出個主意吧！」我就教她用線走出迷宮的方法。

❺翟修斯帶走公主，離開克里特島後，米諾斯王就把我和兒子伊卡洛斯（Icarus）關進迷宮。於是我製造翅膀，帶著兒子向天空逃去。

跟你說一個祕密，伊卡洛斯腦筋不好，沒繼承我的半點才能。我警告他別飛太高，否則太陽的熱度會融化翅膀上的蠟，但他把我的話忘得一乾二淨，愈飛愈高。不久，翅膀解體，他就掉進海裡溺死了。

可憐的傢伙！天才如我，也無法讓兒子死裡復活。

❶戴達洛斯的姪子看到魚骨，就發明了鋸子，
所以戴達洛斯把姪子推下懸崖。

戴達洛斯既是木匠，也是建築師，他發明了各式各樣的東西，家具、建築物、工具等，據說也製作神像。

❷克里特王后帕西菲的訂單：得到公牛的裝置。

我製作了空心母牛，讓王后進去，和公牛交歡。

❸米諾斯王的訂單：把怪物關起來的東西。

我建造了迷宮。

❹雅瑞安妮的訂單：走出迷宮的方法。

我教她用絲線走出迷宮。

❺戴達洛斯與伊卡洛斯逃出迷宮，飛向天空。
伊卡洛斯翅膀上的蠟被太陽融化，掉入海中溺死。

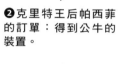

20 伊阿宋與美蒂亞

女巫向阿爾戈英雄復仇

伊俄爾科斯（Iolcus）的王子伊阿宋（Iason，英文名為Jason）說道：

❶篡奪王位的叔叔佩里阿斯（Pelias）提出條件，只要我取得黑海盡頭科爾基斯國（Colchis）的**金羊毛**，就讓我即位。於是我召集全希臘的英雄，乘著大船阿爾戈號（Argo）出發遠征。

❷到達科爾基斯前，我們歷經各種艱難險阻。最困難的一次，就是要渡過連接地中海與黑海的赫蕾之海海峽。海峽兩側的岩石會互相撞擊，如果我們的船要從中間通過，必須抓住岩石相撞後分開的時機。所以我們五十個男子抓緊時間，拚命划槳穿越過去。

❸我從科爾基斯王那裡搶走了金羊毛，回到故鄉。把金羊毛交給叔叔後，他卻假裝聽不懂我在說什麼，所以我設計了叔叔，讓他被殺死。因為這樁罪，我被驅逐出境，但無所謂，因為我已得到英雄的名聲。之後，我和美蒂亞在今天的科林斯（Corinth）過著快活的日子。

科爾基斯王的女兒美蒂亞說道：

❹伊阿宋託我的福，冒險成功，卻對我的事隻字不提。我對伊阿宋一見鍾情，背叛了父王，施魔法保護伊阿宋。

我還犧牲了親弟弟——逃出科爾基斯時，父王派船追上，所以我砍碎弟弟，把屍塊丟進海裡，趁父親忙著打撈弟弟的殘骸時溜之大吉。

❺殺掉伊阿宋叔叔佩里阿斯的也是我，我在佩里阿斯的女兒面前，用大鍋烹煮伊阿宋的父親。我在鍋中加入藥草，煮後老人就返老還童了。佩里阿斯的女兒模仿我，也把自己的父親放進大鍋烹煮，但因她們沒加藥草，佩里阿斯一命嗚呼。

❻我做到這種程度，伊阿宋現在還想娶科林斯王的女兒。我打算把毒藥塗在新娘禮服上，燒死那女孩，也計畫殺掉自己和伊阿宋所生的兩個孩子。因為，我的愛已經變成報復的怨念。

❶希臘中部伊俄爾科斯王子伊阿宋的王位被叔叔佩里阿斯篡奪，叔叔要他取回科爾基斯的金羊毛。

南方天空自古就有南船座（Argo Navis），現在則分為船底座、船帆座及船尾座，羅盤座（Pyxis）也與阿爾戈號有關。

伊阿宋與希臘眾英雄乘著大船阿爾戈號遠征。

❷途中備嘗艱苦，他們曾到過只有女性的島嶼；也曾在某個島受熱情款待後，出海時遇到暴風雨，只得在半夜重返原地，卻被當地人誤以為海盜，引起雙方大戰；穿過黑海的赫蕾之海海峽時，又被兩側的岩石夾撞。

❸科爾基斯王的一道道難題，伊阿宋一一克服，一行人還奪走羊皮逃跑。

叔叔佩里阿斯不遵守約定，金羊毛到手後，不肯讓位給伊阿宋，而叔叔的下場就是……。

❹科爾基斯公主美蒂亞對伊阿宋一見傾心，施魔法保護伊阿宋。

為了愛人，甚至砍碎親弟弟丟入海裡，以干擾追兵。

❺美蒂亞設計讓佩里阿斯的女兒把父親烹煮而死。

❻伊阿宋想娶科林斯王的女兒，美蒂亞為了報復，就把她殺了，還殺了自己和伊阿宋所生的兩個孩子。

21 特洛伊戰爭與阿基里斯

英雄心懷不滿持續苦戰

特洛伊王子帕里斯（Paris）說道：

❶特洛伊戰爭會發生，都要怪美女海倫。我在女神的選美競賽中擔任裁判，並判阿芙羅黛蒂第一名。她承諾要把斯巴達王后海倫賜給我，所以我搶走海倫，帶她回特洛伊。憤怒的斯巴達國王召集希臘戰士前來，想帶回海倫。

希臘聯軍總指揮官阿格門儂說道：

❷我軍會在特洛伊戰爭陷入苦戰，都是阿基里斯害的。我奪走那傢伙擄回的美女！我可是總指揮官，這麼做是天經地義的事。但那傢伙鬧情緒，拒絕參戰。少了那傢伙，我方就陷入苦戰。真是個討厭鬼！只因為自己有實力就這麼囂張，令人火大！

阿基里斯說道：

❸我不在的期間，特洛伊軍隊攻勢猛烈。雖然我覺得希臘軍活該，但摯友帕特羅克斯（Patroclus）穿上我的盔甲參戰，被敵方大將赫克特（Hector）殺了！我心中燃起復仇之火，宰了赫克特，把他的屍體綁在戰車上繞城，大家都瞠目結舌。半夜，赫克特的父親特洛伊王微服現身，哭著要我把兒子的屍體還給他。看他悲傷的樣子，我也不禁一灑同情之淚。

❹戰爭再度開始，但我被帕里斯的箭射死了。我幾乎全身刀槍不入，唯一的弱點在**腳踝**。如今我身在冥界，再懊惱也無濟於事。

神諭之神阿波羅說道：

❺在背後操縱特洛伊戰爭的是我們奧林帕斯眾神，阿格門儂奪走我神殿祭司的女兒，我就射出瘟疫之箭，嚇得希臘軍膽戰心驚。阿格門儂釋放祭司的女兒之後，又搶走阿基里斯的美女，阿基里斯一怒之下退出戰役，這也在我們的算計之中。不過，阿基里斯得意忘形，把赫克特的屍體拖在戰車後繞城，這則是不可取的行為。

各位啊！從荷馬的特洛伊戰爭敘事詩中，你們可以學到，**自制心**是非常重要的。

❶特洛伊戰爭的起因：特洛伊王子帕里斯奪走斯巴達王后海倫。

事情的起頭是赫拉、雅典娜、阿芙羅黛蒂爭論「誰最漂亮」。她們要帕里斯當裁判，結果帕里斯選阿芙羅黛蒂為第一，阿芙羅黛蒂便將美女海倫賜給他。

❷大將阿格門儂搶走阿基里斯的美女。阿基里斯離開戰線，希臘軍陷入苦戰。

❺阿格門儂奪走阿波羅神殿祭司的女兒，阿波羅就對希臘軍射出瘟疫之箭。阿格門儂放走祭司的女兒後，改搶阿基里斯的美女。

❸特洛伊大將赫克特王子殺了阿基里斯的好友，阿基里斯為了復仇，拖著他的屍體繞城。

阿波羅指責阿基里斯拖行屍體「缺乏自制心」，宙斯收拾善後，阿基里斯停止侮辱屍體。

❹帕里斯的箭射中阿基里斯的腳踝，阿基里斯因此而死。

阿基里斯在嬰兒時期，母親抓住他的腳踝，把他浸泡在冥界的河中，藉此獲得不死之身。但腳踝因為被手握著，沒泡到水，成了他唯一的死穴。

特洛伊戰爭

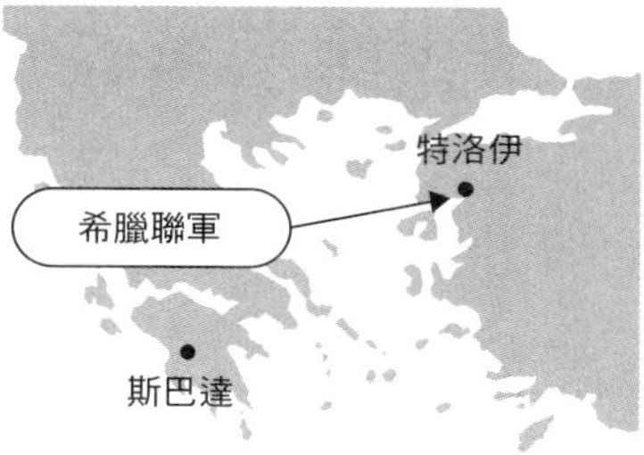

特洛伊戰爭是《伊里亞德》等敘事詩的主題，但它是否真的發生過，一直是個謎。

22 特洛伊戰爭與木馬

木馬潛入，特洛伊滅亡

足智多謀的英雄奧德修斯說道：

特洛伊戰爭已持續十年，敵軍大將赫克特死了，但我軍的阿基里斯也死了。雙方皆兵疲馬困，彼此對峙，戰事陷入膠著狀態。

❶我想到一個好主意，是個嶄新的點子。我請擅長木工的人組裝了一隻巨大無比的**木馬**，精選幾十名戰士進入木馬之中。其他士兵待在船上，將大批船隻開離特洛伊海岸，假裝要回希臘。

❷特洛伊市民走出城外，看見木馬，驚嘆連連。沒有任何人發現我們藏在木馬中，看著他們目瞪口呆的樣子。我把間諜西諾（Sinon）留在海邊，他告訴特洛伊市民我們事先商量好的說詞：「這隻木馬是希臘軍要獻給女神雅典娜的，希臘軍怕特洛伊人在城內敬拜這隻木馬會變得所向無敵，才把木馬做得那麼大，使它不能通過城門。我是因為被選為活祭品而逃出來，才能告訴你們真相。」

特洛伊人被這番話所騙，奮力把木馬運進城內。

❸入夜後，西諾打開木馬腹部的暗門，勇士一個個跳出來。西諾點起狼煙，藏在島後的希臘船隊又回來了。接下來發生什麼事，不用我說大家也知道了吧！

特洛伊的女預言家卡珊卓（Cassandra）說道：

❹我看見了特洛伊的悲劇，所以我警告特洛伊人，不要把那隻木馬搬進城內，但沒人相信我。**不管我怎麼說，人們都不相信**。這樣的話，我寧可沒有看見未來的能力。

祭司勞孔也覺得木馬看起來很可疑，但阿波羅用蛇勒死了他，因為神早已決定了特洛伊的命運。

❶希臘軍依照奧德修斯的計畫，製造了一隻巨大的木馬，放在特洛伊城外。

希臘軍假裝回鄉。

❷特洛伊人以為木馬是獻給神的禮物，便將木馬搬進城內。

❸晚上，藏在木馬中的戰士一個接一個跳出來，打開城門，讓己方的軍隊進入。

特洛伊城失守，希臘聯軍勝利。

❹祭司勞孔反對把木馬搬進城內，但被神派遣的蛇所襲擊；大家都不肯聽女預言家卡珊卓的忠告。

這尊勞孔像是最有名的古代雕刻之一。

木馬的故事是《奧德賽》等特洛伊戰爭相關敘事詩的主題，但未出現在《伊里亞德》中。

荷馬

傳說中的詩人，被認為是《伊里亞德》、《奧德賽》的作者。一般認為，他巧妙地運用個人風格，以開場白、固定短句等敘事詩的模式，將古代流傳下來的神話內容集大成。

23 奧德修斯的漂泊

足智多謀的戰士漂流海上

特洛伊戰爭的英雄奧德修斯說道：

❶我是希臘西方伊薩卡島的領主，加入希臘聯軍參與特洛伊戰爭。戰爭長達十年，終於戰勝後，我以為可以回到懷念的故鄉，結果又漂泊了十年。

❷箇中原委是這樣的，我在某個島嶼被**獨眼巨神**抓住，就拿酒給他喝，佯裝順從，並騙他我的名字是「沒有人」（Outis，希臘原文發音類似Odysseus，表「沒有人」之意）。我趁那傢伙酩酊大醉時，用長矛刺進他唯一的眼睛。那傢伙向同伴求助，同伴問他：「是誰弄的？」他說：「沒有人。」所以就沒人來幫他。

我好不容易溜出那座島，但那個怪物的父親是海神波賽頓。於是我被海神詛咒，怎麼都回不了故鄉。

❸風神埃歐洛斯（Aeolus）給了我一個袋子，裡面封入各式各樣的風，我調整袋口，讓船朝伊薩卡島前進。可是，在我不注意的時候，那些愚蠢又貪婪的部下打開了袋口，袋中吹出的風使船離故鄉更遠了。

❹在女巫瑟西（Circe）的島上，同伴吃了女巫給的食物，都變成動物了。我用荷米斯給的藥草將同伴變回原形，之後依照女巫的建議，前往西方**冥界**，向已死的預言家泰瑞西亞斯（Tiresias）請教我的命運。

❺接近賽蓮海妖（Siren）居住的島嶼時，我用蠟封住划槳手的雙耳，把自己的身體綁在桅杆上；因為聽到賽蓮海妖歌聲的人，會被它的魔力吸引入海。

❻在寧芙卡麗普索（Calypso）的島上居住多年之後，我再度挑戰歸國之旅，結果又遭遇海難，漂流到這座島。國王啊！因為有你女兒瑙西卡（Nausicaa）的照顧，我現在才能好端端地在這裡。

剛才在筵席上，我聽到詩人吟詠特洛伊戰爭，不禁潸然淚下。國王啊！你問我為什麼哭。好吧！我就告訴你。因為我正是詩中所詠歎的人物——傳說中的武將奧德修斯。

荷馬敘事詩《奧德賽》的描述

❶特洛伊戰爭結束，
奧德修斯也踏上歸途。

但是，這趟航行多災多難⋯⋯。

❷曾被獨眼巨神捕捉。

❸也曾在接近故鄉時，
又被吹回遠方。

❹連冥界也去過⋯⋯。

❺聽到賽蓮海妖的歌聲，
差點跳進海裡⋯⋯。

❻遇難的奧德修斯在幫助他的國王所設筵席上，報上自己的名字。

吉卜力動畫《風之谷》中娜烏西卡的典故，據說來自照顧奧德修斯的瑙西卡與日本古典文學《愛蟲公主》。

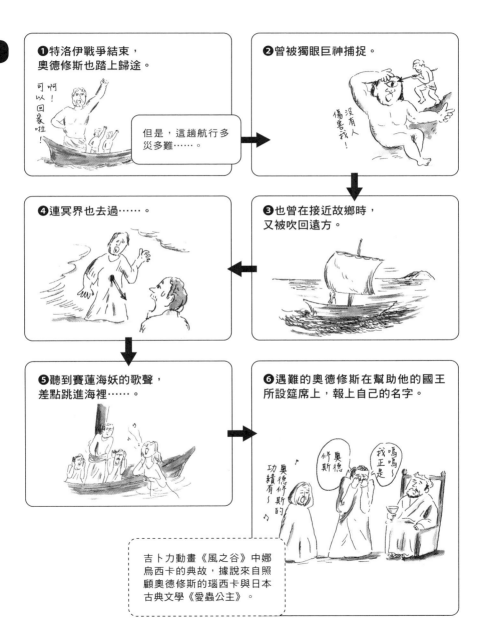

奧德修斯與潘妮洛普

丈夫不在時，賢妻守著家

奧德修斯之妻潘妮洛普（Penelope）說道：

❶丈夫離開家已經二十年了，**求婚者**陸續出現，讓我很困擾，但我相信丈夫一定會回來。那些求婚者任意屠宰我家的家畜，每晚開宴會狂歡。

❷為**拖延時間**，我假意承諾那些人，等我把公公的壽衣織好，就可以結婚了。不過，三年以來，我白天織衣服，晚上就把線全部拆掉。

❸那一天，他回來了。他喬裝成**乞丐**，也許是因為神的魔法，他的樣子改變太多，我無法立刻認出來，家裡的僕人與求婚者都對這乞丐很冷淡。

我很想知道這陌生旅人的真實身分，他說：「我認識奧德修斯，他不久就會出現在宮裡。」

我把奧德修斯的奶媽叫過來為客人洗腳。

奧德修斯的奶媽尤瑞克雷雅（Eurycleia）說道：

❹在我為他洗腳時，已經確定他就是奧德修斯大人本人。當我看見他腳上有小時候留下的傷疤，不禁想大聲叫喊。但奧德修斯大人制止了我，可能是不想被起居室的求婚者們發現吧！

奧德修斯說道：

❺也許是察覺奶媽神色有異，我妻子潘妮洛普向求婚者宣布，「明天將舉行**射箭比賽**」。比賽非常困難，必須用宮中珍藏的強弓，一箭射穿十二把斧頭頂端的小孔，這件事只有我本人能做到。

❻翌日，我手持久違的弓，展現了前所未見的精湛技巧，將求婚者全作為**血祭**，兒子特勒馬庫斯也與我並肩作戰。夫妻與父子長年的辛苦終於有了回報，雖然才剛重逢，卻能以絕佳默契懲罰惡人，使身為領主的聲譽大振。

荷馬敘事詩《奧德賽》的結尾部分

❶潘妮洛普的求婚者超過百人，
令她困擾不已。

❷潘妮洛普為拖延時間，
白天織衣，晚上拆線……。

❸終於到了那一天……，
奧德修斯裝扮成乞丐出現。

女神雅典娜改
變了奧德修斯
的容貌。

❹奶媽尤瑞克雷雅在洗腳時
發現舊傷。

❺潘妮洛普宣布將舉行射箭比賽。

❻奧德修斯拿著自己的強弓，
把求婚者與幫助求婚者的僕人
全殺了。

已和奧德修斯見過面、採取
單獨行動的兒子特勒馬庫斯
與忠心的家臣都來助陣。

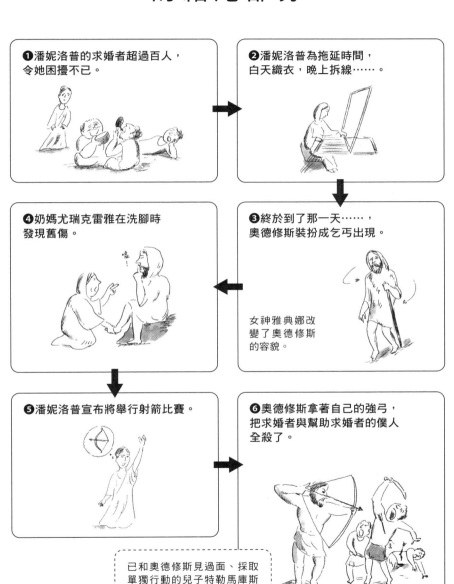

25 邁達斯王的耳朵

理髮師向全世界廣播國王的祕密

邁達斯王（Midas）說道：

❶我曾盛情款待馬耳半獸人西勒努斯（Silenus），他為表謝意，許我一個願望。我大剌剌地說：「我希望我碰到的東西都變成**黃金**。」

❷我馬上發現了自己的愚蠢，餐具變成黃金的一剎那固然令人喜悅，但麵包、肉、水果也變成黃金就太恐怖了。

我祈求戴奧尼索斯幫我解除這項能力，他要我去帕科拓洛斯河（**Pactolus River**）洗澡。我飛也似地趕往那條河，老天保佑，這奇怪的魔法已隨水流去。

從那時起，河中就混了沙金。

❸怪事還有一樁！某天，阿波羅出現，要我擔任他和潘恩的音樂比賽裁判。我不以為意，接受了這項任務，後來悔不當初。我覺得潘恩熱鬧的笛聲比較有趣，就判潘恩獲勝，阿波羅就把我的耳朵變成**驢耳朵**了！

邁達斯王的理髮師說道：

❹國王老是用帽子把耳朵遮起來，不過在理髮師面前總得露出耳朵吧！不然我就會剪到他的耳朵。我憋笑憋得很痛苦，但國王以非常可怕的表情警告我，如果我說出去，他就要我的命。不過，這樣我反而更想說。生命可貴，所以我挖了一個洞，對著洞中大喊：「國王的耳朵是驢耳朵！」

不可思議地，到了春天，洞裡竟然長出**蘆葦**。蘆葦隨風搖曳時，就會說「國王的耳朵是驢耳朵」。現在，全國都知道國王的祕密了。祕密果然是藏不住的呢！

邁達斯王失敗之卷 一

❶邁達斯王熱情款待馬耳半獸人西勒努斯。

你許什麼願望，我都會讓它實現喔！

❷國王碰觸到的東西全變成黃金了！

可是，連食物也變成黃金了。

邁達斯王失敗之卷 二

❸邁達斯王擔任阿波羅與潘恩音樂比賽的裁判。

雖然我不太懂音樂。

❹雖然交代理髮師不可洩漏……。

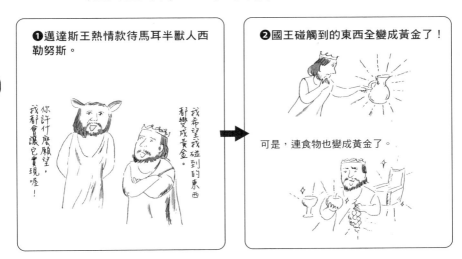

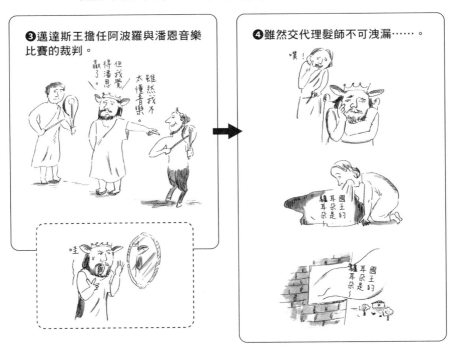

26 納西瑟斯與愛珂

美少年沉溺於自己的美

寧芙們七嘴八舌地說：

❶「我們是寧芙，我們很可愛，但愛珂（Echo）是其中特別美的一個。」
「愛珂是河神與寧芙的孩子。」
「但是，那女孩的命運十分悲慘。因為某次宙斯偷情，她幫了一把，激怒了赫拉大人。」
「愛珂只能重複別人說話的最後幾個字。」

❷「出現在那裡的年輕人名叫納西瑟斯。」
「雖是美少年，可是怪怪的。」
「他一直凝視著自己映在池上的臉。」
「還連連嗟嘆自己的美。」
「愛珂愛上那個納西瑟斯了。」
「但因為赫拉的詛咒，她無法說出自己的心聲。」

❸「自我陶醉的美少年身旁，老是跟著一個愁眉苦臉的美少女，這畫面……。」
「感覺滿陰森的。」
「納西瑟斯看著自己的臉說『好美』時……。」
「愛珂就會說『好美、好美、好美……』。」
「納西瑟斯聽了，又會開始發呆……。」
「我們在旁邊，都不知該怎麼搭話才好。」
「納西瑟斯不久就憔悴而死，變成水仙。」
「愛珂也只剩下回聲。」
「這就是納西瑟斯與愛珂的悲劇故事。」

❶寧芙愛珂在宙斯與同伴私會時，纏著赫拉喋喋不休，
不讓她發現丈夫的行為。東窗事發後，
赫拉處罰愛珂，使她只能重複相同的話。

❷愛珂愛上納西瑟斯，但無法說出口；
自我陶醉的納西瑟斯不把愛珂放在眼裡。

❸納西瑟斯化為水仙，
愛珂只剩下回聲……。

希臘神話的法厄同（Phaethon）也是知名的自我陶醉型少年。
少年法厄同知道自己的父親是太陽神赫利歐斯（Helios）後，來到東方的盡頭拜訪父親，父親答應讓他實現一個願望。他提出想駕駛太陽車，父親雖知危險，但因承諾在先，只得同意。果不其然，少年沒有駕馭強壯馬匹的能力，使太陽脫離軌道，造成地上的危險，所以宙斯用雷擊落了法厄同。

伊底帕斯王的悲劇

賢明的君主也逃不了命運的捉弄

全盛時期的伊底帕斯說道：

❶我是科林斯的王子，因為某些因素，我離開了自己的國家，來到底比斯（Thebes）。當時，底比斯的人民處於人面獅身怪獸斯芬克斯（Sphinx）的威脅之中。斯芬克斯會對人出謎語：「什麼動物早上有四隻腳，中午有兩隻腳，晚上有三隻腳？」答不出來的人就會被牠殺掉。因為我有足夠的智慧，馬上就回答：「人類。」斯芬克斯聽到正確答案，跳崖而死。

❷底比斯市民熱烈歡迎我，當時底比斯國王已死，王位空著，我便繼承了王位，跟王后依奧卡絲達結婚。我施行仁政，被頌為明君。

❸近幾年，底比斯遭**傳染病與旱災**侵襲。彷彿被詛咒似的，不幸的事接二連三到來。我請求神諭，得到的答案是：會發生災害，是因為殺害先王的人正在市內。我決定找出犯人，我這個聰明人，一定會解開謎題，拯救人民。

流浪的老伊底帕斯說道：

我以智慧自豪，但對關於自己的重要事情卻一無所知。為了尋找招來災難的犯人，使我得知**自己的真相**，因而陷入絕境。

❹首先，我並非科林斯王子，而是底比斯先王賴瑤斯（Laius）的兒子。父親因為不祥的預言，把尚在襁褓的我丟棄山裡，幾個牧羊人撿到我，後來我成了科林斯王的養子。青年時期，我得知自己將來會「弒父娶母」的神諭。我以為我的父母就在科林斯王宮，便離開了那個地方。

❺不過，我來到底比斯是個錯誤。離鄉途中，我在底比斯郊外與擦身而過的馬車發生爭執，我就把對方殺了，我殺的那個男人，正是我的親生父親——底比斯王賴瑤斯。我在不知情的情況下，娶了父親留下的王后依奧卡絲達，亦即我的親生母親。為底比斯招來災禍的，是**弒父並亂倫**的我。我認為自己是不祥之人，便自我懲罰，刺瞎了自己的雙眼。

啊！好好看著被譽為智者的人走向末路吧！人無法勝過命運，因為人敵不過自己的無知。

❶科林斯來的伊底帕斯解開斯芬克斯的謎題，拯救了底比斯。

斯芬克斯是擁有獅身、美女面孔及乳房的怪物，也就是埃及著名的獅身人面像。

❷伊底帕斯繼承了空懸的王位，成為底比斯國王，並娶王后依奧卡絲達為妻。

❸底比斯災難連連。

不過，
真相是……

衝擊性事實

伊底帕斯正是底比斯王的親生兒子。

……所以妻子是親生母親 亂倫

衝擊性事實

伊底帕斯正是殺底比斯王的犯人。

……所以 弒父

悲劇作家索福克里斯的《伊底帕斯王》是膾炙人口的亙古名作，蜷川幸雄等現代導演的戲劇也頗受好評。

伊底帕斯刺瞎了自己的雙眼，由女兒安緹岡妮陪著四處流浪。

第3章

印度神話

概論 超現實的魔幻世界

印度神話

▼眾神、輪迴、解脫

觀賞印度電影時，看到的皆是多位舞者一起跳舞的場景。印度宗教畫也有許多眾神群舞的畫面，**多面多臂**就像是連拍多張照片再合成為一張。而且，眾神宛如演員，會**化身**各種角色。

印度神話有許多個性鮮明的神與魔王，每個都會超現實地改變外形，發揮宇宙級的力量，所以能輕而易舉地超越各自的個性，成為心中所認為的存在。**毗濕奴**（Vishnu）與**濕婆**兩大神，一是光之神，一是破壞與再生之神，兩者性格迥異，從圖像學（Iconography）來看，髮型與手持物品皆不同，但信徒把兩者皆稱為「至高無上的神」，因為他們都是全能的，區隔便消失了。濕婆可怕的妻子難近母**杜爾迦**（Durga），潛力提升時會變身為更可怕的女神**迦梨**，但總之是相似的神。

希臘神話如同愛情連續劇，眾神、潘恩或寧芙都會適度表現出合乎常識的行為，以通俗眼光來看，希臘神話比較容易讓人感受到角色差異，這點就像印度電影與好萊塢電影的區別。

我並不是說，一般人會覺得印度神話比較無趣。印度式想像力所產生的世界就像夜晚的夢境，有點嗑藥似的荒誕無稽，會刺激讀者的**深層心理**。可以說，印度神話用和希臘神話不同的形式展現神話的深度。

順道一提，複數神祇能夠以全能狀態發揮力量，顯示印度的**多神教**從某種意義來說近似**一神教**。毗濕奴、濕婆、梵天（Brahma）都被視為最高位的神，就像猶太教、基督教、伊斯蘭教這三種一神教的雅威（Yahweh）、耶穌及阿拉一樣，全都是唯一絕對神。

不過，印度神話世界仍是多神狀態。眾神彷彿構成叢林生態系的生物種，絕不會成為一體。在這個神話森林裡，人類於無盡**輪迴**的日常生活中，對神獻上**愛與信仰**，透過**冥想**，與神合而為一。

米納克希廟（Meenakshi Temple）（馬杜賴市〔Madurai〕）巨大塔門的雕刻

米納克希是南印度當地的女神，在印度神話中，是濕婆的妻子之一。

©Alamy Stock Photo/ amanaimages

眾神華麗、重複的造型超越了個性的概念。

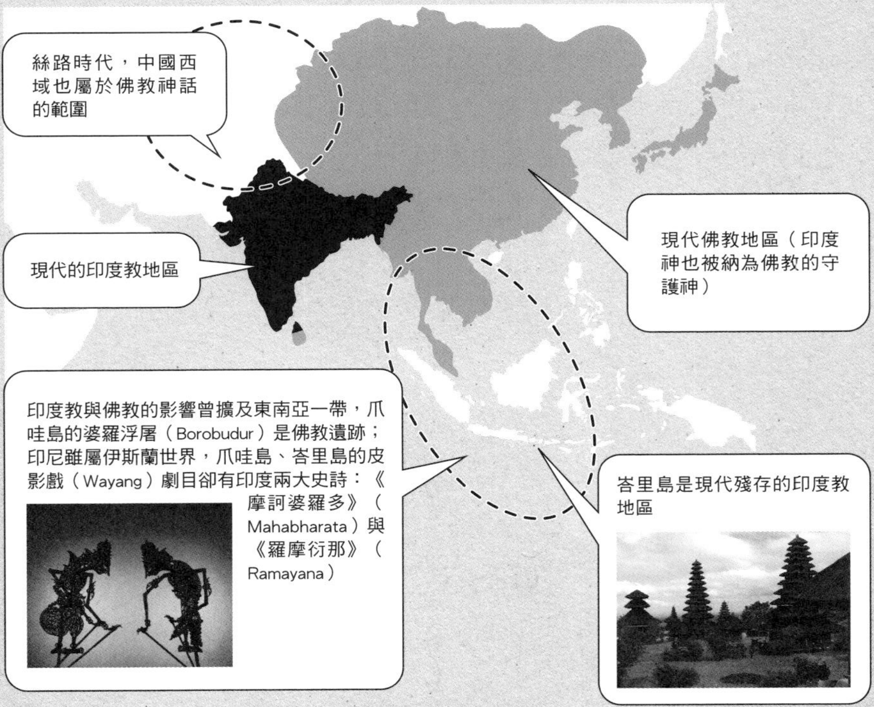

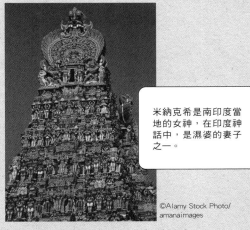

絲路時代，中國西域也屬於佛教神話的範圍
現代的印度教地區
現代佛教地區（印度神也被納為佛教的守護神）
印度教與佛教的影響曾擴及東南亞一帶，爪哇島的婆羅浮屠（Borobudur）是佛教遺跡；印尼雖屬伊斯蘭世界，爪哇島、峇里島的皮影戲（Wayang）劇目卻有印度兩大史詩：《摩訶婆羅多》（Mahabharata）與《羅摩衍那》（Ramayana）
峇里島是現代殘存的印度教地區

▼印度教與佛教

印度教與佛教這兩大宗教皆產生自印度，兩者都信仰輪迴轉世、以冥想的方式修行，也期待透過信仰獲得解脱（達到開悟的境界）。

印度教紮根於印度土著眾神的信仰，佛教則是西元前五世紀釋迦牟尼所創的獨立宗教，經過一千年的興盛期後，在印度本土逐漸消聲匿跡，之後在斯里蘭卡、東南亞及東亞落地生根。

印度神話與佛教神話有相似之處，也彼此影響，但基本上是不同的體系。印度教神祇的代表是毗濕奴與濕婆，佛教則不重視這類土著神，而將人類與神皆奉為**佛**。此外，佛教將部分印度教的神祇納為佛法的守護者，譯名稱「～天」的神，都是印度教的神。

印度宗教的歷史大略可分為以下幾個階段：

①【雅利安人入侵以前】印度河流域存在**印度河文明**，信奉固有宗教，但因無法用文字解讀，不知是否存在神話。不過，從城市遺址挖掘出的印章中，刻有宛如神做瑜伽姿勢的圖案，也有人認為那是濕婆的原形。

②【雅利安人入侵】西元前十五世紀開始，**印歐語族**的**雅利安人**從西北方入侵，攻占了印度，印度神話基本上是雅利安人帶來的。這個時期編纂的宗教文獻《**吠陀**》（Vedas），是印度教的基礎經典。

③【佛教興盛】西元前五世紀，出現許多不依循《吠陀》權威的自由思想家，如**耆那教**（Jainism）鼻祖馱摩那（Vardhamana）、佛教創始人瞿曇悉達多（**Gautama Siddhārtha**，即釋迦）。他們無視過去眾神的權威，成立以修行為中心的宗教團體，佛教維持了相當長的全盛期。

④【中世至近代】西元四世紀，**笈多王朝**成立之後，印度教再起，想像力豐富的神話蓬勃發展，敘事詩《摩訶婆羅多》與《羅摩衍那》也在此時完成。佛教不久即式微，十三世紀初自印度本土消失。

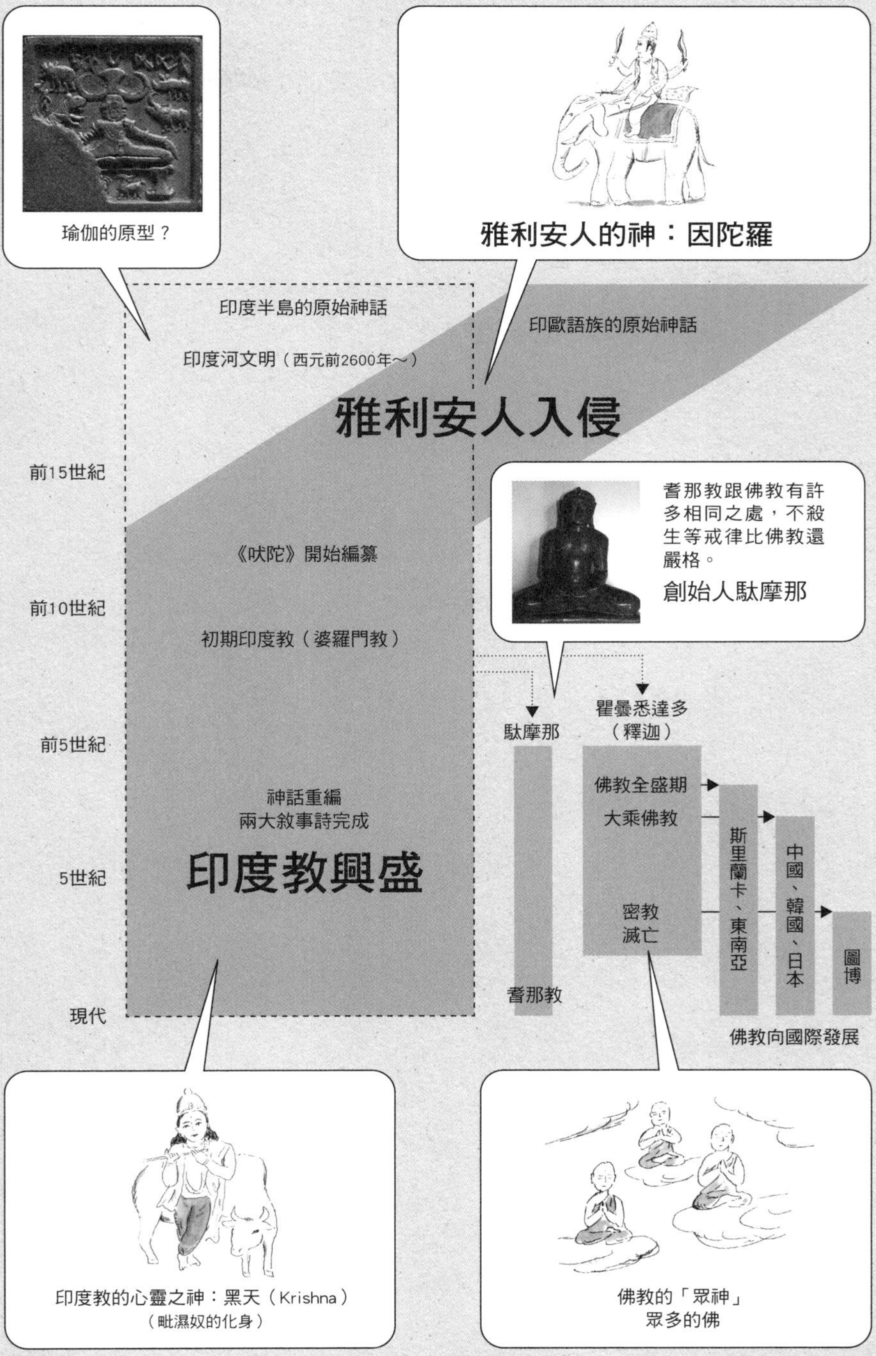
瑜伽的原型？
雅利安人的神：因陀羅
印度半島的原始神話
印度河文明（西元前2600年～）
印歐語族的原始神話
雅利安人入侵
前15世紀
耆那教跟佛教有許多相同之處，不殺生等戒律比佛教還嚴格。
創始人馱摩那
《吠陀》開始編纂
前10世紀
初期印度教（婆羅門教）
馱摩那
瞿曇悉達多（釋迦）
前5世紀
佛教全盛期
大乘佛教
神話重編
兩大敘事詩完成
印度教興盛
5世紀
斯里蘭卡、東南亞
中國、韓國、日本
密教
滅亡
圖博
耆那教
現代
佛教向國際發展
印度教的心靈之神：黑天（Krishna）
（毗濕奴的化身）
佛教的「眾神」
眾多的佛

1 因陀羅與弗栗多

消滅惡龍，解放水源

眾神之王——雷霆神**因陀羅**說道：

❶我揮舞**金剛杵**（Vajra），打碎**惡龍弗栗多**的頭。這隻蛇形惡魔將漫天漫地的水藏在山上，我打倒牠後，水化為七條河流向田野，滋潤大地，最後流入大海。這都是因為我破解了惡龍的幻影之術，惡龍死後，太陽與天空出現，給予我極大的力量。

我為勝利自豪，像公牛般大聲叫喊，在祭禮中痛飲**蘇摩**（Soma）**神酒**，喝得爛醉如泥、陶醉忘我。我成為善神，人民都稱讚我呢！《**梨俱吠陀**》（Rig Veda）的祭司也獻唱我的頌歌喔！我要賜給釀蘇摩神酒者、屠殺牲禮者、烹調穀物者公牛般的巨大力量，我會殲滅你們雅利安人的所有敵人。

維持世界秩序之神**伐樓那**（Varuna）說道：

❷因陀羅的力量是武力，我的力量是規律。我負責守護**宇宙的理法**；天體，尤其**月亮**的準確運行、**季節**的規律循環都是我的工作。因陀羅殺死惡龍，將水給予人類，澤被蒼生；我則管理每年的**降雨**，繼續嘉惠世人。

我也掌管人類的**道德**，不允許人類違背我。為使人類遵從我指示的良善正途，我經常派間諜監視人類。當然，知道反省的人我會立刻施恩，因為我是**友誼之神密特拉**（Mitra）的雙胞胎兄弟。

火神阿耆尼說道：

❸我是火神，就是字面意思的火。我是天空閃耀的**太陽**，也是落地的**閃電**，是高高升起的**祭祀之火**、守護家庭的**爐火**，也是**驅除惡鬼的火**。我還會燃燒人體中的**食物**、點燃心中的**怒火**與**詩意**，沒有我的祭禮，眾神的所有儀式都不能舉行。深知火神奧義者，甚至會以祭祀我來代替供奉眾神。

原始印度教：《梨俱吠陀》的眾神（1）

❶因陀羅

地位最高的神、雷霆神，殲滅雅利安人的敵人。

後世，隨著因陀羅的信仰式微，已不是地位最高的神，佛教將其納為佛法的守護神「帝釋天」。

❷伐樓那

掌管天體運行、季節變化、人類道德等秩序的神。

因為管理水的循環，後世奉為水神，佛教則稱其為水天。

密特拉

據稱是伐樓那的雙胞胎兄弟，契約與友誼之神。

相當於波斯神話的密斯拉（Mithra），與羅馬盛行的密特拉斯神也有關。
與佛教的彌勒（Maitreya）詞源相同。

蘇摩

祭祀儀式中使用的植物性迷幻藥，儀式中還會像為神獻唱般為它獻上頌歌。

❸阿耆尼

掌管所有火的神，包括太陽、閃電、家庭爐火等。

佛教稱為火天。

英語的ignition（點火、燃燒之意）與阿耆尼（Agni）詞源相同，英語也是印度的主要語言，亦屬印歐語系（請見81頁）。

閻摩（Yama）

雖是最初的人類，也是第一個死亡的人類，成為死者之王，管理死後的樂園。

到了後世，成為地下冥界之神、死者的審判者，也是佛教、道教中審判死者的閻魔大王。

因陀羅與弗栗多

主題》眾神的世代交替

▼《吠陀》的眾神

《吠陀》系列書籍編纂於西元前一千年左右，從其中所收錄的頌歌，我們可以知道印度最古老時代所尊崇神明的名字及其角色。現在，《吠陀》被視為印度教的基礎經典。《吠陀》由好幾部經典構成，雷霆神因陀羅、秩序之神伐樓那、火神阿耆尼都出現在其中的《梨俱吠陀》。

我宣揚因陀羅的眾多豐功偉業／手持金剛杵（雷擊）的神，最初的舞台／他殺了蛇（弗栗多）／開通水域，劈開山側。

▼婆羅門的全盛期

不久，**婆羅門**（brāhmaṇa，即巫師、祭司）權勢大漲。人類為求神的幫助，需要婆羅門代為祈禱，在他們眼中，婆羅門的力量似乎能驅使神行動。因此，當時的印度宗教通常被稱為「婆羅門教」。

▼高人氣神明的更迭

西元前五世紀，佛教鼻祖**瞿曇悉達多**（**釋迦**）等「異端」自由思想家陸續出現，宗教版圖為之一變；婆羅門勢力衰落，佛教持續了長達千年的全盛期。但到了西元四世紀，**笈多王朝**（Gupta Empire）成立之後，土著神祇再度占優勢。不過，與其說是婆羅門教義的影響，不如說是全體民眾狂熱信仰的結果。

在這個時代，受歡迎神明的名單也汰舊換新。因陀羅人氣大不如前；《吠陀》中太陽神屬性的**毗濕奴**、暴風雨神屬性的**濕婆**各自成為獨立的神，在民眾間的人氣一分為二；現今的印度教分為毗濕奴派與濕婆派兩大宗派。

原始印度教：《梨俱吠陀》的眾神（2）

蘇利耶（Sūrya）

太陽神，乘坐由七匹馬拉動的戰車越過天空；相當於希臘神話的赫利俄斯與羅馬神話的蘇爾。

毗濕奴也是太陽神，負責太陽的照明功能。

樓陀羅（Rudra）

季風之神，象徵暴風雨的可怕與水的恩澤；其名來自梵文詞根「rud」（咆哮之意）。

樓陀羅有時會被形容為「濕婆」（梵文「吉祥」之意）。

後世的印度教兩大神

毗濕奴（請見168頁）

以各種化身拯救世界的慈悲神明

濕婆（請見174頁）

專司破壞與再生的苦行之神

天地創始

很難說世界是如何構成的

《梨俱吠陀》中，某個哲學家唱頌：❶宇宙的創造者是**掌管神聖祈禱的神**——勿里阿婆波底（Brhaspati，祈禱主），他如同鐵匠鍛造萬物。宇宙最初是一片虛無，因為勿里阿婆波底，才能從「無」到「有」。

也有哲學家唱頌：❷不對、不對。負責鐵匠工作的是一**切造物主**毗首羯摩（Viśvakarman），萬物是由這位四面八方都長著手、腳、眼的神所鍛造。

另有哲學家唱頌：❸錯了，完全錯了。天地不是誰鍛造的，神是自然而然生成的。創造宇宙的神是從原初之水產生的**金胎**（Hiraṇyagarbha，黃金胎兒），自然而然地成為宇宙造物主。

不過，他是誰則不得而知。沒有人知道最初之神的名字或其他資訊，只能稱之為「誰」（Ka）*（譯註：梵語疑問代名詞，用在《梨俱吠陀》中表示無名、不確定的普遍力量。在某些頌歌中指金胎或生主（Prajāpati，即眾生之主）。）。

還有哲學家唱頌：❹不是這樣。宇宙原本就存在，不過是一個巨大的生物——**原人**（Puruṣa）。原人有千頭、千眼、千足，不知為何，眾神用原人為供品舉行祭祀，接著馬、羊、牛等出現，然後原人解體，口生**祭司階級**、雙臂生**貴族階級**、雙腿生**庶民階級**、雙腳生**奴隸階級**、意識生月、眼生太陽、氣息成風、頭成天界、雙耳生方位。這場原初祭禮是所有祭祀之始，當祭司反覆進行儀式，天地創造也不斷重複。

又有哲學家唱頌：❺大家都錯了。天地並非由神鍛造或原人解體而成，這種神話過時了。大家聽好了：最初有某種東西，因為有，就**不能說無**，但只說有，卻不清楚有什麼，所以**也不能說有**。不是死亡，也不是永生。這無法言喻的東西憑藉自身的**意志與能量**，自然形成了現象世界。

不過，是否有神看見天地創造的過程？這個我也不知道。

《梨俱吠陀》中
有關天地創始的版本

❶祈禱主勿里阿婆波底鍛造宇宙。

❷四面八方都長著手、腳、眼的毗首羯摩鍛造宇宙。

神以材料鍛造世界

❸不知哪位神（誰）被生為「金胎」，創造了宇宙。

神出生後創造宇宙

後世的創造神話
產生宇宙的「黃金卵」

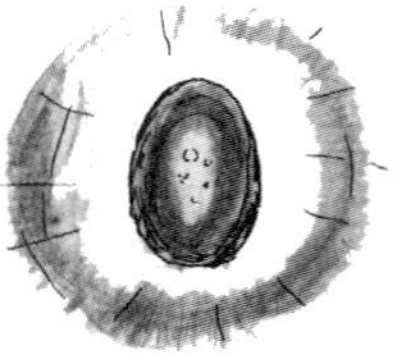

天地產生自宇宙蛋

❹眾神以原人為祭品，原人解體後創造了宇宙與人類。

被用來正當化種姓制度（祭司、武士、庶民、奴隸四個階級）。

被當作祭品的巨人解體

與中國神話的盤古（277頁）、北歐神話的尤彌爾（242頁）同一類型。

❺某種非無非有之物以意志與能量形成宇宙（懷疑的觀點出現）。

哲學的、懷疑的觀點，
避開神的人格化

後世的印度神話雖然也提及宇宙是由人格化的神所創造，但將神歸於哲學原理的思想仍根深蒂固。

天地創成

主題≫神話與哲學

▼從宇宙誕生神話到討論宇宙本質的哲學

《梨俱吠陀》於西元前十二世紀編纂完成，其中收錄的天地開闢神話包括「神鍛造宇宙」、「宇宙產生自胎兒」、「宇宙為原人解體所形成」、「宇宙由某種非無非有之物的意志形成」；以說故事的方式，回答「宇宙、世界是什麼」這個深奧的問題。

關於天地創成的問題，西元前六世紀的哲學文獻《奧義書》（Upaniṣad），有**更抽象的問法與答案**；它追究宇宙的本質，也追究思考宇宙的自己之本質。《奧義書》中的哲學家有以下結論：

①宇宙的本質是「梵」（Brahman），這是一種神祕的能量。

②人類個人的本質是「我」（Ātman，類似靈魂的東西）。

③梵與我一致（**梵我合一**）。

也就是說，大宇宙（世界整體）與小宇宙（人類個人）有神祕的一致性。透過冥想，可以發現偽裝在自我深處的真實自我（Ātman），此時你就成了無固定形狀的宇宙能量（梵）。

這個結論是此後印度宗教家的基本認識，不過普通人聽到「你等於大宇宙」，可能完全聽不懂。這件事必須透過修行了解，所以印度的宗教家對**冥想修行**都十分投入。

▼佛教的觀點

釋迦（西元前五世紀）創立的**佛教**主張，無論是我或梵（宇宙）皆需冥想修行，因為執著是**迷惑與痛苦的原因**；此即主流派（印度教）與非主流派（佛教）思想的微妙差異。

不過，佛教後期的**密教**（五世紀起）追求**即身成佛**——修行者自身在冥想中與宇宙之佛（大日如來等）合而為一，這點與印度教的模式類似。

《吠陀》（印度教基礎經典的總稱）

包含154頁的眾神神話與158頁的天地創始神話

《梨俱吠陀》	召喚神明至祭壇的頌歌
《娑摩吠陀》（Sama Veda）	有旋律的頌歌（內容類似《梨俱吠陀》）
《夜柔吠陀》（Yajur Veda）	獻供的祭司唸誦的祭詞
《阿闥婆吠陀》（Atharva Veda）	招福消災的咒語集

（《吠陀》各經典皆包含以下四個部分）

吠陀本集
（Samhita）
頌歌與咒語

梵書
（brāhmaṇa）
祭祀儀式的解說

森林書
（Āraṇyaka）
祕密傳授的教理

奧義書
哲學的祕說

如梵我合一、輪迴。

梵我合一

梵
宇宙的本體

＝

我
人類個人的本體

輪迴思想於《奧義書》已大致成形。

①修行者、智者死後返歸於梵……解脫
②一般人死後會再度生於人世（轉世）……輪迴

善人會得到幸福人生（良好的身分）。
惡人會得到悲慘人生（卑賤的身分）。

也可能變成畜生（動物）或墮入地獄。

攪拌乳海

眾神與阿修羅尋找甘露

擁有眾多信徒、偉大的**毗濕奴**回憶從前，太古時代，眾神渴望得到**甘露**（Amṛta），以保長生不死，便聚在須彌山（Sumeru）商議此事。當時，我向**宇宙之神梵天**稟告：「大海經攪拌，就會凝結、乳化。到時，所有的好東西應該都會出現。」

❶於是，知名的「攪拌乳海」就開始了。攪拌需要棒子與繩索，眾神拔出高聳的曼陀羅山（Mount Mandara），把它豎立在海上，當作攪拌棒，並以**龍王婆蘇吉**（Vasuki）為繩索，纏繞在山腰。**眾神與魔神阿修羅**從左右拉動龍王，曼陀羅山就開始高速旋轉。

我安靜地坐在曼陀羅山頂，眾神應該都看見了吧！我變身巨龜，作為曼陀羅山轉動的軸承。

❷龍王被連續用力拉扯，痛苦不堪，從口中噴出火，眾神紛紛閃躲。攪拌導致許多海中生物死亡，摩擦所產生的火焰延燒上山，吞噬了山上的樹木與許多動物。因陀羅神降雨滅火，神奇的樹木與藥草精華便流入海中，海水開始乳化。

❸終於有成果了，太陽與月亮從海上出現，一位吉祥女神現身（後來成為我的妻子），各式各樣的寶物與**醫神壇般陀里**也手執裝滿甘露的壺出現了。

❹魔神阿修羅想搶走甘露，我就化為美女誘惑他們，奪回甘露。眾神與阿修羅間因此爆發戰爭，但在我的指揮下，眾神獲得勝利。

眾神喝下甘露，並把剩下的甘露藏起來。於是，甘露成為眾神的財產。

攪拌乳海與甘露的出現

①眾神與魔神（阿修羅）以曼陀羅山為攪拌棒，把龍王婆蘇吉纏繞在山腰，使勁拉扯，攪拌大海。

②不久後，聚滿精華的大海變成乳狀。

③海中陸續出現太陽、月亮、室利女神（Śrī、吉祥天、拉克什米）、酒之女神、珠寶等；最後出現的是醫神壇般陀里，手執裝滿甘露的壺。

④魔神阿修羅欲搶奪甘露，毗濕奴化為美女迷惑他們，拿回甘露。眾神喝下甘露後，變得活力十足。

攪拌乳海

主題》宇宙論

▼兩大敘事詩與往世書

印度教基礎經典《吠陀》從西元前一二〇〇年左右開始編纂，接著民眾的神話想像力爆發，紀元後完成了《摩訶婆羅多》與《羅摩衍那》兩大長篇敘事詩；這兩篇敘事詩皆提及「攪拌乳海」的神話。敘事詩之後，接續完成的是《往世書》；《往世書》是許多神話、哲學文獻的總稱，被視為與《吠陀》同等級的經典。

民眾的印象中，神雖有很多隻手，但仍保有人類的外型。不過，冥想家、哲學家所想像的神之本性，更具觀念性與超越性。例如《毗濕奴往世書》（Viṣṇu Purāṇa）中描述，包覆我們這個世界的宇宙蛋外側的形而上學構造，是由毗濕奴在最外側支撐的。毗濕奴的能量滲入整體宇宙，一切皆產生自毗濕奴、歸於毗濕奴。即使是被視為宇宙蛋創造者的**梵天**，據傳也是從毗濕奴身上出現的。

印度教是有眾多神明的多神教，對毗濕奴的信徒來說，毗濕奴是至高無上的神；但對濕婆的信徒來說，濕婆才是無與倫比的。有趣的是，毗濕奴派與濕婆派並未爭論誰才是最高神。在印度，最高神依信徒觀點而不同，是大家可以接受的事。

▼宇宙論

左頁以圖說明《毗濕奴往世書》中的宇宙論，目前我們對宇宙蛋外部與內部的關係仍一無所知，但神話世界與科學不同，不太在乎細節的差異或矛盾。宇宙蛋中，巨大的須彌山聳立在地上世界的正中央，南端緊連婆羅多洲（Bhārata，即印度）。

參考文獻中，佛教的宇宙論主張世界中心是須彌山，而遠離須彌山的大海上有一片廣大的陸地，其南方的「贍部洲」就是我們居住的世界。

《毗濕奴往世書》的宇宙論

出處：參考定方晟所著《印度宇宙誌》中的數張圖，簡化為一張圖。

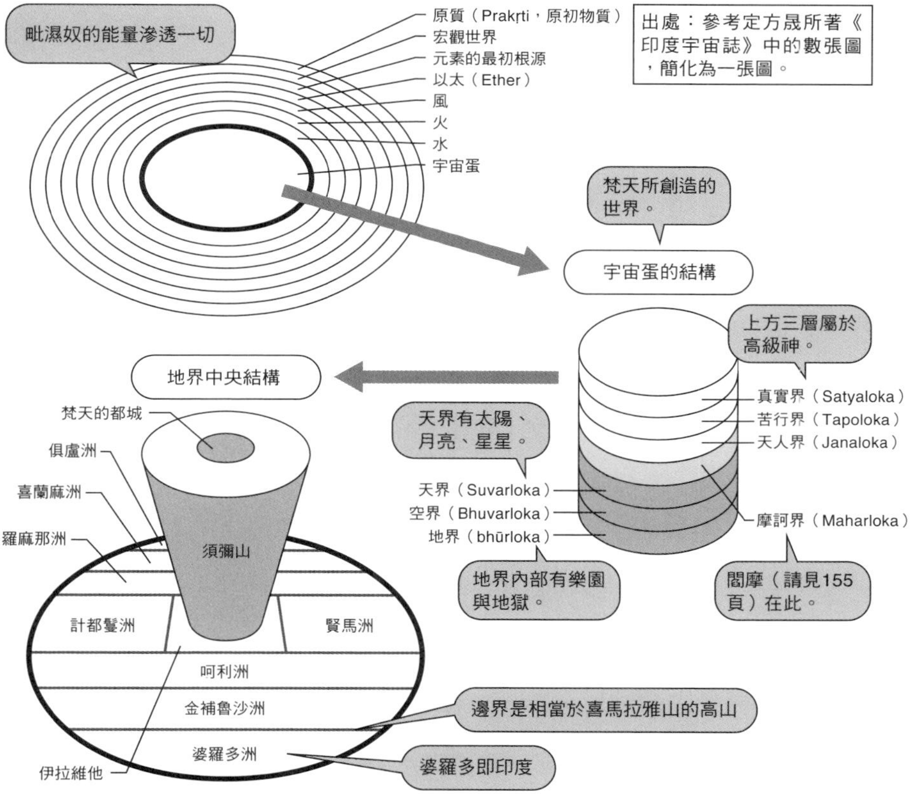
毗濕奴的能量滲透一切
原質（Prakṛti，原初物質）
宏觀世界
元素的最初根源
以太（Ether）
風
火
水
宇宙蛋
梵天所創造的世界。
宇宙蛋的結構
上方三層屬於高級神。
真實界（Satyaloka）
苦行界（Tapoloka）
天人界（Janaloka）
摩訶界（Maharloka）
天界有太陽、月亮、星星。
天界（Suvarloka）
空界（Bhuvarloka）
地界（bhūrloka）
地界內部有樂園與地獄。
閻摩（請見155頁）在此。
地界中央結構
梵天的都城
俱盧洲
喜蘭麻洲
羅麻那洲
須彌山
計都髮洲
賢馬洲
呵利洲
金補魯沙洲
婆羅多洲
伊拉維他
邊界是相當於喜馬拉雅山的高山
婆羅多即印度

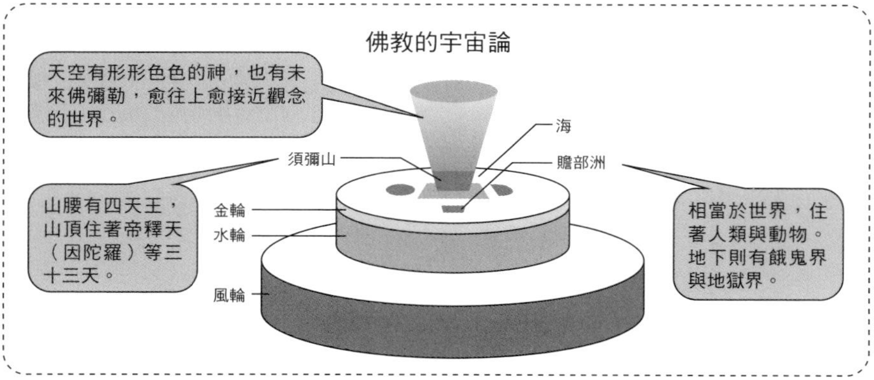
佛教的宇宙論
天空有形形色色的神，也有未來佛彌勒，愈往上愈接近觀念的世界。
海
須彌山
贍部洲
山腰有四天王，山頂住著帝釋天（因陀羅）等三十三天。
金輪
水輪
風輪
相當於世界，住著人類與動物。地下則有餓鬼界與地獄界。

毗濕奴的化身：羅摩

王子從魔王手中救出王妃

拘薩羅（Kosala）國王十車王（Daśaratha）的長子**羅摩**（**Rama**）**王子**說道：

❶我完美拉開濕婆神的強弓，成功娶到了毘提訶（Videha）國的**悉多**（Sītā）公主。但只高興了一下子，我就因為繼母**吉伽伊**（Kaikeyi）的奸計而被逐出王宮。吉伽伊意圖讓自己的兒子**婆羅多**繼承王位，但婆羅多讓王位空懸著。

❷悉多表示要和我共患難，所以跟著我在森林度過了十四年。我每天忙著打退森林中的魔族，但悉多仍被**魔王羅波那**（Rāvaṇa）擄走，關在楞迦島（Lanka）。

❸我離開森林，跟猴子軍團一起去救悉多。**猴將軍哈奴曼**（Hanumān）一躍，便橫跨天空到達楞迦島，然後告訴被幽禁的悉多，我即將前往解救的消息。

❹儘管前方有大海阻隔，我們全軍仍通力合作，建了一座長橋，通往楞迦島。在島上，我和各種奇奇怪怪的魑魅魍魎大戰，成功救出悉多。

堅貞不渝的王妃悉多說道：

❺打敗羅波那後，因婆羅多王子與人民的期望，羅摩王子正式繼承王位。但是問題來了，我被魔王囚禁過，該如何證明我的**貞節**呢？因為世人眼光不容許，羅摩也不能無條件接納我。

我祈求**火神阿耆尼**的加持後，縱身跳入火中。因為火神的保護，我毫髮無傷，證明了我的清白。

❻但我的試煉仍未結束，人民疑慮未除，我在王宮也待不下去，便前往**蟻垤**（Vālmīki）**仙人**處。蟻垤仙人將楞迦島之戰的故事編入敘事詩《羅摩衍那》，使羅摩國王的功勳與我的名譽傳唱開來。

眾人說道：

❼悉多王妃被大地母神抱著，離開了地上。宇宙之神梵天告訴羅摩國王，他可以和悉多在天上相逢。因為羅摩國王是**毗濕奴**的化身，應該可以在天上和悉多王妃永遠在一起吧！

敘事詩《羅摩衍那》

❶羅摩王子與悉多公主結婚，不久因繼母的奸計而被逐出王宮。

❷王子與悉多在森林中生活。魔王羅波那擄走悉多。

❸猴將軍哈奴曼到達楞迦島，告訴悉多，羅摩不久就會去救她。

❹羅摩王子造橋通往島上，與魑魅魍魎大戰，終於打敗羅波那。

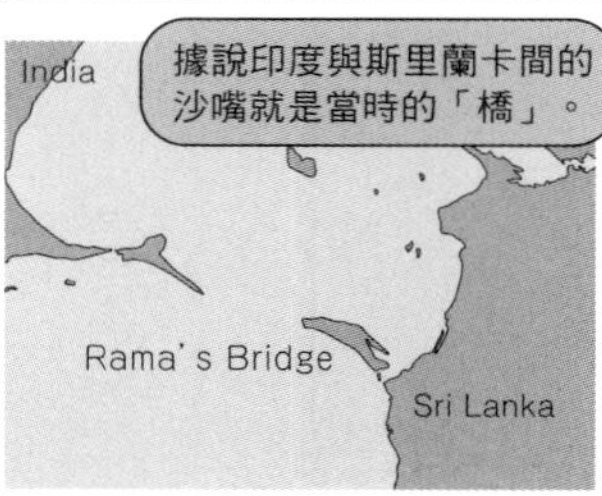

事實上，毗濕奴是為了消滅令眾神困擾的羅波那才轉世到地上，成為羅摩王子。打倒羅波那後，毗濕奴即達到目的

❺羅摩被迎回故鄉，繼承王位。悉多有火神作證，證明自己的貞潔。

❻悉多離開王宮；蟻垤仙人編寫《羅摩衍那》。

❼悉多被大地母神抱著，離開地上。神的化身羅摩不久便前往天界，與悉多相聚。

毗濕奴的化身：羅摩

主題》化身以擴張為原則

毗濕奴藉由轉世，化身為各種神，擴張自己的勢力，傳說共有十個**化身**（但化身神話超過十個）。

❶魚：仙人真誓（Satyavrata）在河邊祭祀時，一條小魚游入他手中。不久，那條魚變得十分巨大，真誓就把牠放入大海。那條魚就是毗濕奴，他預言大洪水即將到來，真誓便乘船避難，這個神話類似《聖經》的「挪亞方舟」。

❷龜：攪拌乳海時，毗濕奴化身成為支撐攪拌棒的巨龜。

❸豬：惡魔使大地沉到海底，毗濕奴化身為豬，用獠牙將大地托出水面。

❹那羅辛哈（Narasimha）：魔王金床（Hiranyakashipu）艱苦修行，因而得到梵天許諾，他將不會被人或獸殺害。魔王雖征服世界，其子卻信仰毗濕奴。魔王敲擊石柱，問道：「毗濕奴在哪裡？在這石柱裡嗎？」結果，毗濕奴化身為半人半獅的怪物「那羅辛哈」，跳出石柱，魔王就被非人非獸的東西殺死了。

❺侏儒婆羅門：魔王巴里（Bali）征服世界時，毗濕奴化身為侏儒婆羅門拜訪巴里。巴里對婆羅門以禮相待，對他說：「你想要什麼我都給你。」侏儒婆羅門回答：「我想要三步土地。」魔王同意了。於是，侏儒現出神的本體，第一步踏向大地，第二步踏向天界，然後問魔王第三步該踏向哪裡。魔王怕破壞名聲，便伸出自己的額頭，毗濕奴就用第三步把巴里硬踏入地底。

❻持斧羅摩（Parashurama）：殲滅王族的婆羅門，這個神話反映了兩個階級的歷史對立。

❼羅摩：《羅摩衍那》的主角（請見一六六頁）。

❽黑天：毗濕奴最具代表性的化身，可說就是毗濕奴本尊（請見一七〇頁）。《摩訶婆羅多》中，毗濕奴在王子阿周那（Arjuna）面前顯現神的身分。

❾佛陀：佛教創始者，為了向阿修羅宣揚錯誤的教義，消滅其勢力，毗濕奴化身為佛陀。由此可知，印度教對佛教持否定的看法。

❿白馬（Kalki）：世界即將毀滅時出現的救世主。

毗濕奴與神妃拉克什米

地方神賈格納（Jagannath）被視為黑天的化身，奧里薩省（Odisha）普里（Puri）的賈格納節慶會舉辦壯麗的戰車遊行，被該戰車碾死的人可以去毗濕奴的天堂。

賈格納的名字來自英語juggernaut（強迫犧牲的制度或盲目獻身之意）。

賈格納神

5 毗濕奴的化身：黑天

女孩們追著牧童神

年輕的**黑天**說道：

❶我是萬人迷黑天，雖然大家都以為我是牧人之妻**耶輸陀**（Yashoda）的兒子，但其實我是王族的兒子。為了避免被國王剛沙（kaṃsa）所害，父親把我寄養在牧場人家，而且附近的幼兒都被剛沙殺光了。

❷大家都知道，我在兒童時代是個怪怪的小孩，調皮搗蛋的，沒人管得了我。最著名的惡作劇就是占**因陀羅**的便宜，因為牧場人家都拜這個古早年代的神，我就對他們說：「一直照顧我們的是牛和山上的牧場，要拜也該拜他們吧！」牧牛人點頭稱是，就把祭品獻給山。我站在山頂，大聲宣布：「我就是山！」供品被搶走的因陀羅大怒，降下豪雨，我就舉起山，彷彿撐傘般保護村人。因陀羅大驚，飛奔過來，說自己「有眼不視泰山」。

❸青年時代，我每天都逗弄**牧場的女孩們**。有一天，女孩們脫下衣服在河裡洗澡，我就偷走她們的衣服，爬到樹上。女孩們求我歸還衣服，我就說：「你們一個個從水裡出來，向我行禮，我就把衣服還給你們。」女孩們就很害羞地逐一裸體走過來，向我行禮。我做這種事，並非存著壞心眼，而是基於一個深遠的道理：信仰和戀愛是同一回事。男性神職人員講解艱澀的教義，熱中於煩人的冥想，但該如何拯救不識字的女性呢？我的答案是，應該讓她們愛上神；這叫做對神的**奉愛**（Bhakti）。

❹無論戀愛或工作，最重要的就是認真投入。我是婆羅多族（Bhārata）**阿周那王子**的朋友，他背負王族的任務前往戰場，開戰前，他嘆道：「到底為何而戰？」我安慰他：「不被醜陋的現象所困，聰明地完成自己有能力做的事，或許就能帶來**解脫**。」

然後，我向阿周那展現我的神身本相，我作為現象世界彼方的宇宙真相時，就是那個樣子。

黑天神話

❶黑天是王族之子，父親在他一出生就將他和牧牛女耶輸陀的女兒交換，因為國王剛沙要取他性命。

被耶輸陀抱著的幼兒黑天

❷兒童時代，唆使牧人停止對因陀羅上供。因陀羅大怒，降下豪雨，黑天舉山作傘，保護村人。

因陀羅被黑天吃豆腐

摩西、耶穌出生時，國王皆下令屠殺嬰兒（請見216頁），這可能是神話英雄的敘事類型。

母親抱著黑天的聖像畫，類似艾西斯抱著荷魯斯（Horus）（埃及神話，請見205頁）、馬利亞抱著耶穌。

占前輩神便宜的怪小孩形象類似希臘神話的荷米斯（請見108頁），《聖經》之外的其他書籍也描述耶穌在兒童時代是個怪小孩。

❸青年時代，趁牧場女孩洗澡時偷走她們的衣服；戀愛時的調情也可連結到對神的信仰。

全心全力愛神稱為奉愛

❹在戰場上，勸阿周那不要受困於醜陋的現象，應盡自己身為戰士的本分，打這場正義之戰。

對阿周那王子說明真理的黑天

毗濕奴的化身：黑天

主題》敘事詩的智慧—生活與哲學

兩大敘事詩《摩訶婆羅多》與《羅摩衍那》是以戰爭為主題的故事，因為有眾神登場說明教義與規戒，被視為宗教經典。《羅摩衍那》的概要已在「印度神話4」（一六六頁）提過，現在我要說明黑天登場的《摩訶婆羅多》及《薄伽梵歌》（Bhagavad Gītā，原為《摩訶婆羅多》的一部分）。

▼摩訶婆羅多

這本書的長度大約是荷馬兩大敘事詩的八倍，經過好幾世紀的累積，約在西元五世紀才完成。「摩訶」（Mahā）是偉大的意思，「婆羅多」是古代印度部族的名稱，印度也稱為婆羅多（Bharat）。

五個善良的王子遭他們的一百個堂兄弟陷害而被流放，不久後，雙方在今天的德里（Delhi）北方平原俱盧（Kurukshetra）爆發**激烈的戰爭**，最後五王子獲勝，王位由五王子的長兄堅戰（Yudhiṣṭhira）繼承。一族幾近滅亡的慘劇，在故事的終章帶出「諸行無常」的基調。

主要故事如上所述，但中間還插入了無數個小故事。所以，這篇敘事詩不只是單純的戰爭奇幻作品，更是印度所有生活樣式的集大成，被稱為「印度生活方式大百科」。

▼薄伽梵歌

甘地（Mohandas Karamchand）喜愛吟唱的《薄伽梵歌》是《摩訶婆羅多》第六卷的一部分，是五王子中的阿周那與他的戰車車伕黑天之間的哲學對話詩。

當時，阿周那喪失鬥志，毗濕奴化身的黑天開導他，**盡自己的本分**（阿周那是武士階級，必須努力打仗）才是**解脫之道**，然後向他展現自己身為神的無限本體。這段內容未必是對戰爭的美化，而是勸人盡責的教誨。甘地受《薄伽梵歌》的激勵，致力於不戰而戰的非暴力抗爭。

《摩訶婆羅多》

婆羅多族爆發王位繼承戰爭，**五王子**（父王死後，王位由伯父強占）中了**一百個王子**（伯父之子）的奸計，雙方開戰。

→

兩軍集結於俱盧，五王子中的**阿周那**失去鬥志，擔任車伕的**黑天**以教義開導他（《薄伽梵歌》）。

→

經過長期戰爭，一百個王子**全軍覆沒**。國王失去兒子，痛心扼腕之下接受了五王子。五王子的長兄堅戰即位，為淨化罪孽而舉行祭祀。

→

因為戰爭，使黑天受到**詛咒**，像阿基里斯一樣，被獵人的箭射中腳踝而死，回到天上。堅戰讓出王位，經喜馬拉雅山前往天界。

象頭神犍尼薩（Gaṇeśa）是濕婆之妻雪山神女帕爾瓦蒂（Pārvatī）的兒子，因誤會被濕婆砍下頭顱，之後濕婆將象頭安裝在他的身體上，使他復活。

《摩訶婆羅多》據說是由毗耶娑仙人（Vyāsa）口述，象頭學識之神犍尼薩記錄而成。

《薄伽梵歌》

王子阿周那失去鬥志，懷疑殺害親族有何意義。

→

黑天的教誨：**真實自我**是不滅的，**盡本分**才是**解脫**之道。

→

黑天向阿周那展現自己身為神的無限本體。

阿周那內心難題的背景，來自「盡自己階級的義務」（《吠陀》的主張）與「不殺生」（西元前五世紀興起的佛教、耆那教的新主張）之間的矛盾。黑天所說的「盡自己的義務才是解脫之道」，是印度教的制式答案。

6 濕婆與恆河

神在地上接住天河

阿逾陀（Ayodhya）國王薩竭羅（Sagara）之子阿薩曼闍（Asamanjas）之子安舒曼（Anshuman）之子底離鉢（Dilipa）之子跋吉羅陀（Bhagīratha）王說道：

❶很久以前，薩竭羅王以艱苦修行的方式，向**濕婆**祈求子嗣。之後，有個王妃生出相貌堂堂的阿薩曼闍王子，另一個王妃則生出一個**葫蘆**，葫蘆中生出了**六萬個王子**，大家都議論紛紛。

❷薩竭羅王舉行**馬祭**（Aśvamedha），這是將祭馬向東放行一年，並且隨時保護牠們，最後將馬作為祭品的祭祀活動。馬祭是非常重要的儀式，只有權勢強大的國王才有能力做到。

可是，重要的祭馬不見了。六萬名王子上窮碧落下黃泉，最後在地下深處找到。當時伽毗羅仙人（Kapila）在馬的身邊，王子們責問仙人為何偷馬，仙人便從眼中射出光線，把王子都燒成灰燼。而後因為王子們遲遲未歸，阿薩曼闍的兒子安舒曼便到地底尋找，帶回了馬，馬祭才得以完成。

❸安舒曼想**祭祀**死去的六萬個王子，伽毗羅仙人告訴他，必須用天上的恆河水，才能洗清他們的罪孽。

但是，幾代國王都找不出將天上恆河水引到地上的方法，王位也從安舒曼、底離鉢傳到我身上。為了得到答案，我到喜馬拉雅山艱苦修行。**恆河女神甘伽**看了我無休止的**苦行**，終於同意從天上降臨凡間。

❹我繼續苦行，濕婆現身對我說，他將用頭髮接住水流，以緩和對大地的衝擊。於是，恆河女神以一瀉千里之勢，跳進濕婆的髮髻。有好幾年的時間，女神徘徊在濕婆的髮間，化為**七條河**，終於降落地上，流入平原、填滿大海。眾神看到恆河下降凡間，都驚嘆不已。

❺我用流過地面的恆河水祭祀祖先，將他們平安送達天界。

❶薩竭羅王透過苦修的方式，向濕婆祈求子嗣，生下王子阿薩曼闍和一個葫蘆，葫蘆中生出六萬個王子。

❷薩竭羅王舉行馬祭，但馬不見了。

六萬個王子尋馬，馬雖找到了，但王子們全葬身火海。

❸要祭祀六萬個王子，需要天界恆河的水。經過幾代之後，因跋吉羅陀王艱苦修行，恆河女神甘伽才同意降臨凡間。

❹濕婆用頭髮接住水流，河水流過髮間，降流到地上，填滿大海。

祭祀順利進行。

6 濕婆與恆河

主題≫破壞與再生—互補的二元論

▼兩面的神話

神話世界，常有**二元對立的組合**（請見三一頁），如代表秩序的**天照大御神**與代表暴力的**須佐之男**，理性的**阿波羅**與酩酊大醉的**戴奧尼索斯**。有些神有雙面性格，如帶破壞性的須佐之男同時也是具建設性的英雄神，清朗的阿波羅同時也是瘟疫與死亡之神。

起源來自太陽照明作用的**毗濕奴**與來自季風之力的**濕婆**，也是明朗性與破壞性的對比，但濕婆本身就包含**宇宙破壞與再建**的雙面性。季風會帶來暴風雨，也會帶來穀物的收成，對古人而言，這是很自然的發想。

濕婆是知名的「舞王」，大家認為他跳出了破壞與再造、死亡與再生的宇宙之舞。

▼男性原理與女性原理

印度的男神各娶女神為妃，其背景來自性信仰或「密教」的二元論，認為宇宙的創造與運行需要**男性原理與女性原理**的合作，而女神是男神的根本能量——**性力**（śakti，即生殖力）之展現。

毗濕奴的神妃是**拉克什米**（財富與幸運女神，相當於佛教的吉祥天），哲學、宇宙神梵天的神妃是**辯才天女**（水、音樂、文藝女神，相當於佛教的辯才天）；濕婆的配偶神中，眾所周知有溫和的喜馬拉雅女神雪山神女**帕爾瓦蒂**、粗暴的**杜爾迦**（及其升級版**迦梨**女神），濕婆的兩個面向直接投射在兩種類型的配偶神身上。

如上所述，各式各樣的對立屢屢出現在印度神話的眾神性格上。對產生於中東的一神教而言，神之善與魔鬼之惡是絕對對立的，但印度思想更重視表與裡、靜與動、男與女之類的互補性對比，認為善惡並非絕對對立。中國思想的陰陽原理，同樣也是互補性的組合。

濕婆神

一般認為，象徵濕婆神的棒狀神像林迦（Liṅgaṃ）與陽具有關，它豎立在象徵女性陰部的水盤狀約尼（Yoni）之上。

跳出宇宙節奏之舞的濕婆神：舞王（Naṭarāja）

濕婆神妃

喜馬拉雅女神
雪山神女帕爾瓦蒂

消滅魔王的
十臂女神杜爾迦

杜爾迦衍生的迦梨女神跳著勝利之舞，濕婆變成緩衝墊。

釋迦的前世

猴王犧牲自己解救國民

佛陀的弟子說道：

❶很久以前，恆河附近的森林裡有個**猴國**。河岸有棵巨大的**芒果樹**，此樹所結的芒果非常美味可口。

有一次，**猴王**對子民說：「河面覆蓋的長樹枝可能對我們造成危害，每年在這根樹枝的果子還小的時候，就把它摘下來吧！」

猴子們遵照國王的吩咐，每到花開季節，河面樹枝的果實還小的時候，就把它摘下來。

不過，仍有疏忽的時候。

❷有一次，陰暗處有個芒果沒被看見，掉進河裡漂走了。當時，**人類國王**正在遊河，剛好撿到那顆芒果，吃了以後，驚嘆它的美味，便和臣子循著河岸往上游走，發現一棵大樹與樹上的猴群。此時，人類想著要吃一頓芒果加猴肉大餐。

❸猴王讓猴子們冷靜下來，然後發揮驚人的跳躍力，縱身跳到河的對岸。牠收集竹枝與竹葉，搓成一條長繩，綁在岸邊的樹上，再拿著繩子跳回對岸。因為繩子稍短，牠就用雙臂拉著繩端與芒果樹枝，把自己變成這座**臨時橋**的一部分。

❹猴子們滿心感謝地渡過繩橋，逃向對岸。但有隻**壞心的猴子**，狠狠往猴王背上踢了一腳，猴王在樹枝上苦苦掙扎。

人類國王從頭到尾看在眼裡，他命臣子救起猴王，但猴王在與人類國王交談後便斷了氣，於是人類國王為牠舉行了盛大的葬禮。

❺這隻猴王正是**佛陀的前世**，而背叛猴王的猴子，也正是背叛佛教教團的**大惡人提婆達多**（Devadatta）的**前世**。

❶猴國有棵很棒的芒果樹，所結的芒果非常美味可口。猴王擔心河面上樹枝的果實掉下來，會讓人類發現這塊寶地。

❷果實掉落，隨水漂流，被人類國王撿到。人類往上游尋找，發現了猴子樂園，他們想把猴子抓來吃。來做猴肉鍋吧！

❸猴王跳到對岸又跳回來，想架一座避難的繩橋。但繩子長度不夠，牠就自己搭在繩子和樹枝之間。

❹猴子們渡過繩橋避難時，有隻壞猴子踢了猴王的背，猴王苦苦掙扎。

❺猴王是佛陀的前世，壞猴子是提婆達多的前世。

釋迦的前世

主題≫輪迴與解脫

▼異端的傳統

佛教與耆那教是同期（西元前五世紀）產生的「異端」宗教，其「異端」之處在於不重視印度的傳統神祇、否定婆羅門的權威，且主張所有人都能在平等的位置上修行、開悟。

佛教創始人**瞿曇悉達多**在菩提樹下觀察眾生的苦惱，悟道之後，得到「佛陀」（覺醒者）的稱號。在中國與日本，一般稱他為**釋迦牟尼或釋迦**（釋迦族〔Śakya，佛陀所屬系族〕的聖者之意）。

前文提過，佛教不久後就從印度本地消失，但其修行與悟道的哲學仍對印度教留下影響。

▼非神話的宗教神話

釋迦勸弟子不要依賴神來斷絕迷惑，這可說是理性主義的觀點。不過，他的傳記卻有神、妖魔、神通與輪迴。從這樣的意義來看，佛教世界依然有神話的性質。

釋迦傳記裡主要的神話要素如下：

①多數**前世**中皆是活躍的英雄，例如當猴王達到犧牲自己的境界，還捨身飼餓虎（日本法隆寺的佛龕「玉蟲廚子」上彩繪了這幅名畫）。因為他有這些美德，輪迴時等級向上提升，才能在今生名正言順地成為佛陀。

②一出生便說：「天上天下唯我獨尊。」（日本等地佛教的傳說）

③當王子的時候，在城外看到**老、病、死者**，得知人世諸多煩惱苦楚，便放棄王子的地位，選擇修行。

④苦修時、在菩提樹下冥想時，都受到**惡魔的誘惑**；惡魔是自己煩惱的象徵。

⑤開悟之後，釋迦覺得「可能沒有任何人想了解我所悟的道」，決定直接前往絕對死的世界——**涅槃**，但**梵天**出現了，懇請釋迦務必把道理傳授給他。

⑥能使用各種魔法（**神通**），包括看穿眾人的前世，身體也有超越常人的特徵（例如擁有極長的舌頭）。

神格化的釋迦生涯

①數度在前世步入自我犧牲的路。

由天上降臨母親身上，從母親右脇出生。

②一出世便說：「天上天下唯我獨尊。」

仙人現身，流著眼淚說：「王子定能成就聖道，可惜我已老邁，聽不到他說法了。」

③身為王子，過著無拘無束的日子，某次知道了老、病、死的現實，苦思但不得其解，決定出家。

④苦修時受到惡魔的誘惑，但都被他一一摒除。

⑤開悟時，梵天出現，懇請釋迦務必把道理傳授給他。

⑥擁有神通，能看見前世，身體亦超越常人。

⑦死後進入涅槃，沒有人知道涅槃是什麼，所以，後世將釋迦想像成神一般的存在。

阿彌陀與極樂

佛在樂園訓練信徒

阿彌陀（Amitāyus）的信徒説道：

很久以前，在我們**娑婆**（sahā）世界第一個悟道成佛的**釋迦牟尼**（Śākyamuni）説：

❶「從此處往西，經無數世界，有個地方名叫**極樂世界**（sukhāvatī）。我們的世界是污濁的，那個世界則是清淨的樂園（淨土）。那裡住著阿彌陀佛，用魔法管理那片樂園。

那是個極美好的地方，有七層牆與行樹圍繞，各種物品皆由金、銀、琉璃、水晶四寶所造。中央有寶石所建的七寶池，池子東西南北四邊的階梯都由寶石構成，池裡綻放許多紅、青、黃、白色的巨大蓮花。

池邊的寶石樹上，住著各種奇妙雜色之鳥，唱出美妙歌聲。這些鳥都是阿彌陀用魔法所造的虛擬鳥，並非污穢的畜生。那裡總是迴盪著優美的音樂，白天三次、夜晚三次，美麗的花朵從天而降。」

釋迦牟尼還説：

❷「如果你們對在這污濁世界幾度**輪迴**的命運感到絕望，只要**冥想**阿彌陀佛的形像，藉由他的魔法，來世就能投生到極樂世界，這就叫**往生**。

❸因為那裡是極樂世界，**修行**是很容易的事，早晨托缽也很簡單。醒來後，馬上就可參訪十方一切諸佛，中午前就能回來。

❹在那個世界持續修行，或許你們不久也將領悟終極之道而成佛，這比在我們的娑婆世界修行快樂多了。只要相信我們的形體消失之後，阿彌陀佛會前來接引的承諾，依此修行就可以了。」

我們相信這些話，觀想唸誦阿彌陀佛。

阿彌陀的極樂淨土

❶遙遠的西方有一片淨土（樂園），名為極樂世界。

❷我們的娑婆世界充滿痛苦，修行是非常困難的事。因此，我們觀想唸誦阿彌陀佛，願死後往生極樂。

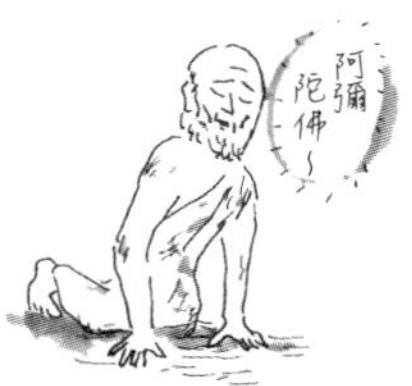

❸若往生極樂，就能輕鬆愉快地修行，每天早晨可飛向無數世界托缽。

❹快速完成修行後，就能成佛，因為領悟終極之道便能成佛。

8 阿彌陀與極樂

主題≫自力與他力

▼印度教與佛教的共同點

印度教與佛教共享基本的世界觀。

①兩者皆以**輪迴轉世**為前提。

②菁英修行者為了從令人厭煩的輪迴**解脫**，進行**自力的冥想修行**；印度教的瑜伽、中國佛教的坐禪皆屬此類冥想修行。

③一般民眾無暇修行，便藉由拜神以求救渡（**他力信仰**）。救渡的內容包括招福消災、較高層次的安心與悟道等，印度民眾大多拜濕婆或毗濕奴等男神，及其他多位女神；對神熱烈的愛稱為**奉愛**。

佛教原屬冥想修行的系統，後來演變為敬拜死去的開山祖師，視他為神。

西元一世紀前後出現的佛教分支「大乘佛教」，其世界觀包含宇宙中無數神話般的**佛**（佛陀、如來）、與佛同等級的聖人「菩提薩埵」或「菩薩」，也把印度教的神（譯名是「～天」的神）納為佛法的守護者，使佛教逐漸走向多神教。

▼淨土信仰

佛教雖有各式各樣的神話，但民眾間盛行的是淨土信仰，即轉生（**往生**）到名為「淨土」的天堂或烏托邦。淨土中最受歡迎的是「極樂」淨土，那裡住著**無量壽佛**（Amitāyus）或**無量光佛**（Amitābha）——漢語皆稱**阿彌陀佛**。

極樂世界被認為在西方，也有人指出其與希臘神話的西方樂園「至福樂土」（Elysium）、埃及神話中冥神歐西里斯的西方樂園有關。

依印度人的想法，即使在極樂世界，還是要繼續修行，以求最終的解脫（成佛）。

日本的淨土信仰中，一、念佛（念阿彌陀佛名號）的喜悅，二、死後被救渡至極樂世界，三、之後成佛達到解脫，此三者並無區別。只要能藉阿彌陀佛的他力得到安心，一切都ＯＫ！日本人性急，所以把印度式的冗長神話單純化。

	來世觀	自力修行	他力信仰
印度教	輪迴轉世 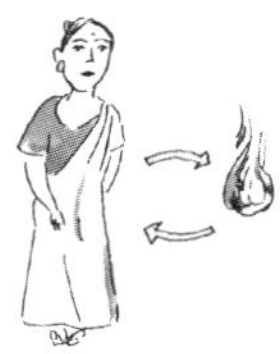	瑜伽（冥想） 	對神的奉愛 
佛教	輪迴轉世 	坐禪、密教修行等 	對諸佛、諸菩薩的信仰 

大乘佛教的「眾神」

佛陀（地位最高者）

釋迦牟尼
佛教祖師與永恆的存在

阿彌陀佛
將信徒救渡至淨土

大日如來
覺悟宇宙真理的象徵性存在

明王（忿怒相的救渡者）

不動明王
對難以教化的眾生怒目而視，加以教化

菩薩（比佛次一等的聖者）

彌勒
待在天上，等待成佛的機會

觀音
化身為各種形像救渡大眾

地藏
起源是大地之神，地獄的人也救

印度教神祇，神話般的存在

因陀羅（帝釋天）
《吠陀》中的英雄神

阿修羅
戰鬥的鬼神

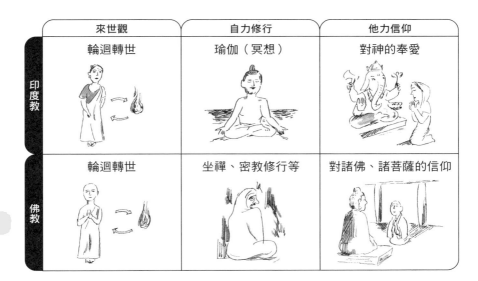

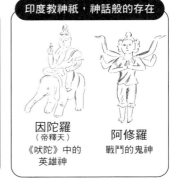

第4章

中東神話

概論 神的生存遊戲

▼從多神教到一神教

第一章的日本神話、第二章的希臘神話與第三章的印度神話，自始至終都是多神論。本章討論中東各地的代表性神話，這裡有一個其他地方沒有的重要特色，就是在美索不達米亞、迦南、埃及、波斯等多神教的包圍中，誕生了猶太人的**一神教**，猶太教的神話驅逐了其他眾神的神話，**基督教與伊斯蘭教**也在此制霸一方。

雖說驅逐了其他眾神，但一神教中仍殘存多神教的要素。例如，天上有許多天使，地上也有許多半神般的**預言家**、**救世主及聖人**；有**惡魔**，也有阿拉丁燈神之類的精靈。他們就像在獨裁者手下默默工作的官僚，不過一神教中，神的權力，不是多神教的眾神比得上的。

「從多神教到一神教」的歷史發展，也是人類意識**走向內省**的表現，原本談論眾神事蹟時，彷彿事不關己，現在則會思考**在絕對者面前活下去**的問題，進一步探究人類倫理。印度也鼓勵大眾**修行**，以**悟道**為目標，與內省化的發展走向相同。

▼《聖經》與《可蘭經》皆為神話

一神教信徒並不認為自己所信之神的故事是「神話」，神話讓人感覺是童話、是虛構的，所以他們避免使用這個詞。

《聖經》與《可蘭經》的某些面向確實很像**歷史書**，《舊約聖經》記載了**古代以色列民族**的歷史；《新約聖經》則以耶穌這位猶太人的傳記為核心；《可蘭經》是麥加商人**穆罕默德**建立政教合一共同體的歷史見證書。

不過，這些經典並非原封不動地記錄歷史。摩西分海、耶穌死後復活、天使向穆罕默德傳達神的啟示等，都是神話。

此外，美索不達米亞英雄神**馬爾杜克**與原初之海大戰、創造世界的神話，以及被揀選的人類**烏特納比西丁**（Utnapishtim）乘方舟在洪水中倖存的神話，經過改編，就成了《聖經》的創世神話與洪水神話。

中東的兩大文明——埃及與美索不達米亞

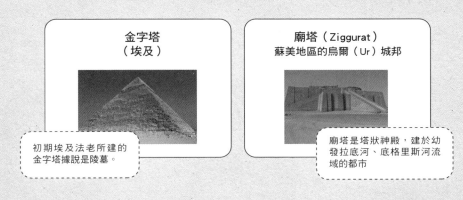

金字塔
（埃及）

初期埃及法老所建的金字塔據說是陵墓。

廟塔（Ziggurat）
蘇美地區的烏爾（Ur）城邦

廟塔是塔狀神殿，建於幼發拉底河、底格里斯河流域的都市

各民族的多神教走向一神教

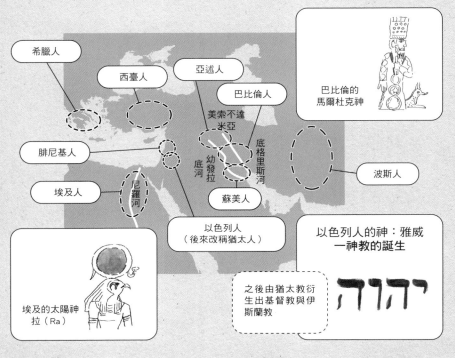

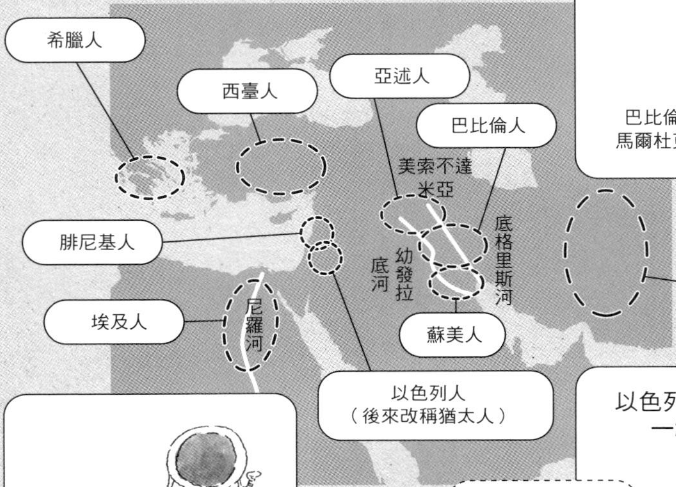

巴比倫的
馬爾杜克神

埃及的太陽神
拉（Ra）

以色列人的神：雅威
一神教的誕生

יהוה

之後由猶太教衍生出基督教與伊斯蘭教

概論

中東神話

▼兩大河的文明

美索不達米亞位於現今的伊拉克，是希臘語「兩河之間」的意思，指**幼發拉底河與底格里斯河**流域。西元前三十世紀，這裡就有輝煌的都市文明。其中最古老的是在河口附近興建都市的**蘇美文明**，蘇美人在黏土板上做楔形記號，創造了楔形文字系統。

巴比倫與亞述的阿卡德（Akkad）人學習蘇美人的文字與各式各樣的神話，巴比倫人的成就中，最知名的就是漢摩拉比王制訂**法典**。

美索不達米亞擁有發達的灌溉農業和都市文明，另有一個偉大的文明創始地與之並駕齊驅，就是**尼羅河**流域的**埃及**文明。埃及也是在西元前三十世紀建立統一國家，初期建造了多座謎樣的巨大**金字塔**，被認為是王室的陵墓。他們的神話體系與美索不達米亞完全不同，埃及人**製作木乃伊**、撰寫靈界指南《死者之書》（Totenbuch）等，使有關來世的神話發展興盛。

▼一神教的誕生

從敘利亞到迦南（巴勒斯坦），連接美索不達米亞與埃及這兩片肥沃土地的區域，也有各種燦爛的都市文明。西元前兩千年後半，**希伯來人**開始在迦南出沒。相傳他們是來自美索不達米亞的亞伯拉罕所率領的家族，以及從埃及出走的奴隸。他們的宗教是猶太教，崇拜唯一神**雅威**；**猶太教**於西元一世紀衍生出**基督教**，西元七世紀衍生出**伊斯蘭教**。猶太教經典是《舊約聖經》，基督徒則將《舊約聖經》與包含創始人耶穌故事的《新約聖經》合併為自己的「聖經」；伊斯蘭教的經典是《可蘭經》。

在猶太人採用一神教之前，埃及人與東方伊朗高原的**波斯人**已創造出一神教的「前身」。曾有一段時間，埃及人對太陽神阿頓（Aten）猶如一神教般崇拜；另有波斯祭司**瑣羅亞斯德**提出以唯一善神為絕對神的宗教。

本章的11個中東神話

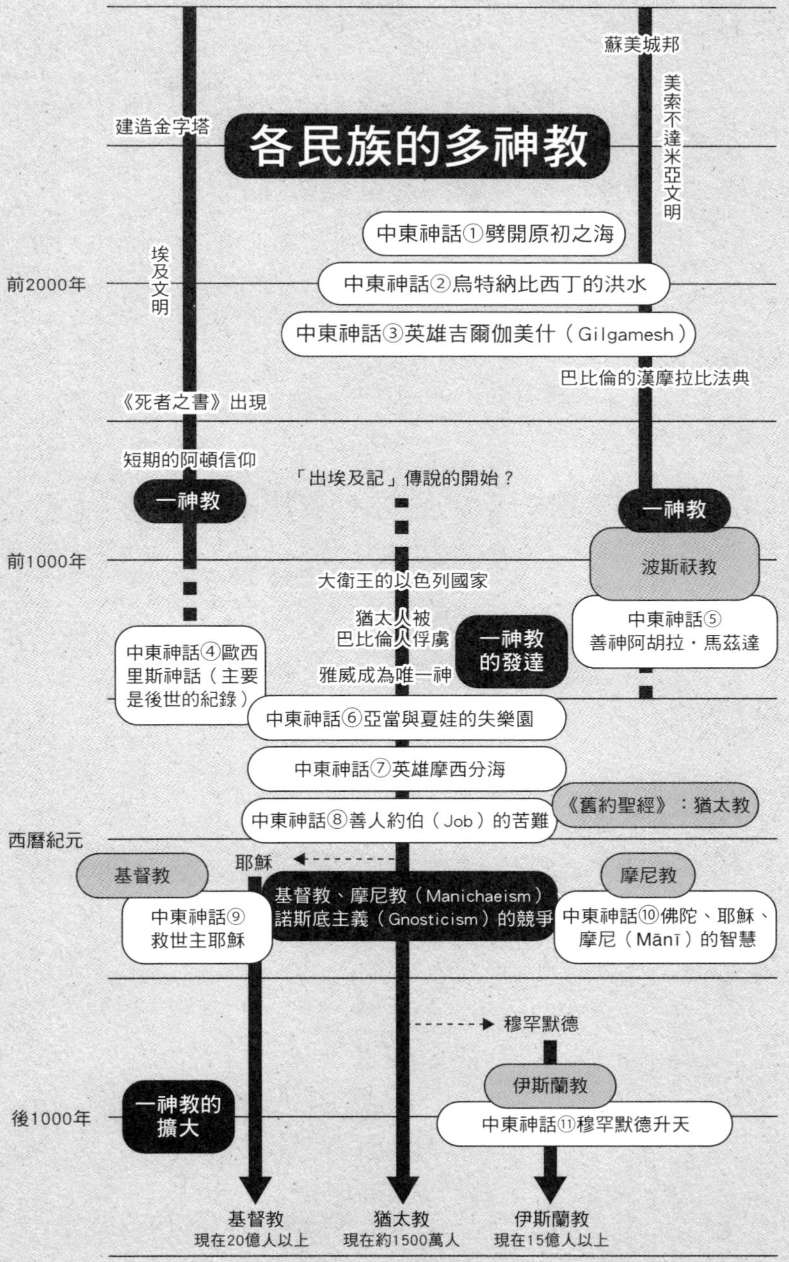
蘇美城邦
美索不達米亞文明
建造金字塔
各民族的多神教
中東神話①劈開原初之海
埃及文明
前2000年
中東神話②烏特納比西丁的洪水
中東神話③英雄吉爾伽美什（Gilgamesh）
巴比倫的漢摩拉比法典
《死者之書》出現
短期的阿頓信仰
「出埃及記」傳說的開始？
一神教
一神教
前1000年
波斯祆教
大衛王的以色列國家
猶太人被
巴比倫人俘虜
一神教
的發達
雅威成為唯一神
中東神話⑤
善神阿胡拉・馬茲達
中東神話④歐西
里斯神話（主要
是後世的紀錄）
中東神話⑥亞當與夏娃的失樂園
中東神話⑦英雄摩西分海
《舊約聖經》：猶太教
中東神話⑧善人約伯（Job）的苦難
西曆紀元
耶穌
基督教
摩尼教
基督教、摩尼教（Manichaeism）
諾斯底主義（Gnosticism）的競爭
中東神話⑨
救世主耶穌
中東神話⑩佛陀、耶穌、
摩尼（Mānī）的智慧
穆罕默德
伊斯蘭教
後1000年
一神教的
擴大
中東神話⑪穆罕默德升天
基督教
現在20億人以上
猶太教
現在約1500萬人
伊斯蘭教
現在15億人以上

1 迪亞馬特與馬爾杜克

原初海洋被劈成兩半

巴比倫的耆老説道：

❶代表海水的女神迪亞馬特與象徵淡水的男神**阿普蘇**（Apsu）兩者交合，為世界之始。海水與淡水混合後，產生多位神明。這些老一輩的神，被自己生出的年輕子孫們搞得狼狽不堪。

❷我現在來説明原委，海水與淡水混合的水中，生出了**拉赫木**（Lahmu）與**拉哈木**（Lahamu）兩位男女泥神，以及天父神**安薩爾**（Anshar）與地母神**琪薩爾**（Kishar）；安薩爾的兒子是天空之神**安努**（Anu）；安努則生下兒子**伊亞**（Ea）。

❸伊亞的世代總是吵吵鬧鬧，令長輩們心煩氣躁。因此，阿普蘇想消滅年輕世代，但孩子們的曾祖母迪亞馬特說：「沒那麼嚴重。不要跟小孩子計較吧！」

❹阿普蘇仍繼續策畫，但被伊亞察覺。伊亞用魔法讓阿普蘇入睡，然後殺了他，還在其遺骸上建造自己的神殿，命名為阿普蘇。意即，年輕的伊亞從死去的阿普蘇身上繼承了水神的力量。

❺伊亞與妻子達姆金娜（Demkina）生下**馬爾杜克**，眾神之中，他顯得格外高壯且力大無窮。據説馬爾杜克有四個眼睛與四個耳朵，以神的標準來看，我想這是指他能力不同凡響的意思。

❻馬爾杜克從上一代那裡得到四面風，用風戲弄女長老迪亞馬特和她抱在懷裡的神。懷中的神無法入睡，令迪亞馬特大怒，創造出一大堆怪物：七頭大蛇、毒蛇、蠍子龍、海怪、巨獅、蠍子人等等。

❼馬爾杜克用網圍住迪亞馬特，將暴風吹進她口中，迪亞馬特的身體因此四分五裂，一命嗚呼。她死後，馬爾杜克把她的身體像魚乾一樣劈成兩半，一半造**天空**，一半造**大地**，天空之下有**太陽與月亮**運行；迪亞馬特的乳房形成山脈，雙眼成為幼發拉底河與底格里斯河的源頭，英雄馬爾杜克自此成為最高神。

❽伊亞用黏土捏造**人偶**，馬爾杜克以迪亞馬特軍隊的首領金固（Kingu）為活祭品，將生命吹進人偶中。眾神從此不需勞動，只需差遣**人類**做事。因此，我們人類必須在嚴苛的自然環境中勞苦一生；雖然覺得不合理，但也不得不忍耐。

巴比倫的天地創造神話
《埃努瑪・埃利什》

❶原初海水迪亞馬特（女神）與原初淡水阿普蘇（男神）。

❷海水與淡水結合，生出多位神明，包括男女泥神、天父神與地母神。天父神與地母神生子安努，安努再生子伊亞。

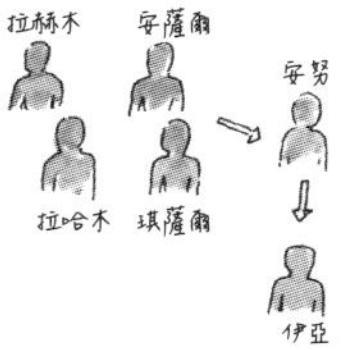

❸年輕的伊亞世代整天鬧哄哄，令長輩們心煩，但曾祖母迪亞馬特說不要跟小孩計較。

❹阿普蘇計畫殺掉孩子們，被伊亞發現，殺了阿普蘇。伊亞在其遺骸上建造自己的神殿，命名為阿普蘇。

❺伊亞生下最強的神馬爾杜克。

❻迪亞馬特被馬爾杜克作弄，創造出許多怪物。

❼馬爾杜克撕裂迪亞馬特，用其身體創造天地。

❽伊亞用黏土造人，讓他們為眾神服務。

迪亞馬特與馬爾杜克

主題》壓制原初之水

▼《埃努瑪・埃利什》與《創世記》

古代美索不達米亞平原的**巴比倫王國**，在每年新年節的第五天，都會在首都巴比倫舉行王權更新儀式，儀式的前一晚會在神殿朗誦天地創造神話《埃努瑪・埃利什》（編纂於西元前兩千年至西元前一千年之間）。這篇史詩敍述**馬爾杜克**打敗原初混沌時期的**迪亞馬特**，確立自己的地位；天上的神確立王權，經過地上民眾的投射，就成了巴比倫王王權的保證。

因此，創造天地的故事除了是對「宇宙的開始」這類形而上問題的探究，同時也是政治故事，象徵**秩序勝過混沌**，使王權的支配正當化。

六世紀被巴比倫人**俘虜的以色列人（猶太人）**應該也知道巴比倫的創世神話，依猶太人的詮釋，自己的神**雅威**並非多神教的眾神之一，而是具超越性的**唯一神**。因此，猶太人有自己獨特的創世神話，它是將多神教的複雜性經過相當程度的整理，簡單化與抽象化的產物。

起初，神創造天地。地是空虛混沌，淵面黑暗，神的靈運行在水面上。神說：「要有光。」就有了光。

（〈創世記〉第一章）

《舊約聖經》〈創世記〉的神話中，神並非用被殺害的女神建造天地，而是自己從無到有創造天地。不過，這段文字對細節的敍述含糊不清，似乎是神在開始某種行動之前，已有了混沌的材料，稱之為「地」，也有被譯為「深淵」（Tehom）的原初之水；Tehom在詞源上與迪亞馬特（Tiamat）有關。

神的靈「運行」（rahaf）＊（譯註：或譯作「盤旋」，有覆翼、保護的意思，像一隻老鷹展開兩翅搧展，保護牠的小鷹一樣。）在水面上，這個動詞也意味孵蛋的雌鳥拍著翅膀的動作。所以也有人認為，這段描述殘存了鳥神孵著**宇宙蛋**（請見一五九頁）的意象。也就是說，〈創世記〉的天地創造神話仍留有太古時期多神教的部分主題。

《埃努瑪・埃利什》的書名來自神話的起首句，其意義為「其時居於上之物」。同樣地，猶太人的神話集〈創世記〉也是以開頭的詞「Bereshit」（起初之意）為標題（「創世記」為英語Genesis〔起源、誕生之意〕的翻譯詞）。

《舊約聖經》〈創世記〉第1章的天地創造故事

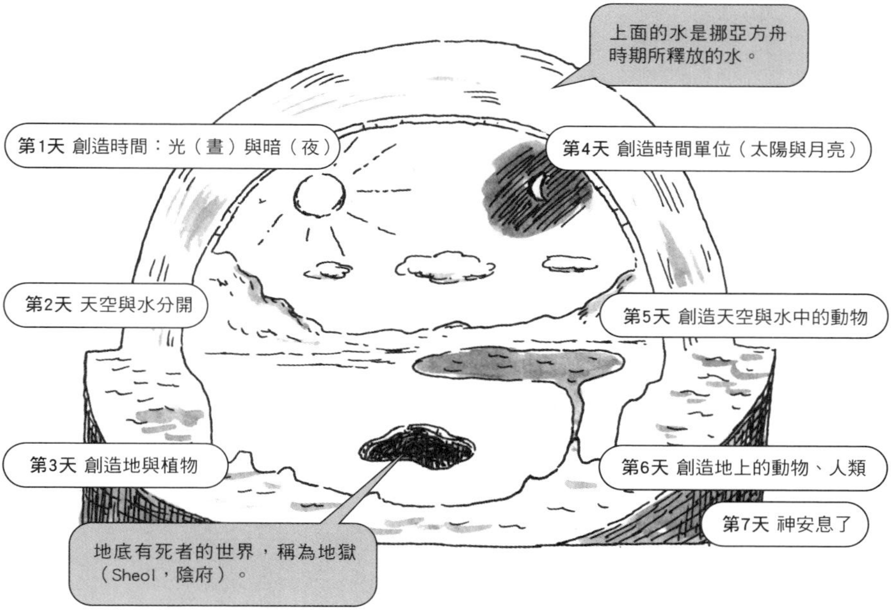

〈創世記〉……神在最初的三天設定了時間（光與暗）、天空、水與地，接下來的三天，太陽與月亮、鳥與魚、地上的動物與人類登場，第七天則安靜休息。

《埃努瑪・埃利什》確認了**巴比倫的王權**，〈創世記〉的創造神話則確認了**猶太人社會的秩序**：七天中要有一天徹底休息。

《埃努瑪・埃利什》中，馬爾杜克把原初之海迪亞馬特劈成兩半，建造天地。

〈創世記〉中，神或雅威將原初之水一分為二，以上半部的水、天空、下半部的水這個基本結構設置世界舞台。

新海誠導演的動畫《你的名字》（2016年）中，迪亞馬特彗星的隕石對小鎮造成災害，除了暗示日本三一一大地震，也暗示了原初之水造成的破壞（海嘯）。中東神話迪亞馬特被分成兩半的意象也存在於這部動畫中——一半是美麗的彗星，一半是討厭的隕石。

《你的名字》（2016年）
新海誠、CoMix Wave Films Inc.

烏特納比西丁的方舟

乘方舟渡過大洪水

當今人類的祖先**烏特納比西丁**說道：

我雖是人類，但得到永生，這是**伊亞**賜給我的。我和妻子因為通過**大洪水**的試煉，才變得像神一樣。

❶很久以前，因人類太過喧囂，眾神不堪其擾。**恩利爾**（Enlil）想消滅人類，決定把大地浸在水裡。不過，伊亞暗中把恩利爾的企圖告訴我。

❷依據伊亞的指示，我拆掉了用蘆葦建造的家，再用蘆葦製造了一個箱子當作船，箱子的寬度與深度相同。我們在大箱子中鋪設甲板、架起支柱，用瀝青防止漏水。完成的箱子下水後，我就把財產裝載進去，讓家人、僕人、動物們全上了船。

❸太陽神**夏瑪西**（Shamash）設定了降雨的時辰，時辰一到，就颳起暴風。天氣之神**阿達德**（Adad）四處落雷，冥界之神**尼爾嘉勒**（Nergal）拉倒桅杆。

驚人的暴風雨和洪水也令眾神膽戰心驚，女神**伊絲塔**後悔曾想消滅人類，眾神抱頭痛哭。

❹到了第七天，暴風雨停了，天空恢復平靜，我們的方舟擱淺在尼斯爾山（Mount Nisir）。

❺我放出**鴿子**，牠飛走後又飛回來，因為找不到安身之處；我放出**燕子**，牠也飛回來了，因為無處落腳；然後，我放出**渡鴉**，牠一去不回，因為牠發現陸地了。

❻我拿出祭品獻祭，往山上倒酒。眾神連同恩利爾都出現了，恩利爾看到我們生還，勃然大怒。伊亞斥責恩利爾：「你太魯莽了！你引來猛獸、飢荒、流行病都比洪水好！我們需要人類，他們能為神服務。」

伊亞向我們夫妻宣告：「你們兩人以後就像神一樣。」我們因此得永生，成為新人類的始祖。

烏特納比西丁的洪水故事
（引自吉爾伽美什神話）

❶恩利爾想降下大洪水，伊亞得知後，向烏特納比西丁報信。

❷烏特納比西丁用蘆葦來製造方舟。

《舊約聖經》〈創世記〉改編自這個故事，造方舟者為忠於神的挪亞。

❸大洪水發生，除了烏特納比西丁一夥人，其他人盡數滅絕。

〈創世記〉的版本標榜對人類善惡的審判，挪亞的洪水神話可說是預先審判來世。

❹暴風雨停了，方舟擱淺在山上。

烏特納比西丁時期的洪水七天結束，挪亞時期的洪水則持續了四十天。

❺烏特納比西丁先後放出鴿子、燕子及渡鴉，只有渡鴉沒回來，烏特納比西丁便知道水退了。

挪亞的順序是烏鴉、鴿子，再放一次鴿子。最後一次，鴿子叼了一片橄欖葉回來。

❻烏特納比西丁受神的祝福，得到永生。

挪亞未獲不死之身，但相當長壽。洪水發生時他六百歲，死時是九百五十歲。

神與挪亞訂立契約，承諾不再降洪水，而彩虹成了立約的記號。

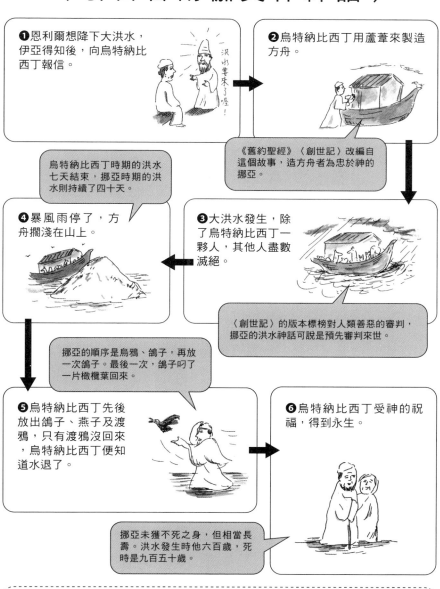

烏特納比西丁的方舟

主題》洪水神話與世界的刷新

▼洪水神話的傳承

提起洪水神話，就屬中東最有名，蘇美神話中的祖蘇德拉、巴比倫的**阿特拉哈西斯**（Atra-Hasis）與《吉爾伽美什史詩》中的**烏特納比西丁**、《舊約聖經》〈創世記〉的挪亞，這些洪水神話彼此都有類似之處；都是眾神或某個神計畫消滅人類，人類造方舟逃過一死；烏特納比西丁與挪亞都在放晴後放鳥出去探路。

很明顯地，這些神話都屬同一派系，希臘神話中**琉克里翁**的洪水故事（請見九〇頁）也被視為同一系列。

印度、東南亞、大洋洲、西伯利亞、南北美皆有洪水神話，但風格各異。大致來說，都是**刷新**世界的故事，未必強調對人類的**懲罰**。

從地質學來看，世界上並沒有被洪水淹沒的痕跡。中東神話或許受**幼發拉底河**、**底格里斯河氾濫**的影響，**冰河期末期海面上升**或許也形成了對洪水的記憶。特別是過去為世界內海的**黑海**，在七六〇〇年前與地中海相連，水位一舉上升，很可能是中東洪水神話的起源。

▼方舟的形狀

挪亞方舟在兒童繪本中是船的形狀，但在〈創世記〉的敘述中，是個**極長的長方體**，與其說是船，不如說是倉庫。電影《挪亞方舟》（Noah，二〇一四年）中，忠實呈現了《聖經》所描述的長方體。想想看，挪亞並沒有明確的目的地，即使不特意做出船的形狀，應該也沒什麼關係。方舟的首要功能是保護挪亞一家與動物，而方舟的希伯來文（teva）就是箱子的意思，或許你可以把它想成「裝貴重物品的箱子」。

另外，神指定的挪亞方舟尺寸是長三百腕尺、寬五十腕尺、高三十腕尺*（譯註：約長133.5米，寬22.3米，高13.4米。），古代以色列人的移動帳棚式神殿「會幕」放得下寫了摩西十戒石板的「約櫃」，挪亞方舟與會幕的寬度與相同，長度、高度各為會幕的三倍。

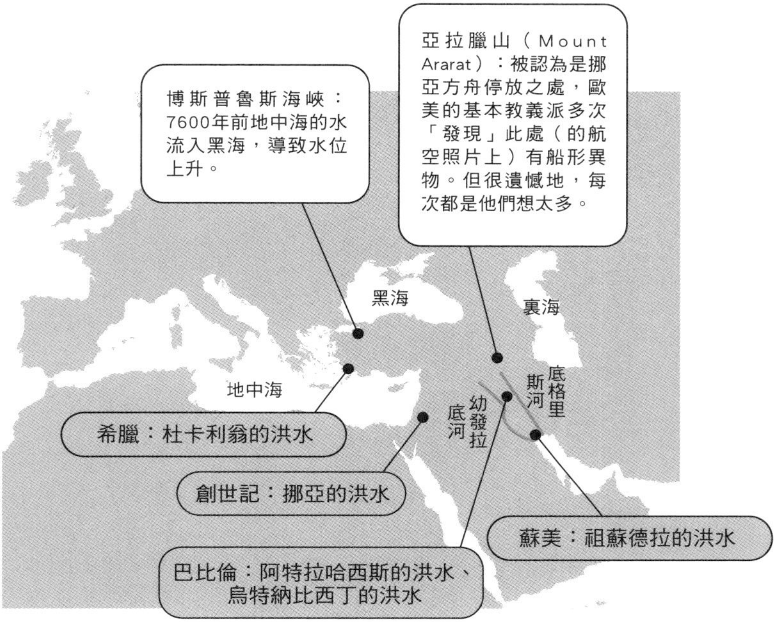

挪亞方舟
（《舊約聖經》〈創世記〉）

搭乘挪亞方舟的動物和鳥是「成對的」，從天地創造以來，動物都是素食主義，挪亞大洪水之後，動物開始弱肉強食。

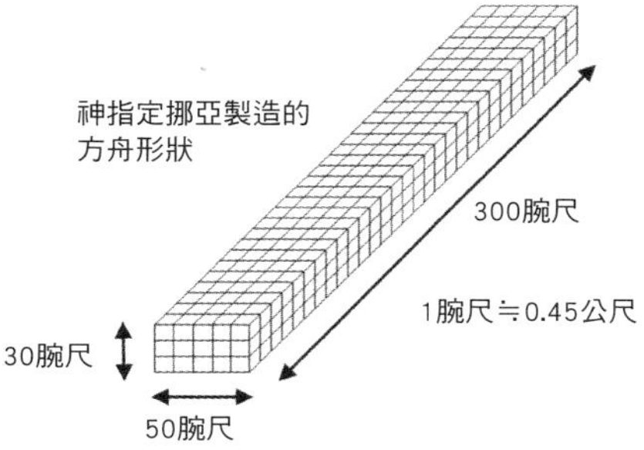

《挪亞方舟》中，方舟的形狀是正確的。這部電影內容與《聖經》差異甚大，電影中的挪亞有點像生態運動者。

《挪亞方舟》（2014年）
戴倫艾洛諾夫斯基（Darren Aronofsky）、攝政娛樂公司（Regency Enterprises）

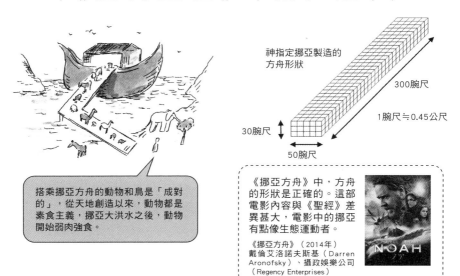

吉爾伽美什的冒險

英雄追求永生之旅

如同太陽神夏瑪西般容光煥發、暴風雨神阿達德般狂野大膽的國王**吉爾伽美什**説道：

❶我有神的血統，天不怕地不怕，大家對我如超自然英雄般畏懼。我無法控制自己，天生是最強的戰士，卻沒有值得一戰的對象。缺乏旗鼓相當的對手時，怎能感覺到自己是最強的呢？

❷我競賽獲勝時，會拚命喝酒、侮辱眾神、發起不必要的戰爭；若聽説有國民結婚，我就以國王的身分奪走新娘的初夜。我的行為引起眾神不安，於是眾神派遣了一個與我勢均力敵、野獸般的男子恩基杜（Enkidu）到地上。

❸國民不只怕我，也一定會怕這個野獸般的人。我把神殿的娼妓送給那傢伙，女色讓他覺醒，多虧了她，恩基杜才稍微有點文明人的樣子。他清洗乾淨後，就成了像我一樣的美男子。我們兩個互相扭打，我好不容易才贏。打完後，我們言歸於好，成了**最好的朋友**。

❹我和恩基杜踏上冒險旅途，我們去太古杉林討伐怪獸**洪巴巴**（Humbaba），還打敗了神送到地上的公牛。這使眾神勃然大怒，宣告恩基杜必須死，連我的罪刑也由恩基杜承擔。於是，我的摯友死於熱病，令我悲嘆不已。

❺為尋找讓好友復活的方法，我決定去拜訪得到不死之身的老人**烏特納比西丁**。他告訴我太古時期發生**洪水**的事，以及神賜給他永生的來龍去脈。他給了我可讓死者復生的**藥草**，但藥草被蛇搶走了，我只得兩手空空回到故鄉。

❻我變得比以前**更加慈悲**為懷，後半生，我要做個賢明的君主。垂垂老矣的我很快就死了，國民皆感慨嘆息。死後能成為令人惋惜的國王，成了我現在唯一的安慰。

❶沒有人比得過烏魯克（Uruk）城邦國王吉爾伽美什的強大與蠻橫。

❷眾神為了牽制他，派遣野獸人恩基杜到地上。

❸吉爾伽美什和恩基杜不打不相識，結為好友。

❹兩人打倒了怪獸洪巴巴，殺了天上派來的公牛，惹怒眾神，導致恩基杜的死亡。

恩基杜死於熱病

❺吉爾伽美什出宮尋找長生不死的祕訣，烏特納比西丁給了他藥草，但藥草被蛇偷走了（請見196頁）。

❻吉爾伽美什的君王人生圓滿結束。

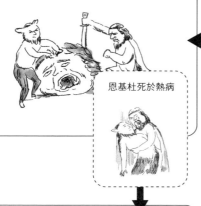

吉爾伽美什的冒險

主題》人類的界限

閃語族的**阿卡德人**（巴比倫與亞述）傳承了**蘇美人**的神話，這些神話用楔形文字記載於黏土板上，有許多缺漏與無法解讀之處。

吉爾伽美什的神話以嚴肅的態度，把死亡理解為生者的界限。我再介紹兩個關於死亡的神話，其中的**阿達帕**跟吉爾伽美什一樣，都與長生不死擦身而過。

▼伊南娜下冥界（蘇美）

住在天上的**豐收女神伊南娜**決定前往姊姊**伊瑞琦嘉勒**（Ereshkigal）所統治的地下**冥界**，她逐一通過冥界的七道門，每經過一道門就要脫下一件身上的物品，王冠、胸針、手鐲……最後已一絲不掛。

出現在伊瑞琦嘉勒面前的伊南娜，已被冥界眾神宣告**死亡**。三天後，伊南娜的侍女寧舒布爾向眾神求助，但四處碰釘子。可能是因為伊南娜把天界與冥界都視為掌中物，招致眾神反感。

不過，水神兼大地之神**恩基**（Enki）讓伊南娜死而復生。但想離開冥界，必須找到代她死亡的替身。伊南娜的丈夫——**植物神杜姆茲**因未替妻子服喪，而被處罰下冥界。結果，每年杜姆茲必須在冥界待半年，剩下的半年則由杜姆茲的姊姊**葛絲堤安娜**（Geshtinanna）輪替。

巴比倫的神話中，伊南娜變成**伊絲塔**，杜姆茲變成**塔姆茲**；希臘神話中則變成**阿芙羅黛蒂與阿多尼斯**的故事（請見九七頁），阿多尼斯（Adonis）的名字源自閃語「Adon」（主）。

▼阿達帕與永生的麵包（巴比倫）

埃里都（Eridu）城邦的守護神**伊亞**創造了人類指導者阿達帕，傳授他智慧。有一次，阿達帕釣魚時，一陣南風颳起，他的船就被浪打沉了。阿達帕盛怒之下，砍斷了南風的翅膀。為此，天空之神**安努**要召見他，伊亞事先給了他一些忠告：「不可吃安努給的麵包和水，因為那是致命的食物。」不過，原本要責備阿達帕的安努改變心意，拿出**永生的麵包與水**招待他，但阿達帕拒吃，失去了得到永生的機會。

古代中東的主要神祇

安（An）（蘇美）／**安努**（阿卡德）
天之最高神、天空之神、創造神
烏魯克城邦守護神
妻子為大地女神琪（KI）

恩利爾
暴風雨神，後來成為事實上的最高神
天空神安努與大地女神琪之子
被稱為「主」（Bel，貝爾）

恩基（蘇美）／**伊亞**（阿卡德）
地神、水神、智慧之神、繁殖之神
淡水之神阿普蘇之子，後來殺了父親

南姆（Nammu）（蘇美）／**迪亞馬特**（阿卡德）
海洋（鹽水）女神
與〈創世紀〉的「深淵」（Tehom）有關

伊瑞琦嘉勒
冥界女神
領導冥界審判官、疫病之神

伊南娜（蘇美）／**伊絲塔**（阿卡德）
豐收女神、戰神、愛神、金星神
與希臘神話的阿芙羅黛蒂有關

烏圖（Utu，蘇美）／**夏瑪西**（阿卡德）
太陽神

夏瑪西將法典授予
巴比倫的漢摩拉比王

馬爾杜克（巴比倫）
巴比倫城邦的守護神、暴風雨神、戰神

巴力（Baal，迦南）
天氣神、雨神、豐收神
「巴力」在希伯來文是「主」的意思
在《舊約聖經》被描寫為和雅威對抗的邪神

雅威（以色列人＝猶太人）
原本是迦南南方的山神、暴風雨神？
與以色列的埃爾神（El）合體，成為戰神
雖是多神教的神之一，
但在西元前6世紀被想像為唯一神

יהוה

希伯來文的雅威，由右向左寫成YHWH，唸法似乎是YahWeh，但大家都習慣唸成Adonai（主），因為真正的讀法不明，後世還出現耶和華（Jehovah）等唸法。

歐西里斯與艾西斯

女神讓死去的神重生

埃及戰神賽特（Set）說道：

❶我的哥哥**穀物之神歐西里斯**是埃及國王，他使大地豐饒，討好人民。我嫉妒哥哥的高人氣，決心殺掉他。穀物遇到暴風雨，只有被摧殘的份。

歐西里斯班師回朝時，我為他開了慶祝會。我製造了一個巨大美觀的**黃金棺材**，展現在眾人眼前，並宣布要把它送給躺進去正合身的人。這個棺材的大小和歐西里斯的身高完全吻合，歐西里斯一進去，我和手下馬上把棺材釘死，丟進**尼羅河**。

然後，我繼承歐西里斯的王位，實行恐怖統治。

歐西里斯的妹妹兼妻子**艾西斯**說道：

❷我四處尋找歐西里斯的遺體，找到之後，瞞著賽特，運用魔法，懷了歐西里斯的孩子**荷魯斯**。但賽特後來找出遺體，加以分屍，並把屍塊散撒在全國各地。我逐一收集屍塊，用魔法讓歐西里斯復活，但他的陽具已經被魚吃掉，找不回來了。我把歐西里斯的遺體製成**木乃伊**，他如今身為冥王，掌管復活的事務。

對屍體進行防腐處理的埃及人對孩子說：

❸死者都想去**西方樂園**，歐西里斯大人離開這個世界，穿過黑暗到達彼世，成為冥王。死者若能像歐西里斯死而復生，就能永遠在來世過著幸福的日子。黑夜降臨時，**太陽神拉**會照亮死者的國度。

❹死者要得到這樣的幸福，必須接受歐西里斯大人的法庭**審判**，宣誓生前未犯罪。《死者之書》中記載了所有能安全通過審判的應對言詞與咒語，所以規規矩矩按程序舉行葬禮是非常重要的。

❶歐西里斯在慶祝凱旋的宴會上，被弟弟賽特關進黃金棺材，丟入尼羅河。

❷歐西里斯的妻子艾西斯找出丈夫的遺體，懷了荷魯斯；賽特又將遺體分屍，散灑在全國各處；歐西里斯重生成為冥王。

❸埃及人期待死後能到歐西里斯的樂園（西方冥界）。

埃及人死後進入冥界，過著跟生前一樣的生活。

❹想要順利到達樂園，必須有周全的準備，
要先將遺體製成木乃伊、再將冥界指南《死者之書》放進棺材。

死者前往審判場

死者必須有條不紊地否定曾經犯罪，如「沒說過謊」、「沒偷過東西」、「沒搞過外遇」。

阿努比斯神（Anubis）會將死者的心臟放在天平一端，另一端則放著瑪阿特女神（Maat）的「羽毛」。若心臟比羽毛重，表示死者的自白是謊言，他的心臟就會被鱷魚頭怪獸吃掉。

冥王歐西里斯

歐西里斯與艾西斯

主題》悲觀的神話與樂觀的神話

▼美索不達米亞與埃及

巴比倫的神話中，人類不過是神的僕從，無法長生不死；埃及神話則比較樂觀，認為人類能跟神一樣獲得不死之身。

埃及人在尼羅河流域豐饒的農耕地帶度日，較少受異族襲擊，今生無比快樂，來世則被視為今生的延長。為了順利進入快樂的來世，埃及人努力製作木乃伊。

古王國時期，埃及盛行崇拜**太陽神拉**，死後樂園則指國王（法老）應去的來世，不過不久後貴族階級也獲准前往樂園。到了中王國時期，**冥王歐西里斯**的樂園變得大眾化，連庶民都夢想死後樂園的生活。於是，在棺材中放入冥界指南《死者之書》成為大家的慣例。

▼個性模糊的眾神與神話

埃及人、巴比倫人及希伯來人語言系統各異，神祇也完全不同。埃及神的數量雖多，但性格不鮮明，起源亦含糊不清。神與神之間也常彼此融合，比如太陽神拉與創造神阿圖姆（Atum）合體，成為**阿圖姆・拉**。此外，埃及神話的描述也不像希臘人般誇示角色個性。

掌管正義與法律的女神瑪阿特是主神之一，依據《死者之書》，冥界的阿努比斯神把死者的心臟與瑪阿特的羽毛分別放在天平兩端，測量死者是否犯罪（請見二〇五頁）。歐西里斯是冥界的主宰者，他的妻子**艾西斯**則是在丈夫死後懷孕的處女神。抱著兒子**荷魯斯**的艾西斯像，後來成為基督教懷抱耶穌的處女馬利亞形象之原型，其他知名的埃及神還有智慧之神**托特**；豐收、美與愛之女神**哈托爾**（Hathor）等。

歷史上有件特別值得一記的事：新王國第十八王朝的阿蒙霍特普四世（Amenhotep IV，前十四世紀）突然大力提倡**太陽神阿頓**的信仰（其神性與拉、阿蒙等太陽神不同），禁止崇拜其他神。似乎是因為當時祭司集團的權力高漲，國王出於政治意圖，才展開宗教改革。不過，好不容易誕生的**一神教**卻曇花一現，在此任國王的任期結束後便消失。

古代埃及眾神

（形象眾多，我只舉出知名的做描述）

太陽神拉

隼頭
頭頂太陽

正義女神瑪阿特

頭上裝飾鴕鳥羽毛

豐收女神、美神哈托爾

戴牛角頭飾
頭頂太陽

歐西里斯（冥界之神）、艾西斯（魔法女神）、荷魯斯（天空之神）

歐西里斯與埃及王（法老）的象徵：兩根錫杖

荷魯斯也被描寫為隼頭人身

歐西里斯頭戴王冠、手持權杖，艾西斯經常被描繪為與荷魯斯相同形象，
也有許多懷抱幼兒荷魯斯的圖象。

太陽神阿頓

（阿蒙霍特普四世的一神教宗教改革）

對後世的一神教產生影響？

智慧之神托特

鷺鷥頭或狒狒頭

醫療神、豐收神芭斯特（Bastet）

貓頭，手持叉鈴（Sistrum）

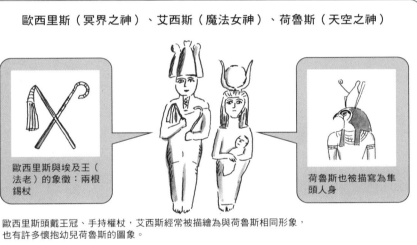

4 阿胡拉・馬茲達與安格拉・曼紐

善神與惡靈的戰爭

波斯智者說道：

❶在我們之間，有些人心中的最高神是太陽神兼契約之神密斯拉，也有些人崇拜其他各式各樣的神，不過這些都不是真正的宗教教義，只有**瑣羅亞斯德**先生宣揚的教義才是真理。

❷瑣羅亞斯德先生說，真正的神是**阿胡拉・馬茲達**，也就是「睿智之主」，只有他具有真正的神性。與他對立的是**大惡魔安格拉・曼紐**，而這個世界是阿胡拉・馬茲達（善）與安格拉・曼紐（惡）的戰場；阿胡拉・馬茲達身邊有六個天使、安格拉・曼紐身邊有六個惡魔輔佐。

❸人類必須自行選擇要站在善勢力或惡勢力那一方，我們當然應該選擇善。成為善神戰士的人，為維持我們民族的純正，應與近親結婚，兄弟姐妹間通婚是最理想的。

另外，飲食需注重清潔。火是用來淨化的神聖之物，垃圾應掩埋或用酸溶解，不可用火焚燒。猛獸、蠍子、蟾蜍都是污穢的，每月需固定一天壓碎青蛙。血液與死亡也是**不潔的**，所以不可觸摸死者，屍體最好任由禿鷹啄食。

❹人類死後，生前的行為會受**審判**。死後四日，靈魂會離開遺體，渡過通往**天國**之橋。多行善事的人過橋時，橋會變寬；作惡多端的人過橋時，橋會變窄，這樣惡人就會倒栽蔥地墜入**地獄**。

❺世界**末日**時，大地會噴出岩漿。**最後的審判**時，善人會覺得岩漿如同牛奶，惡人則覺得像溶解的金屬。不過，據說世界末日前，**救世主蘇仕揚特**會出現，消滅邪惡，開啟無比幸福的時代。

來吧！為你的邪惡人生懺悔，改變你的心，成為善的戰士吧！行善者應公開自己的信仰，無論男女，都在腰間繫上**白色編繩**吧！

然後，每天定時像我們那樣祈禱吧！

❶波斯人與印度的雅利安人原本就關係密切，神明亦有共通之處。

在波斯，友情與契約之神密斯拉相當受歡迎。密斯拉等於印度的密特拉（請見155頁），與佛教的彌勒菩薩屬相同系統，和羅馬帝國盛行的密特拉斯神也有關。

瑣羅亞斯德
（西元前12～前9世紀？）

©Alamy Stock Photo/amanaimages

祭司瑣羅亞斯德的宗教改革（祆教）

神與惡魔的善惡二元論之始，後世的基督教、伊斯蘭教也繼承此思想。

❷世界是善神阿胡拉・馬茲達與惡神安格拉・曼紐的戰場。

❸人類必須為善神服務。為保血統純正而近親通婚屬於善，蠍子、蟾蜍屬於惡。火是潔淨的，死亡是污穢的。

基督教、伊斯蘭教都有兩種審判：「死後審判」與「最後的審判」。

❹人類死後要接受審判。多行惡事者無法順利走過通往天國之橋而掉入地獄。

❺人在世界末日也會受審判，傳說救世主蘇仕揚特會出現。

祆教在薩珊王朝（Sassanid）時期成為波斯的國教，之後因伊斯蘭教抬頭而衰退。現於孟買周圍生活的帕西族（Parsis）是從波斯（伊朗）遷移過來的祆教徒，皇后樂團（Queen）主唱佛萊迪・墨裘瑞（Freddie Mercury）也是帕西人。

©PA Photos/amanaimages

阿胡拉・馬茲達與安格拉・曼紐

主題》善惡之戰與啟示錄

▼善惡二元論之始

印度神話大致把提婆（天）歸於善，阿修羅歸於惡，但善惡對比仍不夠明確。

無論從語言或神話的發展來看，**波斯（伊朗）人**與印度雅利安人的關係都相當密切，在波斯人的世界，祭司**瑣羅亞斯德**進行宗教改革，使善惡原理有了鮮明的對比。祆教的**善惡二元論**，可能影響了之後**猶太教**中神與惡魔對立的主題。西元一世紀從猶太教衍生的**基督教**、七世紀受猶太教與基督教影響而產生的**伊斯蘭教**，兩者皆主張聽從絕對神的話者為良善之人，反之即為惡人。如果這兩種宗教皆受祆教的間接影響，那麼可說瑣羅亞斯德的思想至今仍無遠弗屆。

▼雙重審判之始

善神與惡魔的對照，產生了善人（義人）與惡人（不義之人）的對照，也產生了不同命運的對照——**善人進天國，惡人入地獄**。祆教中，除了個人死後的審判，在世界**末日**也會舉行審判。以祆教的觀點，死亡有兩個層次，一是個人層次，一是世界層次，所以審判也有兩次。

因此，**基督教與伊斯蘭教**也有個人的審判與末日時世界的審判（即**最後審判**）。伊斯蘭教中，「來世」是指末世後的世界，那裡區分為樂園（天國）與火獄（地獄）兩個空間。

為《新約聖經》畫下完美句點的〈啟示錄〉對末世與最後審判有著名的描寫，這個篇章充滿對**羅馬帝國**打壓基督徒的怨念，其中的預言與其說是世界末日，不如說是羅馬帝國的末日，內容是個令人不太舒服的故事，描述神多次以災害、流行病與戰爭殺戮人類。古代中東與地中海世界雖是文明的先進區，但正因為如此，這裡有激烈的戰爭與嚴重的階級差距，在深重的怨念中打轉；從某方面來說，也是個令人絕望的空間。

祆教的善惡二元論

善

阿胡拉・馬茲達 ⟷ 安格拉・曼紐

惡

後世的一神教
（猶太教、基督教、伊斯蘭教）

善

惡

神原本只有一元論

神

創造

天使 ⟷ 惡魔（墮落天使）

說明善惡時，形成神（天使）與惡魔的二元論

墮落

死後的命運
（審判與來世的神話）

善

惡

死後的審判

天國（的狀態） ⟷ 地獄（的狀態）

天國 ⟷ 地獄

最後的審判
（世界末日）

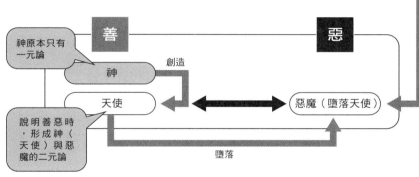

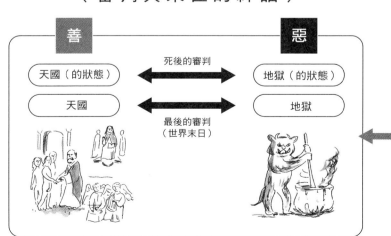

6 亞當與夏娃的失樂園

人類祖先被逐出伊甸園

蛇說道：

❶**神**創造天地、動物、最初的男性**亞當**與最初的女性**夏娃**，我是動物，所以是同時被創造出來的。我看過人類的〈創世記〉，第一章與第二章有些差異。

第一章寫著，神先創造動物，再創造其管理者亞當與夏娃。

第二章寫著，神先創造亞當，再創造動物為亞當的助手，然後神使亞當沉睡，從他身上取下一根肋骨，創造了夏娃。

到底哪種說法才是正確的呢？

也有神學家提出，夏娃誕生之前，亞當是男女同體。這想法真有趣呢！人類實在是很有意思的生物。

❷說到有意思，神的行為也很有意思。神對亞當說：「**伊甸園**中各種樹上的果子，你都可以隨意吃，只是分別**善惡樹上的果子**，你不可吃。」特地種了樹，又叫人不要吃，令我很不以為然，於是我引誘夏娃去吃禁果。夏娃吃了後，也把果實給亞當吃。

亞當與夏娃吃下知識之果後，忽然意識到自己**赤身露體**。神看了他們的樣子，就追問兩人：「你們吃了那棵樹上的果子了吧？」亞當說是夏娃害的，夏娃說是我害的。多相配的一對夫妻啊！

憤怒的神給予夏娃**生產兒女的苦楚**；讓亞當**終身勞苦、汗流滿面才得餬口**；讓我用肚子行走；不過，我覺得沒什麼大不了的。

樂園裡還有**生命樹**，神恐怕他們又摘生命樹的果子吃，會得到永生，就把兩人逐出伊甸園。

似乎因為如此，人類擁有與神同等的智慧，但無法像神一樣長生不死。這話說得真好啊！

《舊約聖經》〈創世記〉的人類創造神話

兩章為不同系統的神話，〈創世記〉編輯過程中將兩章整合。

❶人類的創造

創世記第1章的神話

- 神在第5日創造**魚與鳥**，讓牠們充滿水裡與天空。
- 神在第6日於地上創造**野獸**，並創造**男女人類（亞當）**，管理動物。
- 神在第7日安歇。

創世記第2章的神話

- 神創造天地之後，用**塵土造人**（亞當），把人安置在**伊甸園**。
- 神創造**鳥獸**為人類的助手。
- 神使那人（亞當）沉睡，用他身上的肋骨創造**女人**，那人將女人命名為**夏娃**。

❷失樂園（〈創世記〉2～3章）

- 神創造人（**亞當**），將人安置在伊甸園，吩咐他不可食用**善惡知識樹上的果子**。
- 神創造動物與女人，**蛇**引誘女人去吃善惡知識樹的果子，女人又拿給丈夫吃。
- 神**詛咒**蛇、女人及亞當，使蛇失去腳，女人需受生產之苦，男人需受勞動之苦。
- 人將女人命名為**夏娃**，兩人被逐出伊甸園，無法吃到**生命樹**的果子。

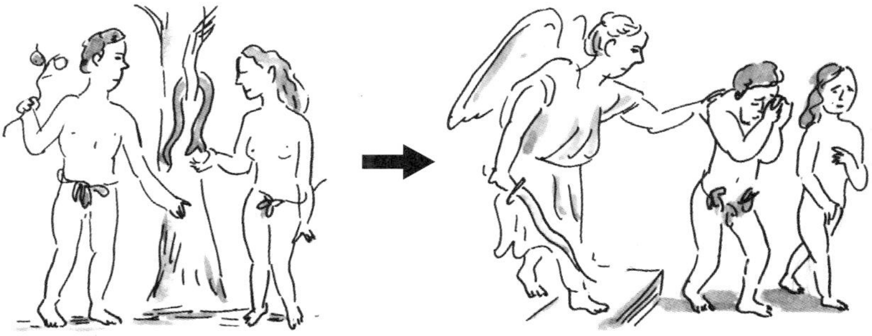

亞當與夏娃的失樂園

主題》神的懲罰

▼知識是罪？

《舊約聖經》〈創世記〉的**失樂園神話**中描述，人類祖先**亞當與夏娃**違背神的囑咐，吃了禁果。神自己在園中種樹，又不許人吃，的確居心不良，但這不是故事的重點。重點在於，人類老是做不該做的事，失敗了又後悔莫及。

伊甸園裡有兩種特殊的樹木，一是**善惡知識樹**，另一是**生命樹**。亞當與夏娃吃了知識樹的果實，得到智慧，但沒吃生命樹的果實，無法長生不死。有人認為，這個神話巧妙地寫出**人類存在的悲劇**：知識（精神）雖不受限，但生命（身體）有限。

從現代的觀點來看，以下的解釋也成立。亞當與夏娃是迎接**青春期**的少年少女，他們進入叛逆期，不聽父母（神）的話。他們得到智慧，同時也意識到**性**（亞當與夏娃初次察覺自己赤身露體）。伊甸園象徵兒童時代，不知勞苦、毫無死亡的陰影；失樂園則象徵成人時代，必須日日為生計操勞，恐懼死亡的來臨。

▼文明是罪？

亞當、夏娃生下**該隱與亞伯**，神看不上農民該隱所獻的穀物，看中游牧民族亞伯所獻的羔羊。該隱妒火中燒，就殺了亞伯。

到了**挪亞**的時代，神見人類充滿罪惡，就想用**洪水**消滅人類。只有挪亞一家是義人，才得以存活。這個神話是**天國與地獄神話的先驅**，告訴我們「善人被拯救，惡人被消滅」。

洪水退去之後，人類聚集在一起，建造城市與高塔。神將人類的語言打亂，不同民族講不同的語言，人與人之間變得無法溝通。於是，他們放棄建造那座城市，而那座城市名叫**巴別**（Babel，巴比倫首都的名稱）。後來，神還天降硫磺與火在惡貫滿盈的**索多瑪**城，虐殺居民；〈創世記〉裡的神憎恨所有的都市文明。

現代的失樂園神話

約翰・密爾頓（John Milton）《失樂園》（Paradise Lost）（敘事詩，1667年）

描寫惡魔的神學敘事詩，墮落天使惡魔路西法（Lucifer）因為引誘夏娃變成蛇。

古斯塔夫・多雷（Paul Gustave Doré）在版畫中描繪的惡魔路西法

菲力普・普曼（Philip Pullman）《黑暗元素三部曲》（His Dark Materials）（兒童文學 1995～2000年）

少女萊拉（Lyra）經由科幻旅程，揭發教會的密謀；萊拉的角色相當於現代夏娃，透過與身在平行宇宙、相當於亞當的威爾（Will）的聖婚來拯救世界。這部神話採取無神論的立場，批判基督教傳統上總將性與女性和罪惡相連結。

黃金羅盤　奧祕匕首　琥珀望遠鏡

安德烈・塔可夫斯基（Andrei Arsenyevich Tarkovsky）《犧牲》（The Sacrifice）（電影 1986年）

厭世的主角亞歷山大為阻止世界戰爭而向神祈求，如同《舊約聖經》中的獻祭，他放火燒了自己的房子。電影中有種植枯樹的畫面，枯樹象徵伊甸園的生命樹，意味與神和解；另外，對喜歡日本的塔可夫斯基導演來說，種植枯樹成了由死轉生的「花道」。

《犧牲》1986年
安德烈・塔可夫斯基、卡汀娜・法拉格（Katinka Farago）

〈創世記〉中「背離神」（＝犯罪）的神話

該隱殺亞伯

挪亞大洪水（請見199頁）

巴別塔

索多瑪的滅亡

摩西出埃及記

分開紅海，解放子民

慶祝**逾越節**的猶太人說道：

孩子們啊！仔細聽好了，這個節日是為了紀念神在我們**以色列人**身上所行的奇蹟。

❶神與**亞伯拉罕**先生立約，此應許之約包括以撒（Isaac）先生、雅各先生及約瑟先生在內。約瑟先生在**埃及**功績彪炳，被立為宰相，我們以色列人在當地也十分興旺。但後代法老不知約瑟的事蹟，開始迫害我們，我們在埃及就成了奴隸。

❷法老吩咐民眾殺死以色列人的嬰孩，有個以色列女子將嬰孩裝進蒲草箱，放入尼羅河。法老的女兒撿到他，將他取名**摩西**，摩西先生就在埃及王宮中長大。

❸摩西先生成年後，有一天，看見一個埃及人打希伯來人，他就殺了埃及人，然後逃亡。某次，他看到沙漠遠方的山上柴火燃燒，久久不滅，並聽見了亞伯拉罕先生的天音：「拯救你的同胞。」

❹摩西先生去見法老，請他放了以色列人，但遭拒絕。於是，神在埃及降下**十種災禍**：尼羅河水全變成血水，魚都死光了；大量青蛙、虱子、蒼蠅遍布埃及，引發家畜傳染病；人與家畜身上長瘡；降冰雹；蝗蟲大舉來襲；天地黑暗；最後，埃及的所有長子都死亡。

神降下最後一項災禍時，事先要以色列人把**羔羊血**塗在家門口的柱子與門框上，這樣災禍就會「越過」塗著血的房屋；這就是逾越節的起源。

❺法老終於放了以色列人，幾十萬以色列人越過沙漠，前往「流著奶與蜜之地」的迦南美地。但**紅海**阻擋了眾人的路途，於是摩西向神祈求，神就把水分開，讓以色列人平安渡海。法老後悔釋放奴隸，派追兵前來，不過追兵渡海時，神讓海水恢復原狀，追兵全軍覆沒。

❻摩西先生成為以色列人的領導者，神直接將「十誡」授予他，十誡是《聖經》的重心。所以，孩子們啊，要遵從《聖經》上的道理，這樣的話，神就會永遠保護以色列人民。

《舊約聖經》〈出埃及記〉的摩西神話

❶以色列人（猶太人）起源自族長亞伯拉罕。

亞伯拉罕
↓
以撒
↓
雅各
↓
約瑟

從迦南到埃及

❷經過數百年，以色列人增加；嬰兒摩西逃過法老的迫害。

❸在埃及王宮長大的摩西，殺了一個埃及人，逃往沙漠，在那裡遇到神。

❹法老不肯放走以色列人，神便在埃及降下十種災禍。

十種災禍
- 血染尼羅河
- 青蛙
- 虱子・蒼蠅
- 引發家畜傳染病
- 人與家畜身上長瘡
- 冰雹・蝗蟲
- 黑暗・長男必死

以色列人把羔羊血塗在家門口的柱子與門框上，災禍會「越過」有此記號的房屋→猶太教「逾越節」的起源

❺以色列人被釋放，前往「流著奶與蜜之地」的迦南美地。途中遭紅海阻擋，但神使海水退去。

❻神授予摩西十誡與律法，十誡與律法是（舊約）《聖經》的核心。

摩西十誡
- 禁止崇拜其他神
- 不可拜偶像
- 不可妄稱神之名
- 守安息日
- 尊敬父母・不可謀殺・不可姦淫・不可偷盜
- 不可作假見證陷害人・不可貪戀他人的房屋、財產

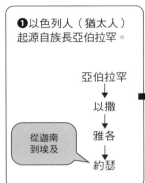

摩西出埃及記

主題》共同體與戒律

▼擺脫剝削，打造新的共同體

《舊約聖經》〈出埃及記〉敘述古代以色列人（猶太人的祖先）從埃及的奴役中解放，這個故事可能是少數幾名**奴隸的逃亡事件**加油添醋寫成的。嬰兒摩西奇蹟似的倖存、接受神的召命、神在埃及降下十災、分開紅海的神蹟、神親自在石板寫下戒律等，完全是童話般的故事。

這個神話也是優秀的**政治敘事**，它的主旨是：逃出黑暗，創造一個在法律保護之下的平等社會吧！所以，在革命興起、打造新社會時，〈出埃及記〉能帶來很大的激勵。例如，**美國國民**有「擺脫舊大陸君主政體的剝削，在含有人權條款的合眾國憲法之下建立平等國家」的「神話」，篤信這個神話的人，也會對摩西神話產生共鳴。就像以色列人橫渡紅海，美國人更進一步橫渡了大西洋。

▼猶太人的歷史

西元前二千年後半，名為以色列的**半游牧民族**聚集在**迦南**（今天的巴勒斯坦一帶），以**雅威**之名團結在一起，採用〈出埃及記〉為民族起源故事。西元前一千年左右，他們在**大衛王**的領導下建立統一王國。王國不久即分裂，之後被亞述與巴比倫人征服；北半部人民四散消失，南半部的一部分人民被巴比倫**俘虜**（前六世紀）。以色列人（此時開始稱**猶太人**）失去國土後，將雅威解釋為超越民族的**唯一絕對神**，以宗教為認同的起源。猶太人為了不與其他民族混雜，以無數戒律保持血統的純正。他們蒐集神話與戒律，編成「律法」（《舊約聖經》的核心）。

西元一世紀，猶太教衍生出**基督教**。基督教以猶太人「拿撒勒的耶穌」（Jesus of Nazareth）為救世主，摩西拯救以色列人，耶穌則拯救全人類；以神話的格局來看，基督教略勝一籌（請見二二四頁）。

政治的神話
「神授予法律」

巴比倫

服從神授予
漢摩拉比國王的法典

漢摩拉比國王
從神手中接受法典

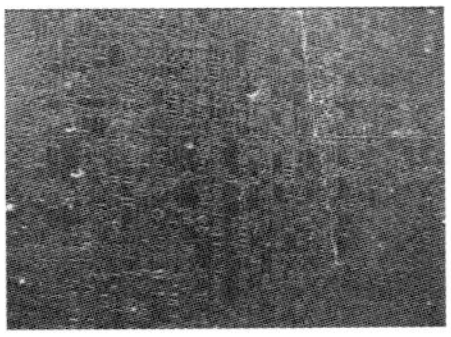

漢摩拉比法典
（西元前十八世紀完成）

196條：倘自由民毀壞另一自由民之眼，毀人眼者，人亦毀其眼。
200條：倘自由民擊落另一自由民之牙，則人亦擊落其牙。

猶太教

服從神授予摩西的律法

摩西頒布神授予的十誡

律法（《舊約聖經》的一部分）
（西元前四世紀之前所編纂）

伊斯蘭教

服從神授予穆罕默德的
《可蘭經》

穆罕默德接受天使的啟示

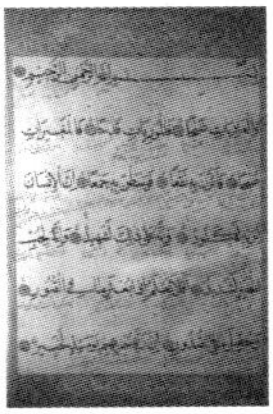

《可蘭經》
（西元七世紀編纂）

猶太教的律法與伊斯蘭教的《可蘭經》並非完整的法律文件，而是宗教的訓誡，穿插神話與小故事，勸人向善。

漢摩拉比法典中「一報還一報」的懲處原則看起來相當嚴酷，但也設下界線，防止復仇行動升級到「以命還眼」。

善人約伯的苦難

苦難不是自己的錯

撒旦再度説道：

❶某日，我對**神**説：「**約伯**讚美你，極力遵守你的教誨，不過是因為你給了他**幸福**的人生。若你讓他陷入**不幸**，他應該會馬上詛咒你喔！」

神説：「好吧，你可以照自己的意思，試試看約伯會不會動搖，但不可以殺害他。」神與我打賭約伯不會變節。

❷我讓盜賊襲擊約伯的僕從；讓狂風吹倒他家，壓死他的孩子；又讓他得到嚴重的皮膚病。約伯失去了孩子和財產，不只為疾病所苦，還身敗名裂。因為世人認為，他吃這些苦頭，是**上天對惡人的懲罰**。

但值得佩服的是，約伯並沒有咒罵神喔！這場打賭我輸了。

❸故事仍然繼續，約伯的**朋友**去找他，不但沒安慰他，反而開始説教：「無風不起浪，你好好反省自己的罪吧！你遭受這些災難，一定都是**你的責任**。」

但約伯説：「我沒有錯。」他堅持己見，看似執迷不悟，但實際上他才是對的。他的苦難，不過是我和神的胡鬧。即使沒風，依然會有浪。

❹故事的結局如何呢？最後神現身，向約伯等人展現大能，顯示「以人的智慧推測神的意圖，是白費功夫」。約伯心悅誠服，然後神責備了約伯的朋友，他們一臉莫名其妙。

這件事告訴我們，人類相信因果報應，但沒有人能看透真正的因果報應。善人可能遭遇困境，惡人也可能繁榮昌盛。

所以，看到有人處境艱難，不要對他們説「這是你自己造成的」，因為這一切可能是撒旦的惡作劇。

❶天上的神跟撒旦打賭：若在眾所周知的善人約伯身上降下災禍，他會不會詛咒神？

❷撒旦殺了約伯的孩子和僕從，還讓他得了嚴重的皮膚病，但約伯對神沒有怨言。

❸約伯的朋友對他說教。

朋友A「按我所見／耕罪孽、種毒害的人／都照樣收割」（第4章）
朋友B「你若殷勤的尋求　神／向全能者懇求／祂必定為你起來／使你公義的居所興旺」（第8章）

❹神現身，約伯承認神是超越人類智慧的存在。

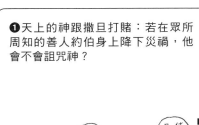

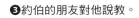

善人約伯的苦難

主題》因果報應的界限

▼〈約伯記〉的旨趣——否定因果報應

〈約伯記〉的神話富有哲學意涵，或許是因為經過許多不同階段才編寫完成，內容有些雜亂無章，不過我們可以把重點放在**對因果報應說法的否定**。

「有因就有果」這個思考邏輯是合理的，只不過，人類無法看到事情所有的原因，也無法預測所有的結果，而不完整的因果推論會造成錯誤，宗教的因果報應說（善有善報，惡有惡報）也存在漏洞。

〈約伯記〉的設定是約伯沒有過錯，約伯陷入不幸不是他自己造成，而是神和撒旦心血來潮打賭的結果。雖然神的行為很不負責任，但既然是虛構的故事，我們就姑且不計較。有問題的地方在於，約伯的朋友以因果報應說責備沒犯錯的約伯。他們說，自己身上發生的惡果一定是自己種下的惡因，而〈約伯記〉的作者否定這種想法。

▼親鸞對因果論的看法

日本僧侶**親鸞**也懷疑因果論，他在《歎異抄》中提到：「念佛誠然可為往生淨土之因，抑或可為墮落地獄之業，全然非我所知。」念佛是善行，正統派傳道者認為，此善行會產生往生極樂的結果。親鸞敢冒大不韙，故意裝糊塗，說「非我所知」，就是因為不想囿於因果論。親鸞還提出著名的惡人正機說：「善人尚且往生，況惡人耶？」再次打亂「善人的善行（原因）→往生的救渡（結果）」的邏輯。善人容易相信靠自己的力量行善就會得到回報，這是善人的**傲慢**。但是，這樣的傲慢可能導致下地獄。

〈約伯記〉的涵蓋範圍廣大，能刺激大眾思考各種問題。例如，富人總會不經意地說：「能過上流社會的生活是靠自己努力，貧窮是**自己的責任**。」但是，有些人是因為家境好才有機會受高等教育，也有人未經任何努力就能使資產增加，這些都不能說是個人努力的結果，〈約伯記〉甚至能讓人思考到這類問題。

對因果報應的各種看法

	因果報應論者	認為因果報應論有其限制者
生病	正確養生就不會生病，生病是因為不重養生。	有遺傳性疾病，也有不可抗力的流行傳染病
貧窮	貧窮是自己的責任	有許多超乎個人的因素，如家庭環境、階級差距、經濟制度
災害	自然災害並非天災，而是政府懈怠等人為災害	最近愈來愈常發生超乎預期的災害與處理能力不堪負荷的事態
英雄神話	英雄以智慧和勇氣打敗怪獸，贏得美人歸 	也有英雄陷入不幸或死於非命（請見64頁的倭建命與146頁的伊底帕斯） 
一神教	神的審判通常是正確的，會使善人有善報、惡人有惡報	神的正義有時不會在今生實現（留待來世解決），所以不要光從外表的結果判斷
佛教	業（Karma）的法則是絕對的，善人可望幸福，惡人必將不幸	業的法則可能在輪迴的下一世才出現，所以不要光從外表的結果判斷

基督的救贖

救世主耶穌背負人類的罪

拿撒勒人耶穌的信徒說道：

❶不管怎樣，木匠的兒子耶穌是救世主（基督）喔！大家都說他**讓瞎眼的得以看見、死人得以復活**，從前先知所說的話都應驗了。

救世主出現，就表示這個世界要變成**神的國度**了，天哪！異教徒羅馬軍應該會因為神的力量而煙消雲散吧！這是革命啊！人生雖苦，但辛苦終將有回報，謝天謝地！

耶穌被羅馬總督處死後，信徒說道：

❷聽到耶穌先生被處死的消息後，我眼前一片漆黑。但是，耶穌先生**復活**了。當然是那樣！他**出現**在抹大拉的馬利亞與門徒彼得先生等人面前。

你或許不相信，但耶穌基督**克服了死亡**喔！若我們相信基督，就能**得永生**。

耶穌先生現在在天堂等待，他馬上就會再來。在我有生之年，**世界會終結**，壞傢伙都會受審判，我們善人都能去**天國**，多麼幸福！你們大概不會懂吧！

等待著**遲遲不再來臨的耶穌**信徒說道：

❸祖父、父親都一直在等，但耶穌還沒再來。即便如此，我們仍相信**教會的教導**。

無法遵守神的戒律者都是罪人，基督被**獻祭，讓人類所有的罪一筆勾消**。因此，人類不需煩惱無法完全遵守戒律的事。一想到我們的祖先每天為遵守戒律到快發瘋的地步，就覺得我們非常幸運。我們要忠於為我們而死的基督，這就叫信仰。

基督一定會再來，之前已死的人，在他再來時，會從墳墓中起來，站在他面前。我們都是虔誠的信徒，努力**愛鄰人**，**來世**一定能進天國。這是何等幸福的事！

《舊約聖經》
先知預言救世主將出現。

《舊約聖經》（〈創世記〉、〈出埃及記〉、〈以賽亞書〉、〈詩篇〉、〈約伯記〉等）是猶太教與基督教的經典

耶穌基督傳承

生

❶耶穌傳承：傳道

治癒病人、讓死者復活
提倡愛、批判支配階級

拿撒勒的耶穌（西元前4年～西元30年）以猶太教徒的身分從事宗教活動，被稱為救世主（彌賽亞、基督）。
真實狀況不明。

❷耶穌傳承：受難

猶太教的祭司與羅馬總督
判處耶穌釘十字架。

死

福音書
〈馬太福音〉、〈馬可福音〉、〈路加福音〉、〈約翰福音〉

保羅書信
〈羅馬書〉等

啟示錄

《新約聖經》是基督教的經典

復活

死後的神學①

「罪」與「死」從人類祖先亞當開始。
救世主耶穌擔負了人類的「罪」，
從「死」裏復活。

再臨

死後的神學②

耶穌將於世界末日再臨，
實施最後的審判。
善人進天國，惡人下地獄。

基督的救贖

主題》救世主

▼從英雄到救世主

古典神話中的英雄拯救他人，可能是為了自己的名譽。如果一心將注意力集中於助人，就會成為像彌勒、阿彌陀、摩西、耶穌一樣的新時代英雄（相當於救世主）。依猶太人的傳統，說起「彌賽亞」，就是指太古時期的**大衛王**再來。「彌賽亞」是希伯來文，希臘語譯為基督（Christos，英文為Christ）。

▼耶穌的神話化、神學化

拿撒勒的耶穌（西元前四年至西元三十年），人稱基督，被認為是大衛王的子孫，相傳他出生於伯利恆，也就是大衛王的出生地。他由處女所生，像釋迦一樣拒絕了撒旦的誘惑，如《舊約聖經》中的先知所預言，顯示治癒病人、讓死者復活等奇蹟。不管這些是不是史實，**福音書**中描寫的耶穌根本就是神話英雄。

如果耶穌是傳承大衛血統的彌賽亞，他理當興起革命，建立猶太神權國家，但出乎意料地，他被官吏逮捕，被羅馬總督處死。如果你以為這股神話熱潮會就此消失，那你就錯了，之後信徒又打造他**死後復活**的傳說，耶穌成了靈魂的救世主，而非政治上的救世主，這就是基督教的起點。

耶穌的徒孫**保羅**是個活躍的神學知識指導者，依據他寫給各地教會的信，耶穌是神的兒子，他克服了隨著人類祖先**亞當**而來的**死與罪**，達成**復活與救贖**（請見二二五頁）。信他者則得救，即使未遵從猶太教相傳的律法，只要有信仰就能得救，這是新神話的開始。

到了五世紀，教會將猶太教的雅威和耶穌賦予「父」與「子」的位格，之後又加上對信徒作工的「聖靈」；亦即同一個神分為聖父、聖子、聖靈三種不同形態。此複雜難解的思想稱為**三位一體**，如此一來，救世主就成了神。

末日狂熱與救世主

佛教

彌勒

彌勒菩薩成佛、現身救渡之地將成樂園，
不過傳說他成佛需要56億7千萬年……。

布袋和尚

唐代傳說中的和尚，大腹便便，
被視為彌勒的化身，
也是日本的七福神之一。

身祿

日本江戶時代富士山信仰團體的修行者，
被視為彌勒轉世。

祆教

蘇仕揚特

世界末日時由處女所生的救世主。
末日時會有岩漿噴出，淨化大地。
完成了只有善，沒有惡的世界。

基督教

耶穌基督

①認為宣揚「神的國度」將至的耶穌是彌賽亞／基督，但耶穌被處死。
②信徒打造死後復活的傳說，愈來愈多人相信「耶穌馬上會再來，世界末日快到了」。
③〈啟示錄〉中描述，世界末日會出現**千年王國**（Millennium，又譯為千禧年），之後會舉行最後的審判，天國與地獄會出現。

④主流派教會認為千年王國是教會的比喻，但新興宗教團體相信字面上的意義，期待世界末日的到來。

猶太教

彌賽亞

基督教視耶穌為基督（彌賽亞），但對猶太教徒而言，彌賽亞尚未出現。17世紀有一場著名的彌賽亞運動，由撒巴台・澤維領導。他自稱彌賽亞，但在遭統治者拘禁、審問之後，改宗為穆斯林，令許多猶太人絕望。

伊斯蘭教

馬赫迪（Mahdi）

初期指創始人先知穆罕默德，後來指世界末日出現的救世主。蘇丹民族英雄穆罕默德・艾哈邁德・馬赫迪（Muhammad Ahmad Mahdi）宣稱自己是救世主馬赫迪，發起民眾起義，廣受支持，馬赫迪為什葉派（ash-shia）的核心教義。

摩尼的救渡

獲得靈知乃至救渡

先知**摩尼**的信徒說道：

我們的救主摩尼說：

❶從前，明尊（Father of Greatness）**察宛**（Zurvan）所統治的明界被暗魔阿利曼（Ahriman）侵襲。明尊創造了最初的人類**奧爾馬茲達**（Ohrmazd），但奧爾馬茲達的軍隊敗給了阿利曼，光明分子被黑暗世界吞噬。

❷暫時失去意識的奧爾馬茲達想起了自己的秉性，被救回光明世界。這暗示了我們人類即使被囚禁於黑暗世界，不久仍會被本性喚醒而得救。

❸救出奧爾馬茲達的神彌爾（Mihr）逮捕了惡魔，用他們的身體創造**天界與行星**，使他們排出光，形成**太陽與月亮**，宇宙就是這樣來的。光明使者以**裸女或裸男**之姿現身於惡魔面前，色慾薰心的惡魔便以射精或流產的方式將光明分子釋放出來。

❹惡魔創造出兩個形體，禁錮著其所排出的光明分子（人類的靈魂），這兩個形體就是**亞當和夏娃**。所以，人類是藉由惡魔的業（**性行為**）而使邪惡肉身不斷轉世，為了拯救自己，我們必須禁慾。

❺我們每個人都是**光明與黑暗決戰的舞台**，我們忘卻了過去的歷史，找不到靈魂的故鄉。我們需要**靈知（Gnosis）**，幫我們想起真正的故鄉。

❻宇宙之外的「光明耶穌」能給予我們靈知，因為光明耶穌的運作，**挪亞和亞伯拉罕**等以色列先知、伊朗的**瑣羅亞斯德**、印度的**佛陀**、羅馬帝國的**耶穌**等被派遣到世上，但他們每個都因為愚蠢弟子的阻礙，無法完成救渡事業。

基督教會將耶穌被釘十字架解釋為救贖，但這種說法是錯的，被釘在十字架上的，不過是耶穌的幻影。

❼為導正錯誤，**最後的使徒**摩尼先生被派遣到世上。摩尼先生所宣導的教義，將所有宗教的教義整合在一起。我們遵守摩尼先生的教誨，過著**禁慾生活**，拋棄虛偽的世界，期待回歸光明世界。

摩尼教的神話、神學

❶暗魔阿利曼侵襲明界，擊敗了最初人類奧爾馬茲達的軍隊。

源自祆教的惡魔「安格拉・曼紐」

❷失敗的奧爾馬茲達被救渡，這是人類救渡的原型。

源自祆教的善神「阿胡拉・馬茲達」

❸彌爾神取出被惡魔囚禁的光，創造太陽與月亮。光明使者以裸男、裸女之姿誘惑惡魔，使惡魔以射精、流產的方式排出光明分子。

源自波斯的傳統神祇「密斯拉」

❹亞當、夏娃的體內禁錮著光明分子，透過性行為，這樣的身體不斷被生產出來。

源自《舊約聖經》的失樂園神話

❺人類的靈魂即光明分子，有了靈知，靈魂才能從幽禁的世界回到光明世界。

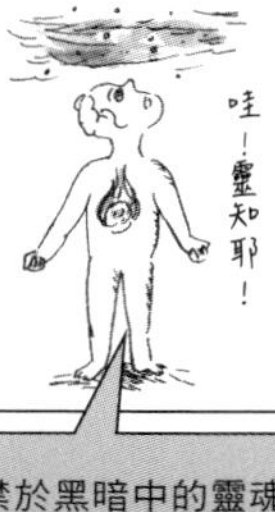

被囚禁於黑暗中的靈魂因靈知而得救，這點和諾斯底主義相同。

❻瑣羅亞斯德、佛陀和耶穌是被派遣到世上的使徒，但他們的救渡眾生大業並沒有成功。

摩尼教混合了祆教、佛教及基督教

❼摩尼是最後的使徒，人類就此被救回光明世界。

先知摩尼
（216～277年）

摩尼被稱為「封印先知」（最後的先知），但幾世紀後出現的伊斯蘭教也視該教鼻祖穆罕默德為「封印先知」

摩尼的救渡

主題》疏離

▼諾斯底主義

摩尼教因混合了多種宗教而雜亂無章，想像的內容又荒誕無稽，也許令你十分驚訝，不過在當時（二至五世紀）的地中海一帶，神話的想像力持續處於爆發狀態。**諾斯底主義**是當時相當盛行的宗教思想，雖有許多流派，但基本上皆主張「宇宙由**惡神**所造，個人的靈魂**囚禁**於邪惡的宇宙中」。宇宙之外有**善神**，對個人進行救渡。個人能透過靈魂，得到真正救渡所需的**靈知**。

諾斯底主義影響了一部分**基督徒**，也影響了**摩尼教**，摩尼教的善惡二元論、靈魂的靈知及救世主信仰皆來自諾斯底主義。

基督教主流派摒棄諾斯底主義，建立正統的教義。依據基督教義，創造宇宙的神（《舊約》中的雅威）、拯救宇宙的神（《新約》中的基督）、對信徒作工的聖靈都是同一個神，這就是不可思議的**三位一體**說。

順道一提，依據印度的**佛教**，世界被煩惱所桎梏，真正的解放來自涅槃這個神祕空間，而個人靈魂深處由名為「佛性」的靈知所規範。藉由冥想開發自己的佛性，或向神話中的佛陀、菩薩祈求，都能達成個人的救渡。佛教並沒有惡神創造天地的神話，此外**大乘佛教**主張迷惑的世界與覺悟的世界是表裡一體的（煩惱即菩提），這點也不像諾斯底主義那麼悲觀。

▼民眾的疏離與充滿怨念的宗教

當時，出現了羅馬帝國、印度貴霜王朝（Kushan Empire）等**超越民族的帝國**，村落社會、民族共同體崩解，迷你版的全球化社會產生，因此許多人精神上如同**浮萍**無所依歸，不信任社會（因為是由惡神所造），只熱中於追求自己靈魂的智慧、期待神祕的救世主降臨，那是個疏離的時代。

現代社會也走向全球化，是很容易對諾斯底主義起共鳴的狀態。這將使民粹主義迅速蔓延，人眾心懷仇恨，認為社會上所有訊息都是假的。

諾斯底主義的世界觀

真正的世界位在宇宙之外，救世主的本質是沒有肉體的精神。

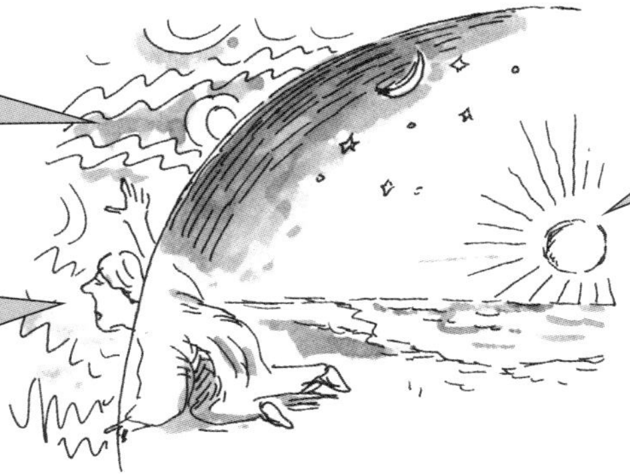

宇宙是由惡神所造，肉體是靈魂的牢獄，社會上沒有救渡。

個人的靈魂與存在於宇宙外的真理是一體的，人類需要靈知才能想起這件事。

大量生產疏離個人的社會容易產生諾斯底主義？

只有我知道真相

內界的真理

兩極分化

明天開始就不用來了喔
社會充滿陰謀

外界的陰謀

動畫所描繪的疏離與救渡❶

庵野秀明《新世紀福音戰士》

(與社會疏離) 碇真嗣必須駕著「EVA」，在「使徒」襲擊、進行人類補完計畫的荒唐世界中不斷戰鬥。

(主觀的救渡) （電視版結局）突然進入主觀的世界，所有人類皆得到救渡。

新世紀福音戰士
（1995～1996年）
庵野秀明、GINAX

動畫所描繪的疏離與救渡❷

新海誠《你的名字》

(與社會疏離) 立花瀧煩惱自己社會適應不良的問題，似乎忘了某件重要的事（忘了自己是拯救者）。

(只拯救你我) 實際上，他救了整個系守町，讓當地人避開了迪亞馬特彗星撞擊的災難；如果能遇見共同知道真相的三葉……。

君の名は。

《你的名字》
（2016年）
新海誠、CoMix Wave Films Inc.

穆罕默德的天界之旅

先知到天界遊歷

先知穆罕默德的信徒述說**夜行登霄**的故事：

❶神的使徒穆罕默德受阿拉啟示後第八年的某一天，**大天使加百列**（Archangel Gabriel）來敲他投宿的家門。他開門後，看見一隻驚人的人面馬身動物，名叫**布拉克**（Buraq）。他騎著布拉克，在天使的指引下，飛過夜空，來到**耶路撒冷**的聖殿。

❷大天使加百列拿出三個杯子，分別裝著奶、酒及水，要使徒穆罕默德選一個。使徒選擇了奶，一飲而盡。天使告訴他：「你喝奶是對的，你的教生將全部免入火獄。若你選擇葡萄酒，你的教生將誤入歧途；若選擇水，你的教生必將溺水。」

❸然後，布拉克將使徒穆罕默德帶往天界。使徒順利從**第一層天飛到第七層天**，而每飛上一層天，需要五百年的時間，但使徒覺得一瞬間就到了。

使徒在不同層天遇見了偉大的天使與過去了不起的先知，包括**施洗者約翰**（John the Baptist）、**馬利亞之子耶穌**、以色列王**大衛**、十誡的**摩西**、人類祖先**亞當**等人。

❹在第七層天，使徒穆罕默德聽到**神**的聲音。神告訴他，所有穆斯林每日必須禮拜五十次。使徒離開後，告訴摩西這件事。摩西說：「沒有人受得了每天五十次禮拜，你回去請神減輕義務吧！」使徒請求神，神答應減少五次，摩西仍說：「再請求更少一點吧！」使徒多次往返請求，終於改成每天只需**五次禮拜**。所以直到現在，我們仍每天面向麥加禮拜五次。

❺隔天早晨，使徒告訴大家這個奇蹟。那些褻瀆者說：「誰會相信這種鬼話？你說說看耶路撒冷是什麼樣子！」在漆黑的夜晚，使徒無法看清沿途景色，但天使向他展現了立體的全景，所以他能鉅細靡遺地回答。他還展示了其他證據，所以眾人相信他就是神派來的使徒，也相信他見到了**樂園與火獄**。

先知穆罕默德的夜行
（從麥加到耶路撒冷的夜之旅）
與登霄（飛上天界）

❶某日，大天使加百列帶穆罕默德夜間旅行，
坐騎是布拉克，一匹人面馬身、有翅膀的動物。

❷在耶路撒冷，
天使拿出3種飲料，
要穆罕默德選擇1種。

奶→所有人得救（穆罕默德的選擇）
酒→誤入歧途
水→溺水

❸穆罕默德升上七層天，
見到了耶穌、摩西、
亞當等從前的先知。

❹神吩咐一天必須禮拜五十次，
穆罕默德聽從摩西的忠告，
請求神將禮拜減為五次。

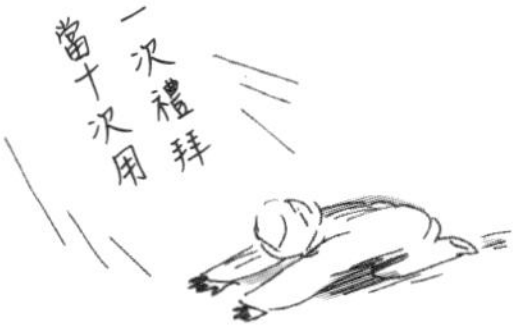

❺隔天早晨，先知將此事告訴大家。因天使將耶路撒冷展現在先知眼前，
得以詳細說明景色。
於是，大家相信了
先知的話。

穆罕默德的天界之旅

主題》神話與權威

▼賦予穆罕默德權威的神話

伊斯蘭教的鼻祖，**先知穆罕默德**，在信徒的神聖共同體中是如同薩滿的政治家。從麥加到耶路撒冷的夜行、升上**七層天**，這種神話般的逸聞，在穆罕默德的傳記中是相當罕見的，但比起《舊約聖經》、〈啟示錄〉、摩尼教、諾斯底主義天馬行空的神話，夜行登霄就顯得平凡無奇了。這個故事的重點在於，透過**多層天界**的昔日**先知**確定穆罕默德的權威，以及伊斯蘭教五次**禮拜**儀式的根據。多重天界的描述，顯示伊斯蘭教與基督教使用了相同的古代神話。

基督教的故事中，**大天使加百列**（阿拉伯語為吉卜利勒〔Jibrīl〕）告訴聖母馬利亞她將懷孕，生下神的兒子耶穌；而在伊斯蘭教，他向穆罕默德傳授阿拉的話語——《可蘭經》；在夜行登霄神話，他帶著穆罕默德前往天界。

▼神話與去神話化的弔詭

麥加貿易商人穆罕默德受神啟示、創教，是西元**七世紀**的事。

穆罕默德是誠實、能幹的政治家，他成功統一了阿拉伯社會。**沙里亞法**（Sharia Laws，伊斯蘭律法）將神的啟示與穆罕默德的言行系統化，作為穆斯林的行為規範；**伊斯蘭共同體**的神權政治理想現已遍及北非、西亞、印度周邊到東南亞這片廣大區域。

《可蘭經》所傳達的主要訊息是現實社會的運作方式，神話只是其中的片段。伊斯蘭教的**實務性**或許在於脫去多神教的神話色彩，形成一神教的極致樣貌。不過，要讓人生的所有面向都反映阿拉的意圖，這種**絕對權威的結構**本身依舊是神話吧！

相信救世主死後復活這種虛構故事的基督教社會，現在也走向現代化與去神話化（Demythologization）；伊斯蘭教社會信奉注重實務的可蘭經，卻對現代化無比抗拒，這就是一神教神話權威結構所蘊含的弔詭。

當然，唯一神所創造的世界仍殘存多神教的天使、救世主、先知、聖人等，這也可說是一神教共通的弔詭之處。

大天使加百列＝吉卜利勒

基督教
加百列告訴聖母馬利亞
她懷了神的兒子。

伊斯蘭教
吉卜利勒向穆罕默德傳授阿拉的話語
——《可蘭經》。

各式各樣的天使

熾天使（Seraphim）
《舊約聖經》中
描述他展現神的榮光。

中世紀基督教的天使9等級
①熾天使
②智天使（Cherubim）
【象徵權威的5個天使】
③座天使（Ophanim）
④主天使（Dominions）
⑤力天使（Virtues）
⑥能天使（Powers）
⑦權天使（Principalities）
⑧大天使（Archangels）
⑨使者（Angels）

智天使
《舊約聖經》中
看守約櫃的一種狛犬。

或長著人、獅子、牛、
鷲四個頭的怪物？

（以基督教的說法，四個頭
分別象徵馬太、馬可、路加、
約翰四福音書的作者）

基督教的大天使
米迦勒
（率領神的軍隊）
加百列
（告知馬利亞懷孕）
拉斐爾（Raphael）
（名字的意義是
「神會治癒你」）

伊斯蘭教的大天使
吉卜利勒
（傳達啟示）
米迦勒（Mikail）
（幾乎未提及）
伊斯拉菲爾（Israfil）
（吹響末日號角）
亞茲拉爾（Azrael）
（死亡天使）

何謂天使？
- 無性別之分，但因希臘語的天使「Άγγελος」（Angelos）是男性名詞，所以天使多被描寫為男性。
- 任務是展現神的榮光、替神傳令；傳令的角色類似希臘神話的荷米斯（請見106頁）。
- 有時被描繪為長著翅膀的小孩，容易與希臘神話的愛神丘比特搞混（請見96頁）。
- 古代盛行米迦勒崇拜。
- 天使身分曖昧的基督（救世主）和米迦勒崇拜競爭人氣。

第 5 章

北歐神話

概論 現代人的神話

北歐神話

▼毀滅中的幽默

描寫世界末日的神話「諸神的黃昏」，大大提高了北歐神話的知名度。「諸神的黃昏」挪威語「拉格納洛克」（Ragnarök）是由「Ragna」（諸神的）與「rök」（命運）兩個字組成，意味主神**奧丁**、農業神**索爾**等諸神與**巨人族**對戰、終至滅亡的命運。

與一神教不同，北歐神話的末世論並非絕對神為了對人類進行道德審判而終結世界，而是眾神、人類與惡勢力全體滅亡。滅亡之後不會上天堂，也不會下地獄。這樣的末世論相當不可思議，也不帶說教意味。

大約在九至十三世紀，北歐神話有了文字紀錄，當時全世界已籠罩在**基督教**的影響之下，所以諸神的滅亡或許反映了他們敗給基督教信仰的史實。

此外，北歐神話中，巨人族原本就扮演了重要的角色。世界開始之時，最早出現的是巨人族，神不過是次要的存在。世界分成好幾部分，巨人、侏儒等種族各自在不同的地方生活。

世界真正的主人可能是嚴酷的**大自然**，**宇宙樹**為其象徵。從宇宙樹產生的生命中，較粗糙的成分形成巨人與侏儒，較精緻的成分形成神、精靈與人類。不過，生命終歸是同類。神與人類並肩戰鬥，但最後仍與巨人一起走向毀滅；代表文明出於自然，最終仍要歸還自然，這或許是此神話固有的生態學思想。這樣的世界觀頗符合極北地帶人民的生活經驗，在那裡，一年有一半的時間被封於**黑暗與冰雪**之中。北歐人的居住地方，一定有不少生物在冬季死亡。在這樣的地方，設法**驕傲且冷靜**地生存下去，就是道德。最高神奧丁浪跡天涯，蒐集有關毀滅的知識與資訊。一神教神明對自己的智慧十分滿意，而北歐的主神始終**學習不輟**。

北歐神話富含**機智與幽默**，無法相信天堂與地獄的現代人在自然與文明的危機中掙扎求生時，北歐神話獨特的「黑暗中的光明」似乎值得參考。

北歐神話由古諾斯語（Old Norse，近似古冰島語）傳播，現代的冰島、挪威、丹麥、瑞典人，都是北歐神話信仰的後代。古諾斯語屬印歐語系的北日耳曼語支，和德語、荷蘭語、英語有親戚關係。
與瑞典人長期來往的芬蘭人，語言系統並非印歐語系，神話也完全不同（請見268頁）。

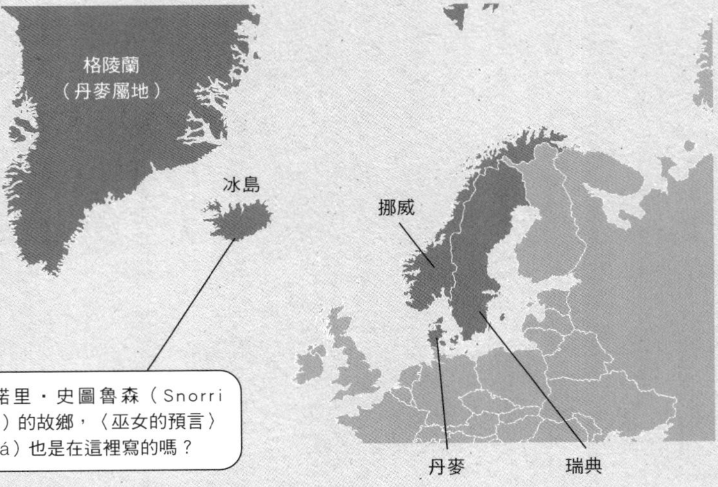

詩人史諾里·史圖魯森（Snorri Sturluson）的故鄉，〈巫女的預言〉（Völuspá）也是在這裡寫的嗎？

沿岸諸國懼怕的維京船

住宅內部以火爐為中心，周圍放置床、長形櫃等。

故鄉斯堪地那維亞的維京人除了在歐洲北岸，也在遙遠的地中海一帶與俄羅斯內地從事貿易，時而打劫。

概論

▼兩種埃達（Edda）

北歐神話的文獻根據主要來自《散文埃達》（Snorra Edda）與《詩體埃達》（The Elder Edda）。

《散文埃達》（又稱新埃達、史諾里埃達）是十三世紀，冰島詩人**史諾里・史圖魯**森於一二二〇年左右所寫的詩學入門書，由神話、詩語法、韻律一覽三個部分構成，首篇的神話指南〈欺騙古魯菲〉，以眾神回答古魯菲王（Gylfe）問題的形式，整理出當時被逐漸遺忘的北歐神話，是了解北歐神話概要的寶庫。

生於基督教時代的史諾里並不相信古代神話，但也無法完全拋棄神話的世界觀。基督教經常將古代多神教貶為「邪教」，但這種情況並未發生在北歐邊境。

《詩體埃達》（又稱老埃達、韻文埃達）是抄本集，以十七世紀發現的手抄本（丹麥皇家圖書館藏〈皇家手稿〉）為核心，推斷完成的時間在九至十二世紀，遠早於《散文埃達》。這本書包含幾篇詩歌，其中最重要的是〈巫女的預言〉（Völuspá），這篇韻文是以巫女談話的形式，敘述有關世界創始、結束與再生的諸神黃昏故事。

《詩體埃達》還包括〈奧丁箴言〉（高人的箴言）、〈巨人之歌〉、〈格里姆尼爾之歌〉、〈史基尼爾之歌〉、〈哈爾巴德之歌〉、〈希密爾之歌〉、〈洛基的爭論〉〈索列姆之歌〉、〈沃倫之歌〉、〈艾爾維斯之歌〉、〈巴德爾之夢〉、〈里格的讚歌〉、〈辛德拉之歌〉、〈葛羅提之歌〉等神話詩。

順道一提，古代北歐文學分成兩類，一是**埃達**，敘述神話；另一是**薩迦**（Saga），敘述日常的內容；薩迦在今日英語則是英雄故事、歷史長篇小說之意。

▼本章的方針

本章依據〈欺騙古魯菲〉的內容，以問答的形式敘述，古魯菲王喬裝成旅人甘格勒利（Gangleri）提出問題，眾神（奧丁的分身）回答。此外，我也模仿史諾里，在最初與最後的小故事中引用〈巫女的預言〉。

北歐神話中主要的神、巨人、地名等

中文	古諾斯語	中文	古諾斯語
奧丁	Óðinn	英靈殿	Valhöll
索爾	Þórr	妙爾尼爾	Mjǫllnir
提爾	Týr	女武神	valkyrja
尼奧爾德	Njǫrðr	侏儒	dvergr
弗雷	Freyr	精靈	Álfr
弗蕾亞	Freyja	霜巨人	jötunn
弗麗葛	Frigg	尤彌爾	Ymir
巴爾德	Baldr	絲卡蒂	Skaði
黑茲爾	Hǫðr	烏特迦・洛奇	Utgarða Loki
海姆達爾	Heimdair	史爾特爾	Surtr
洛基	Loki	加姆	Garmr
阿薩神族	Áss（複數為æsir）	芬里爾	Fenrir
華納神族	Vanr（複數為Vanir）	耶夢加得	Jörmungandr
阿斯嘉特	Ásgarðr	亞斯克	Askr
華納海姆	Vanaheimr	恩布拉	Embia
中間世界	Miðgarðr	英靈戰士	einherjar
約頓海姆	Jötunheimr	古魯菲	Gylfi
穆斯貝爾海姆	Muspellzheimr	甘格勒利	Gangleri
尼普海姆	Niflheimr	埃達	Edda
宇宙樹	Yggdrasill	薩迦	Saga

本書介紹的主要文獻

《散文埃達》……Snorra Edda
〈欺騙古魯菲〉……Gylfaginning
〈巫女的預言〉……Völuspá
〈奧丁箴言〉……Hávamál
〈洛基的爭論〉……Lokasenna
〈湖谷薩迦〉……Vatnsdælasaga

天地創始

世界從冰與火的對決開始

瑞典國王古魯菲喬裝成旅人，化名**甘格勒利**，來到眾神之國**阿斯嘉特**。

「我到這裡是為了追求知識，請問世界是如何開始的呢？」

眾神回答：

❶你沒聽過〈巫女的預言〉嗎？巫女婆婆是這麼說的：「太古時期，空無一物。沒有砂，沒有海，也沒有冰冷的海浪；沒有大地的碎片，沒有高空，只有空洞的**金倫加鴻溝**。」

❷金倫加鴻溝北側是冰霜籠罩的**尼福爾海姆**，南側是火焰紛飛的**穆斯貝爾海姆**。這兩個地方的風彼此衝撞，形成水滴。水滴中長出生命——巨人**尤彌爾**，不久其他的巨人夥伴也出現了。

❸水滴還產生了母牛，尤彌爾以**母牛**的乳汁維持生命，母牛則舔食金倫加霜雪覆蓋下的岩鹽為生。隨著母牛不斷舔舐，岩石長出頭髮、頭部，然後漸漸出現人的身體，這個人名叫**布利**（Buri）。布利的兒子**包爾**（Bor）和巨人族的女孩通婚，生下三柱神——奧丁、威利（Vili）及菲（Ve）；奧丁後來統治了全世界。

「真令人意外！那眾神與巨人相處融洽嗎？」

❹不，眾神殺了尤彌爾，其他巨人也在尤彌爾湧出的血海中溺斃，但也有巨人倖存。巨人族的女孩**諾特**（Nótt，夜）與神結婚，生下**達古**（Dagr，白晝），諾特與達古輪流盤旋於天空。眾神用尤彌爾的身體創造世界，用肉造大地，用骨骼造岩石，用腦造雲朵。

❺眾神撿拾海邊的木頭，創造了**男女人類**。男的命名為**亞斯克**，女的命名為**恩布拉**。兩段木頭，不、兩個人類彼此摩擦身體，生下孩子。生火與生孩子的方法你也知道吧！

甘格勒利說：「這故事真是驚人，我還想繼續聽下去。」

《散文埃達》〈欺騙古魯菲〉
史諾里・史圖魯森（1178—1241）

瑞典國王古魯菲化名甘格勒利，
來到眾神的世界阿斯嘉特。
眾神回答他的提問，而那些神
似乎是主神奧丁使用幻術的化身。

❶眾神引用〈巫女的預言〉第3節，回答甘格勒利（古魯菲）的問題。

Ár var alda, það er ekki var,
vara sandur né sær, né svalar unnir;
jörð fannst æva né upphiminn,
gap var Ginnunga, en gras hvergi.

太古時期，空無一物，
沒有砂，沒有海，也沒有冰冷的海浪；
沒有大地的碎片，沒有高空，
也沒有草，只有空洞的金倫加鴻溝。

❷冰之國尼福爾海姆與火之國穆斯貝爾海姆之間的裂縫凝結成水珠，巨人尤彌爾從水珠中誕生。

❸尤彌爾以母牛的乳汁維生，母牛舔食岩鹽，誕生了布利；布利之子包爾生了奧丁、威利及菲。

❹巨人尤彌爾解體，眾神使用其身體的各部分創造世界。

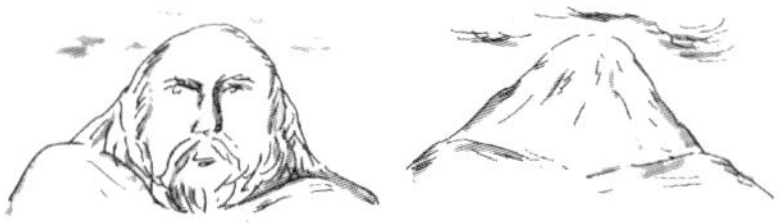

❺眾神用兩段木頭創造男女人類：亞斯克與恩布拉。

天地創始

主題》北方的神話

如二四二頁所述，北歐的創世神話中，**冰霜之國與火焰國**的能量交錯，凝結成**水滴**，從中誕生了生命。這樣的描述，頗能表現曾在天寒地凍的冬天於屋內生火的真實感受。相較之下，佛教、基督教、伊斯蘭教等南方神學就幾乎沒有季節感。

世界主流宗教的神學總是叨念著人類的倫理道德，而北歐神話最明顯的特色是**粗暴**，請大家看看以下的小故事。

巨人族出身的美麗**女神絲卡蒂**帶著弓箭，在山野間滑雪。因父親被眾神所殺，她前往阿斯嘉特討公道，而眾神為了拉攏她，讓她加入己方，並答應讓她在眾神中挑一個結婚對象，不過只能看腳來選擇。絲卡蒂看中一雙好看的腳，以為那雙腳屬於俊美的巴爾德，但其實那是其他神的腳。同為巨人出身的神**洛基**把自己的睪丸和山羊分別綁在繩的兩端，進行拔河比賽，這個粗野的把戲讓絲卡蒂笑出來，這件事才圓滿收場。最後，絲卡蒂獲得神格，成為滑雪女神，據傳挪威的王室繼承了絲卡蒂的血統。

不過，北歐神話的特徵不是只有粗暴。生活在極寒地帶的人，充滿將人生視為**生存戰爭**的意識。眾神利用和巨人間連續不斷的緊張關係、以討價還價，甚至欺騙的手段，勉強保留命脈。巨人比眾神更接近自然，於是眾神借用、盜取巨人的智慧，爭取毀滅到來之前的時間。所以，這個粗暴世界也具備了**冷靜透徹的理性**感覺。負責蒐集資訊、擬定危機對策的是主神奧丁，就算無法避免毀滅，也要努力掌握事實的態度，是身為神的尊嚴。

以南方主流宗教的觀點，人生的祕訣是依從神的治理或佛陀發現的**真理**，而在北歐神話，**知識**比真理重要；雖然是關於**巫術**的知識，仍不失理性。

▼薩迦的世界

薩迦是北歐家家戶戶、村里之間口耳相傳的文學類型，請大家看看下頁的〈湖谷薩迦〉，雖然粗暴，但富含幽默。支撐神話世界的，就是這種感覺。

〈湖谷薩迦〉中的故事

北歐神話信仰者的生活狀態

住在**挪威羅姆斯達爾**（Romsdal）的**索斯坦**（Thorstein，索爾的石頭之意）受到父親的刺激，離家討伐盜賊。索斯坦趁盜賊沉睡夢中，用劍刺殺他；那盜賊自稱耶庫爾（Jokul，冰河之意），奄奄一息之際，為索斯坦的幸運祝賀，他要索斯坦前往他住在哥得蘭島（Gotland）的父親家，跟他妹妹結婚，說完就一命歸天。索斯坦依言前去見耶庫爾父母，他們家是當地豪族。他的母親表示，為了實現死去兒子的願望，同時為自己的老後做準備，所以同意這件婚事。於是，幸運兒索斯坦和死者的妹妹結婚，生了兒子，取名為**英吉蒙德**，這是死者父親的名字。

英吉蒙德長得雄壯威武，每年夏天都**出海打劫**。有一次，他在波羅的海遇到另一艘維京船，雙方打了起來，不分勝負，他和對方船長**西蒙**（Sæmund）惺惺相惜，結為兄弟。後來，西蒙前往新發現的冰島，英吉蒙德則在挪威國王哈拉爾（Harald）手下建立戰功，獲賜**刻有弗雷神的首飾**。不過，首飾上的神像消失了。

薩米（Sápmi）地區的女巫師宣告，英吉蒙德將成為冰島望族，神像會在冰島找到。**薩滿巫師**靈魂出竅，找到了英吉蒙德應探訪的地點，在冰島的一個湖谷。英吉蒙德準備前往，舉辦宴會向大家道別。許多人跟著他一起向**冰島**出發，隔年春天，他們在目的地建造神殿，神像便從土壤中出現了。

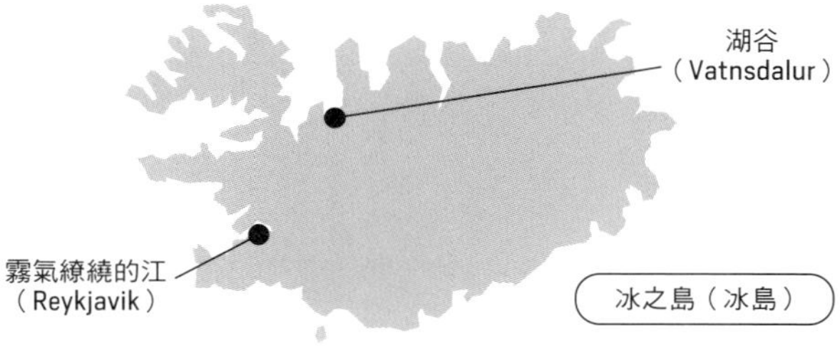

英吉蒙德的家族興旺顯赫，哈拉爾王贈送他**船隻與木材**，他還從來訪的商船船長手裡得到了劍。當時，船長漫不經心地帶著劍穿過神殿的門檻，破壞了神殿的規矩，為了贖罪，他獻出了劍，但其實這是英吉蒙德的詭計，他技巧性地向船長搭話，才導致船長分心。

英吉蒙德晚年，結拜兄弟西蒙來訪，因為西蒙的領土發生動亂，他來請託英吉蒙德保護他的親人**弗羅列夫**（Hrolleiv），英吉蒙德應允了他。但弗羅列夫忘恩負義，蠻橫地獨占河川、任意捕捉鮭魚，和英吉蒙德的兒子發生紛爭時，他竟用長槍擲向老英吉蒙德。老英吉蒙德受傷後，悄悄回到府邸，囑咐僕從放走弗羅列夫，就在府邸的御座氣絕身亡。

英吉蒙德的長子**托爾斯登**（Thorsten）、次子**耶庫爾**著手討伐弗羅列夫，當時西蒙已死，冬天一結束，托爾斯登就要求繼承王位的西蒙兒子交出惡徒，他們等著弗羅列夫離開領地。

弗羅列夫躲進母親家，他總是依靠母親的**巫術**保護。耶庫爾與弗羅列夫扭打在一起，並在弗羅列夫的母親行使妖術前，就砍下弗羅列夫的頭。他母親被殺時，用裙子蒙著頭，面向後方，從雙腿間以惡魔之眼怒視敵人。托爾斯登說：「幸運站在我們這邊。」

深思熟慮的長子托爾斯登繼承了神殿，血氣方剛的耶庫爾和其他兄弟則各自繼承了適合的位置。他們的家族權傾天下，後代也繁榮昌盛。

（摘自《北歐神話與傳說》〔Nordiske myter og sagn〕
〈湖谷家的人們〉威廉・格隆貝希〔Grønbech, Vilhelm Peter〕著）

宇宙樹

宇宙樹向天地紮根

古魯菲喬裝的**甘格勒利**問眾神：「眾神的神聖空間在哪裡呢？」

眾神答道：

就在你目前所在之處，不過因為我們對你使用幻術，所以你並不知道自己身在何方。

❶聽好了，眾神的世界在**阿斯嘉特**。如你所知，人類居住在**中間世界**。巨人居住在**約頓海姆**，此外還有精靈世界、死亡世界等。

❷世界正中央有一棵巨大的梣樹（Fraxinus japonica），稱為**宇宙樹**。它的枝葉覆蓋了整個世界，第一條樹根伸入阿斯嘉特，第二條探向巨人國，第三條通往冰之國。樹枝上停了一隻知識淵博的**鷲**，另有一隻毒龍尼德霍格在樹底下啃咬樹根，還有隻松鼠在樹幹跑來跑去，搬弄是非。這棵樹雖是宇宙樹，但承受了不為人知的辛苦；樹根被尼德霍格與無數的蛇啃齧，枝葉又被公鹿啃食。

❸伸向巨人國的樹根之下，有一道**密米爾之泉**。這是智慧與知識之泉，**奧丁**為追求知識，寧願犧牲自己的一隻眼睛，換得喝一口泉水。

阿斯嘉特雖在天上，宇宙樹的樹根仍能通達。那裡也有一道泉水，泉水旁住了三位命運女神「諾恩」，眾神也在泉水附近進行審判。此外，還有**英靈殿**等宏偉的建築物。

❹要到阿斯嘉特，必須渡過一座燃燒的**彩虹橋**。火焰是從彩虹橋的紅色部分發出的，並非所有人都能渡過這座橋。

甘格勒利說：「這故事真是驚人，我還想繼續聽下去。」

宇宙樹與九個世界

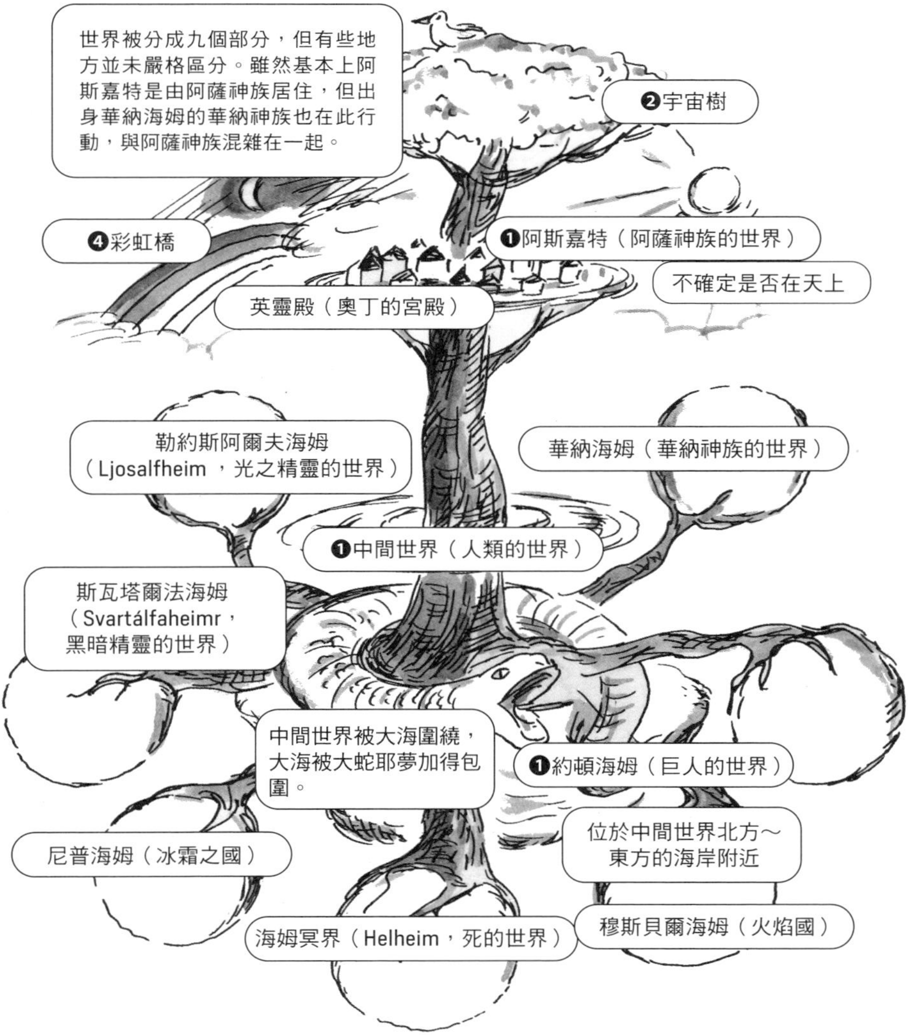

❸宇宙樹伸入阿斯嘉特的樹根旁有烏爾德之泉（Urðarbrunnr）。
命運女神諾恩的府邸在泉水附近，眾神似乎也在這一帶集會。
宇宙樹伸入巨人國的樹根旁有密米爾之泉。
巨人密米爾喝了這裡的泉水，得到豐富的知識。現在密米爾的頭屬於主神奧丁，成為奧丁知識的泉源，但奧丁也曾以一隻眼睛為代價，換得喝一口密米爾之泉。

宇宙樹

▼宇宙樹

樹木是生命力的精髓，也是非建築結構物*（Nonbuilding structures，譯註：指那些不是設計來讓人類長久居住或活動的物體，如橋樑、車站、水壩、摩天輪。）的原型。尤其在不用石材建造房屋的北方，建築物就是人類以樹木為材料所構築的第二樹木。

樹木象徵生命力與構築性（Tectonic），當然也象徵了宇宙這個小世界複合體。

世界中心有一棵宇宙樹，在北歐神話，可說世界幾乎就是宇宙樹。**宇宙最大梣樹**的枝與根將九個小世界統合在一起，就像我們站在大樹下，仔細眺望它的枝葉與住在上面的昆蟲與動物時的感覺。

這九個空間的區隔雖有含糊不清之處，但大致如此區分：人類居住的**中間世界**約位於世界正中央，上方是眾神之國**阿斯嘉特**；雖然嚴格來說，這裡是阿薩神族的國度，但阿薩神族也態度曖昧地接受華納神族進入。兩神族從前似乎發生過戰爭，不知這是否暗示北歐的某些史實（如信仰不同神明的部族間發生衝突）。這兩神族的關係，類似日本神話裡天津神與國津神的混淆狀態。華納神族住在**華納海姆**，確切位置不明。

中間世界的外部是巨人國**約頓海姆**，約頓（jötunn）是巨人的意思（相當於後世民間故事所說的洞穴巨人）。**勒約斯阿爾夫海姆**是美麗的光之精靈的國度，**斯瓦塔爾法海姆**則是黑暗精靈的國度（精靈居住地名中的alf是精靈的意思）。另外還有，擁有魔力、擅長製造工藝品的侏儒威爾格（Dvergr，又稱矮人）分散在各處；精靈與矮人的形象可能類似托爾金（John Ronald Reuel Tolkien）在《魔戒》（The Lord of the Rings）裡描述的哈比人，身體似乎並非小到誇張的程度。

然後就是在創世神話出現過的火焰國**穆斯貝爾海姆**、冰霜之國**尼普海姆**以及死亡世界**海姆冥界**（地獄），又稱尼夫萊爾。（請參考二四七頁圖）

與宇宙樹相似、帶有神話意味的形象

生命之樹

伊甸園的兩棵樹：生命樹與善惡知識樹（請見212頁）

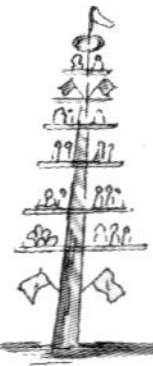

德國等地的五月樹（祈願繁榮的五月樹）

聖誕樹，源自古代的冬至慶典

日本也以常綠樹象徵生命力，新年會在家門旁裝飾松樹、能劇舞台上也會擺設松樹。

世界中心之塔

佛塔是釋迦遺骨的供養塔，也象徵涅槃的至高境界

〈創世記〉的巴別塔象徵人類的傲慢，其原型是古代美索不達米亞的塔狀神殿「廟塔」（請見189頁）

宇宙樹

世界中心之山

須彌山是佛教宇宙論的中心（請見165頁）

產生世界的回轉軸

伊邪那岐與伊邪那美繞行天之御柱，產生國土（請見21頁）

芬蘭神話中的三寶磨（Sampo）是能生出小麥、鹽及金錢的機器，實物很可能是碓臼。從碓臼的轉動連結到宇宙的轉動，三寶磨也有了「世界軸」的意象（請見269頁）

奧丁與英雄戰士

主神召集死亡的戰士

甘格勒利想知道關於神的事。

眾神回答：

❶最年長的神是**奧丁**，他被稱為眾神之父、戰死者之父。戰死沙場者稱為英靈戰士，戰場上的少女「女武神」會帶他們到天上，前往奧丁的宮殿「英靈殿」。

英靈戰士在宮殿接受奧丁的款待，每天早上都會在庭院裡比賽、對打，打一陣子後吃早餐，接著就開宴會。每天筵席上都會有美味的豬肉，那是神豬沙赫利姆尼爾（Sæhrímnir）的肉，牠雖然每天都被宰殺烹煮，但一到黃昏就會復活。

奧丁會出席宴會，但不吃東西，只喝葡萄酒，並把食物給腳下的兩匹狼。奧丁肩膀上停了兩隻烏鴉，向他報告全世界的消息。奧丁蒐集所有知識，是為了對末世大戰「諸神的黃昏」做好準備，召集英靈戰士也是為了那一天。

❷再告訴你其他神的故事，最強的神是**索爾**，他的武器是一隻鐵鎚，名為「妙爾尼爾之鎚」。如果繫上力量腰帶，索爾的力量就會更強大。

還有一位名叫**尼奧爾德**的神，他生於華納海姆，是風神與海神。他的兒子是**弗雷**，女兒是**弗蕾亞**。祈求豐收與和平要找弗雷；若想得到愛情，找女神弗蕾亞比較適合。

提爾是勇氣之神，在眾神想為凶暴的**狼芬里爾**銬上腳鐐時，提爾把手放進芬里爾口中，向芬里爾保證眾神不是在打壞主意。結果，芬里爾受騙，提爾也失去右手。末日到來時，這隻狼應該會向眾神報仇吧！

❶奧丁

主神、阿薩神族首領，知識、巫術、技藝之神，也掌管戰爭與英雄的死亡；英語Wednesday（星期三）是「奧丁之日」的意思（請見109頁）。
行走四方，尋求知識並召集戰士，為世界末日做準備。

奧丁未雨綢繆，派遣使者女武神到戰場迎接英靈戰士前往英靈殿，為世界末日做準備。

❷眾神（阿薩神族）

索爾
農耕神、力量之神，Thursday（星期四）是「索爾之日」

提爾
軍神（與宙斯〔Zeus〕、朱比特〔Jupiter〕詞源相同），Tuesday（星期二）是「提爾之日」

弗麗葛
奧丁之妻、眾神之母，Friday（星期五）是「弗麗葛之日」

巴爾德
奧丁與弗麗葛的兒子，聰明、優雅、光彩照人的帥哥

加入阿薩神族的華納神族

尼奧爾德
豐收、海運、漁業之神

弗雷
尼奧爾德的兒子，豐收之神

弗蕾亞
尼奧爾德的女兒，愛情女神

奧丁與英雄戰士

主題≫旅行之神

▼奧丁、荷米斯、甘道夫

《散文埃達》中，**古魯菲王**化名甘格勒利，四處遊歷，從眾神之處獲取知識；**主神奧丁**也是邊旅行邊探求知識。

《魔戒》中的**灰袍巫師甘道夫（Gandalf）**正是旅裝的奧丁，奧丁想知道的是有關世界衰亡的知識，同樣地，甘道夫也蒐集有關世界因魔戒掌控而沒落的訊息。

北歐神話的奧丁，德語是Wodan／Wotan，英語則是Woden，英語的Wednesday（星期三）是「奧丁之日」的意思，又因為星期三是智慧之神墨丘利（荷米斯）之日（法語的星期三是Mercredi），所以古代人認為，奧丁相當於旅行與智慧之神荷米斯。

▼獲取知識的小故事

宇宙樹有一條樹根通往智慧之泉，那是真正的智慧之泉，奧丁抵押了一隻眼睛，才喝到一口泉水。管理泉水的巨人**密米爾**也擁有高深的智慧，但被華納神族殺死，他的頭顱成為奧丁獲取資訊的必需品。

奧丁也是**詩神**，智者克瓦希爾（Kvasir）被侏儒所殺，侏儒用他的血調和蜂蜜，釀成蜂蜜酒，將酒交給巨人；巨人把酒藏在洞穴，奧丁變成一條蛇鑽進洞中，巨人答應讓他喝三口酒。但奧丁三大口就把酒喝得精光，再化身為鷲逃之夭夭。之後，奧丁將蜂蜜酒吐回缸中，成為詩人靈感的泉源；有些人喝到奧丁吐酒時灑在地上的部分，他們只能成為三流詩人。

據說，奧丁把自己吊在宇宙樹上九天九夜，領悟到**盧尼文字**（Runes）的祕密。奧丁也是**賽德**（Seiðr）巫術的巫師，這種巫術是透過性高潮的忘我境界，從亡靈處得到訊息，行使時通常會伴隨女性的聯想；奧丁貪得無厭、變幻莫測的一面或許也很像荷米斯。

奧丁的形象可能是走訪四處、蒐集資訊的詩人或知識領袖的自畫像。

《詩體埃達》〈奧丁箴言〉

（1） 進屋前要留意所有的門，眼觀四面，全神貫注，因為你**無法得知敵人坐在屋內哪個位子**。

（3） **膝蓋冰冷的人**需要火，越過山而來的人需要食物和衣服。

（5） **雲遊天下者擁有智慧**，在家千日好，愚者與智者同座將成笑柄。

（15） 領導者之子必須沉默寡言、深思熟慮、**勇於戰鬥**，任何人在**死之前**，**都應該爽快開心**。

（19） 不要光拿著酒杯不喝酒，飲用蜜酒要適度。**只說必要的話**，非必要的話閉口不談。就算你早早醉倒，也不會有人說你沒規矩。

（22） 性格扭曲的可憐人嘲笑一切，人應該知道**自己並非完美**，可惜這種人毫無所覺。

（25） 愚者深信對自己笑的都是朋友，不過只要去雅典公民大會（Ecclesia）看看，就會知道幾乎沒有人會為自己發聲。

（32） 多數人彼此親切以待，但宴席上**卻互相輕視**，在其他客人身上蒐集吵架的材料，這種事比比皆是。

（38） 到野地裡，**一步也不要離開武器**，因為你不知在野外何時會需要矛。

（76） 財產會消失，親人會離世，自己不久也會死；**唯一不會消失的是自己的名聲**。

（88） 沒有人相信太早播種的田，所以**不要太快相信自己的兒子**。種田要看天氣，兒子要憑感覺，兩種都靠不住。

（137） 羅德法弗尼爾（LoddFáfnir，吟遊詩人），聽我的忠告吧。無論在哪裡，**喝啤酒**時，要借用土地（解毒劑）的力量喔！土地解啤酒的毒，火治療（燒傷）疾病，橡樹治**便祕**，麥穗勝過**魔法**，大廳排解**不睦**—狂躁求助月亮—，牧草治家**畜疾病**，盧尼文字（用於咒語）消災，土地對**風濕症**大有助益。

（引自谷口幸男譯《埃達—古代北歐歌謠集》）

4 索爾的失敗

索爾吃巨神的虧

甘格勒利問眾神，廣受愛戴的**索爾**有什麼有趣的故事嗎？

眾神答道：

❶那就告訴你索爾和朋友去巨人國**約頓海姆**的故事吧！旅途中，他們發現原野上有間小屋，就進去住了一夜，隔天早上仔細一瞧，小屋原來是**巨人**的手套。巨人睡覺時鼾聲如雷，索爾給了他一槌，想讓他腦袋開花，結果巨人冷不防起身，問：「是不是有小樹枝掉下來了？」還說：「你們都說我不怎麼小，但如果看到**烏特迦・洛奇**的宮殿，你們會更驚訝。你們還是回去吧！」

❷不過，索爾一行人到了烏特迦・洛奇的宮殿。體型很不小的主人說：「年輕人，你就是傳說中的索爾嗎？你們有什麼特殊才能呢？」

首先，索爾的朋友洛基和宮人比賽誰**吃飯吃得快**，結果輸了，因為洛基把骨頭剩下來，對方卻連骨頭也吃得乾乾淨淨。接著，索爾的家僮和宮中的少年**賽跑**，落後一大截，又輸了。然後，索爾挑戰**喝光酒杯裡的酒**，但杯中的酒看起來並未減少。索爾接著又挑戰**抱宮中的貓**，但因為貓使勁伸展身體，不管索爾如何用力，貓都只有單腳離地而已。最後，索爾和宮中的老婆婆艾莉比**摔角**，索爾因艾莉的強力攻擊而單腳跪地。

❸慘敗的一行人離開宮殿，烏特迦・洛奇趕上來，對他們說：「索爾啊！你們被我的**幻術**騙了！你想要打巨人，但你打到的是山，那座山的正中央都凹下去了。比賽吃飯的那位是**野火**，所以連骨頭都一掃而空。賽跑的少年是我的**思路**，沒有人會跑得比思考的速度更快。角杯的杯底連接**大海**，你差點喝乾了大海啊！那隻貓是**圍繞中間世界的大蛇**。跟你摔角的對手不是別人，是**老年**，沒有人能抵抗老年。我把祕密說出來，你們該滿足了，不要再來啦！」

❹索爾本想給烏特迦・洛奇一槌，但對方消失得無影無蹤。宮殿也不見了，只剩下一望無際的平原。這個故事對索爾來說，不知算是光榮還是丟臉。

索爾的失敗經歷

❶索爾與朋友出門旅行，住宿的屋子是巨人的手套。

❷在烏特迦・洛奇的宮殿參加各種比賽，索爾方一敗塗地。

快食比賽

賽跑

喝光杯中的酒

把貓抱起來

跟老婆婆摔角

對手是火

對手是思路

酒杯連接海

對手是包圍中間世界的大蛇

對手是自己的老年

❸烏特迦・洛奇說出祕密。

❹索爾正想給對方一槌，但對方已消失無蹤，只剩下一望無際的平原。

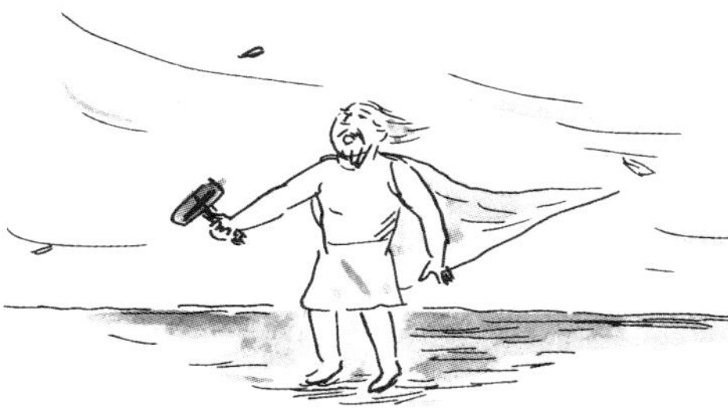

5 北歐神話

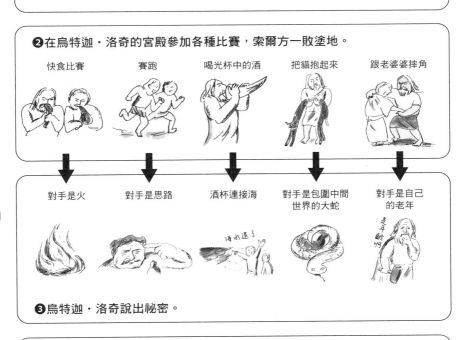

索爾的失敗

主題≫雷、農耕、防衛

▼詩的描述與實際的信仰

我們從《散文埃達》、〈巫女的預言〉中得到的印象是，**奧丁**穩坐主神之位，備受尊崇，但實際上似乎並非如此。斯德哥爾摩北方的**烏普薩拉**（Uppsala）曾有一座大神殿，三尊神像中，居主神位置的是**索爾**，奧丁與弗雷是兩脇侍。

奧丁的信仰有地域性，主要在斯堪地那維亞南部，而挪威西部、冰島富農則崇拜索爾。索爾的名字是「雷聲」之意，羅馬主神朱比特是雷霆神，所以朱比特日（星期四）是索爾之日（英語是Thursday）。

索爾的武器**妙爾尼爾之鎚**，乃其身為雷神的特徵；這個可能粉碎一切的東西就是雷電，類似印度雷神因陀羅的金剛杵。使雷聲大作、天降甘霖的神，在任何地方都是帶來**豐收**、令人喜悅的神。對民眾來說，最值得感謝的應該還是索爾。索爾也像奧丁一樣行遍四方，常單獨與巨人對決，以其**防衛**之神的身分獲得極大的敬重。

▼與中間世界之蛇的對決

與**烏特迦・洛奇**較量時，索爾被敵人欺騙，但他的實力其實在巨人之上。他牛飲海水、與老年幾乎平分秋色，也差點抱起自己最大的敵人**耶夢加得**（中間世界之蛇）。神話中描述索爾曾釣起這隻環繞世界的大蛇：索爾與巨人**希密爾**（Hymir）乘船出海，索爾在釣大蛇時踩破了船底，直接把蛇從海底拉到船舷，與大蛇互相怒視。希密爾因為害怕，揮劍將索爾的釣線切斷；多虧了他，大蛇又回到海底。

索爾向大蛇擲出神鎚，那一鎚或許打碎了大蛇的頭，或許沒有。無論如何，那似乎不是致命傷。在諸神的黃昏，大蛇將導致世界滅亡。

北歐神話中豐富的魔法道具

妙爾尼爾之鎚
索爾的武器，短柄鎚

瑞典厄蘭島（Öland）出土的妙爾尼爾之鎚仿造垂飾（瑞典國立歷史博物館）

至高王座（Hliðskjálf）
奧丁的寶座，可以看見全世界

布里希嘉曼（Brisingamen）
女神弗蕾亞的黃金首飾，由侏儒製造

德羅普尼爾（Draupnir）
每隔九天就會生出八個分身的手鐲，隨巴德爾一起埋葬

巨人密米爾的頭顱
帶給奧丁知識（請見252頁）

盧尼文字
北歐常用的字母表，也用於巫術

瑞典東約特蘭（Östergötland）的盧尼文字石碑（福爾克·斯特羅姆〔Folke Ström〕，《古代北歐的宗教與神話》〔*Nordisk Hedendom*〕）

帶給詩人靈感的蜂蜜酒
酒中加了智者克瓦希爾的血（請見252頁）

巴德爾之死與洛基

年輕神明之死令眾神震撼

甘格勒利問道：「眾神的世界中，最嚴重的大事是什麼？」

眾神回答：

最嚴重的事就是奧丁的兒子、**年輕俊美的巴德爾**之死，這件事令眾神心驚。雖然已事過境遷，但你們人類也逃不過如此殘酷的命運啊！

❶有一天，巴德爾做了一個關於死亡的惡夢。眾神都擔心極了，要水、火、金屬、石頭、樹木、疾病、動物發誓，不動巴德爾一根寒毛。

❷如此一來，巴德爾就成了不死之身。安心的眾神開始迷上朝巴德爾丟石頭、射箭的遊戲，如果他們不玩這個遊戲就好了，可惜……。

❸洛基從女神弗麗葛那裡打聽到，有一棵**小槲寄生樹**因為實在太小，無法發誓。壞心眼的洛基就折斷那棵樹，製作成箭，拿給**盲眼神黑茲爾**（Höðr）。黑茲爾因為不知道巴德爾在哪裡，所以沒參加遊戲。洛基假好心地對他說：「我來幫你指引方向，祢就用這支箭去射射看吧！」

黑茲爾射出的箭刺中了巴德爾，巴德爾一命歸陰。因為實在太意外，眾神都張口結舌。然後，眾神將巴德爾火葬。

❹傳令神赫爾莫特（Hermóðr）前往**死亡之國海姆冥界**，與女神海爾（Hel）交涉。女神說：「如果巴德爾真的照你所說受全世界所愛，我就讓他回阿斯嘉特。」

❺全世界的神、人、動物、大地、石頭、金屬都為巴德爾哭泣，只有**巨人族老嫗索克**（þökk）乾嚎著道：「海爾啊！獵物到手就不要放開啊！」於是，巴德爾復活無望。

❻眾神堅信，這個巨人老嫗不是別人，就是洛基。洛基本性敗壞，雖出身巨人族，但加入眾神的行列，他難以捉摸，有時變成女人，有時變成美男子，也能變成蟲；他帶來財富，也心狠手辣、為非作歹。因為洛基，眾神失去了巴德爾，也失去了和平的時代。即將到來的，只有**諸神的黃昏**。

❶巴德爾做惡夢，
眾神要全世界的動物、物品發誓，
不動巴德爾一根寒毛。

❷巴德爾成了不死之身，
眾神開始玩對他丟東西、
砍他的遊戲。

❸有一棵小槲寄生樹無法發誓，
洛基用它製作弓箭，
讓眼盲的黑茲爾發射，
巴德爾慘遭不幸。

❹死者之神海爾說：「如果全世界都為巴德爾哭泣，我就讓他回去。」

❺只有巨人老嫗索克假哭，
所以巴德爾沒回來。

❻眾神堅信是洛基搞的鬼。

洛基

北歐神話中的搗蛋鬼，
雖屬巨人族，卻和奧丁是結拜兄弟；
擅長變身，可變男變女。

奧丁的愛馬斯雷普尼爾（Sleipnir）、
巨狼芬里爾、大蛇耶夢加得、
死亡之國女王海爾都是洛基的孩子。

5 巴德爾之死與洛基

主題≫神話的干涉

▼是惡魔，還是搗蛋鬼？

洛基出身巨人族，性格不但乖張，還很邪惡，但他加入阿薩神族，和奧丁結拜為兄弟；他難以捉摸、可男可女的面向都屬於**搗蛋鬼**的特質（請見二八二頁）。

一般的搗蛋鬼可能因機智或偶然為人類帶來益處，成為文化英雄，但洛基並沒有類似的事蹟。不過，他發明了漁網，也曾救眾神脫離困境。

巴德爾死後，洛基跨越了搗蛋鬼的界線，成了撒旦。他把槲寄生樹製的武器拿給盲眼神黑茲爾，絕對是滿滿惡意，又倨傲地無視眾神希望巴德爾復活的願望；史諾里似乎把洛基描寫成基督教的撒旦。

▼是救世主還是植物神？

俊美的**巴德爾**除了被殺害以外，幾乎沒有其他故事，他在古代社會受人信仰的狀況，也不得而知。史諾里或許是依照**基督像**來描繪巴德爾，用來對照洛基的撒旦傾向。

巴德爾完全沒有戰鬥性，只被動接受善意，很難想像這樣的帥哥神，會是好鬥的古代北歐男子的理想形象。不過，薩迦中有「軍隊中的巴德爾」、「拿著長槍的巴德爾」等形容戰士的詩句，所以巴德爾或許原本是個充滿男子氣概的戰神。

還有一種觀點指出，死後赴冥界的巴德爾，可能是本書提過多次的「死後復活的植物神」（中東神話的塔姆茲或希臘神話的阿多尼斯）的北歐版。雖然巴德爾的復活被洛基阻止，但在諸神的黃昏結束後，他將重生。

洛基與巴德爾的兩面性格，或許是原始神話和基督教意識衝突下的產物。北歐神話也許是特例，但任何神話都是不同地域、階級與時代變遷混在一起的產物。

《詩體埃達》
〈洛基的爭論〉（Lokasenna）

洛基出現在眾神的慶宴，輪番漫罵眾神。

洛基：「……奧丁，你住口！你連公平地把勝利分配給人類都做不到，你總把勝利給了不該贏的膽小鬼。」

奧丁：「沒錯，我確實讓不該贏的膽小鬼獲得勝利，但你曾經有八年時間待在地下，成了擠奶的女人，還在那裡生孩子（可男可女的洛基曾多次生子），根本就不像個男人！」

洛基：「大家都說你在薩姆索島使用魔法，你不是在人類世界像女巫般念咒語、以魔女之姿出現嗎（奧丁像女巫師行使性的巫術）？真不像個男人！（22～24）」

洛基：「弗蕾亞，你閉嘴！要說醜事你也脫不了身，你做過什麼我都知道。在場的阿薩諸神與精靈都是你的情人吧！」

弗蕾亞：「滿嘴胡言！你不知道禍從口出嗎？如果你惹火阿薩神族的眾神，就只能夾著尾巴回家喔！」

洛基：「住嘴！弗蕾亞，你這魔女！你專幹下流的事！優雅的眾神撞破你和哥哥偷情時，弗蕾亞，你放了一個臭屁！」（30～32）

洛基：「……索爾，你講話為什麼這麼盛氣凌人？在必須跟芬里爾狼戰鬥的時候（諸神的黃昏），你卻完全沒有魄力……。」

索爾：「少囉唆，無賴！我的妙爾尼爾之鎚會讓你閉嘴。我會把你丟到東方（巨人的故鄉），這樣我們就不用再看到你的臉了！」

洛基：「東方之行，你還是別提了吧！你這個英雄，那晚一動也不動地蜷曲在手套的拇指裡（請見254頁），因為連你自己都沒意識到自己是索爾。」（58～60）

（引自谷口幸男譯《埃達—古代北歐歌謠集》）

洛基變身為鮭魚逃走，但被眾神抓住，把毒蛇的毒液滴到他臉上。洛基用力掙扎，引起地震。直到諸神的黃昏，洛基才掙脫桎梏。

6 諸神的黃昏

世界與諸神迎接黃昏

甘格勒利問道：「**諸神的黃昏**是如何發生的？」

眾神回答：❶你沒聽過〈巫女的預言〉嗎？老婆婆說：「**加姆**在格巴尼（Gnipahellir）前咆哮，狼掙脫枷鎖逃跑。我自詡知識豐富，能預見遙遠的未來與眾神殘酷的命運。」

❷首先，會連續有三個**冬天**來臨，四面八方颳起強勁的風雪。然後，人類開始**手足相殘**，世界變得無血無淚，戰亂不止。

狼將太陽和月亮吞進肚裡，人類悲傷嘆息，星星殞落、山脈崩裂。**芬里爾狼**的腳鐐毀壞、包圍中間世界的**大蛇**朝陸地前進，掀起海嘯。一艘由死者指甲所造之船「納吉爾法」（Naglfar）出現，天空裂開，裂縫中出現了火焰國（穆斯貝爾海姆）的火巨人**史爾特爾**，受眾神懲罰、被囚禁的**洛基**也重獲自由。

❸阿斯嘉特的**彩虹橋**崩塌，橋的看守者**海姆達爾**吹響加拉爾號角（Gjallarhorn），宇宙樹也大力搖晃。

奧丁前往密米爾泉，聽取了建議，回到戰場，他一馬當先迎敵，衝向芬里爾狼；**索爾**與中間世界之蛇對打；**提爾**對上加姆。奧丁被芬里爾狼吞下肚，**維達**馬上撕裂芬里爾狼。**人類戰士**也加入戰爭，但全軍覆沒。最後，史爾特爾**放火**燒了整個世界，大地沉沒海底。

甘格勒利說：「這故事真驚人！末日之後，世界變成什麼樣子呢？」

眾神回答：❹結束了就是結束了，不過神之中仍有生還者。巴爾德與黑茲爾復活，相聚敘舊。他們在再度升起的大地，發現了過去奧丁很喜歡的**棋子**，睹物思人，不免激起懷念之情。這就是諸神的黃昏，聽未來的事也沒什麼用吧！

❺甘格勒利忽然聽到一聲巨響，回神一看，眾神不見了，宮殿也消失了，眼前只剩茫茫原野。

諸神的黃昏

挪威語拉格納洛克（Ragna rök）是「諸神的（region）的
命運（毀滅）」之意，傳統上理解為「諸神的黃昏」。
華格納（Wilhelm Richard Wagner）的歌劇
《諸神的黃昏》（Götterdämmerung）
也是從北歐神話諸神的黃昏得到靈感。

加姆是地獄的看守犬，格巴尼是地獄的入口。

❶〈巫女的預言〉34～35節

Geyr nú Garmr mjök fyr Gnipahelli,	加姆在格巴尼前咆哮
festr mun slitna en freki renna,	狼掙脫枷鎖逃跑
fjölð veit ek fræða fram sé ek lengra,	我自詡知識豐富，能預見遙遠的未來
um ragna rök römm sigtíva.	我看得見諸神殘酷的命運
Brœðr munu berjask ok at bönum verðask,	兄弟間互相殘殺
munu systrungar sifjum spilla;	姊妹的兒子也玷污了血緣的羈絆
hart er í heimi, hórdómr mikill,	世界無情無義、私通氾濫
skeggjöld, skálmöld, skildir klofnir,	這是戰斧的世界、劍的世界，盾裂開了
vindöld, vargöld, áðr veröld steypisk;	這是暴風雨的世界、狼的世界，直到這世界滅亡之前
man engi maðr öðrum þyrma.	沒有人會原諒他人

❷冬日不斷，世界戰爭不止。太陽與月亮消失，芬里爾狼、大蛇、火巨人史爾特爾出現。

❸海姆達爾吹響號角，眾神與巨人的戰爭開始了，萬物滅亡、世界燃燒、大地沉沒海底。

❹大地浮出海面，巴爾德與黑茲爾從冥界回來。發現昔日的棋子，懷念起過去的一切。

描寫世界的重生，
一片光明。

❺甘格勒利一回神，
剛才還在述說諸神黃昏的眾神不見了，
宮殿也消失了，
眼前只剩茫茫原野。

6 諸神的黃昏

主題≫末日與內省文學

▼內省文學

〈巫女的預言〉無論從哪個角度看，都是北歐神話的代表。內容描述女巫師應「戰士之父」奧丁的要求，以幻視的方式，看見世界從開始到毀滅的過程。詩篇中，巫女先述說世界的創建，再暗示黃金時代將盡時會發生的不幸事件。阿薩諸神毀棄誓約，打破與華納神族間的和平，是招致諸神沒落的遠因。詩篇後半則預告未來，談論**諸神的黃昏**以及其後世界的再生。

其中「加姆在格巴尼前咆哮」到「我看得見諸神殘酷的命運」這段（請見二六三頁），一共重複了四次。這是一種莊重的開場白，以通靈的方式看未來時，適合用這樣的表現。

〈巫女的預言〉的隱藏主角是聽者奧丁，他反省自己過去所作所為中的毀滅因子。諸神黃昏的神話，是從自己身上探索毀滅因素的內省文學。

佛陀從個人的**煩惱**中看見世人迷惑的原因；基督教宣揚**原罪**說，並將此與最後的審判連結。奧丁並未冥想或坐禪，也未嚴加指責眾人的罪。但是，眾神藉由審視自己內在的敗因、承擔自己的**命運**，為人類做示範。眾神竭盡所能，盡最大努力與巨人對戰，終至滅亡。這是神的武士道，或許也是沒有宗教信仰的現代人未來求生的模範。

▼奇幻作品的泉源

北歐神話的世界混雜了粗暴與幽默、巫術與策略的合理性，也是現代各式各樣**奇幻作品**的靈感泉源。其中最具代表性的大概是托爾金的《魔戒》吧！如前所述，四處漂泊，為即將發生的悲劇結局未雨綢繆的巫師甘道夫，正是奧丁的化身。**姆明谷**（Moominvalley）遭洪水襲擊、彗星毀滅地球的意象，似乎也可以和諸神的黃昏有所連結。

此外，主要描述家族故事的薩迦，成了**天行者家族**的**薩迦**；而奧丁（甘道夫）式的智者、黑澤明風的武士與禪師合流，成為尤達（Yoda）的形象。

托爾金《魔戒》的靈感泉源

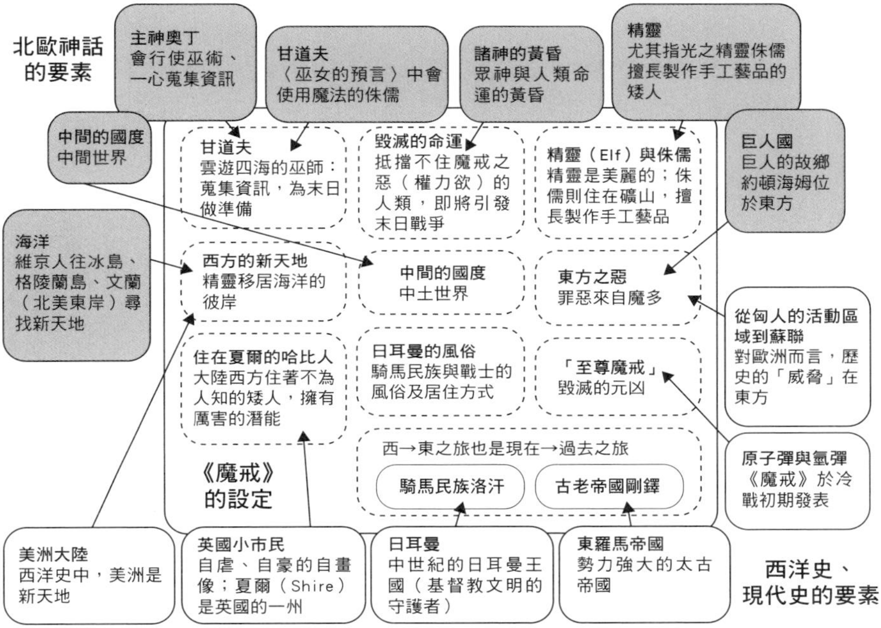
北歐神話的要素
主神奧丁
會行使巫術、一心蒐集資訊
甘道夫
〈巫女的預言〉中會使用魔法的侏儒
諸神的黃昏
眾神與人類命運的黃昏
精靈
尤其指光之精靈侏儒擅長製作手工藝品的矮人
中間的國度
中間世界
巨人國
巨人的故鄉約頓海姆位於東方
海洋
維京人往冰島、格陵蘭島、文蘭（北美東岸）尋找新天地
甘道夫
雲遊四海的巫師：蒐集資訊，為末日做準備
毀滅的命運
抵擋不住魔戒之惡（權力欲）的人類，即將引發末日戰爭
精靈（Elf）與侏儒
精靈是美麗的；侏儒則住在礦山，擅長製作手工藝品
西方的新天地
精靈移居海洋的彼岸
中間的國度
中土世界
東方之惡
罪惡來自魔多
從匈人的活動區域到蘇聯
對歐洲而言，歷史的「威脅」在東方
住在夏爾的哈比人
大陸西方住著不為人知的矮人，擁有厲害的潛能
日耳曼的風俗
騎馬民族與戰士的風俗及居住方式
「至尊魔戒」
毀滅的元凶
西→東之旅也是現在→過去之旅
騎馬民族洛汗
古老帝國剛鐸
《魔戒》的設定
原子彈與氫彈
《魔戒》於冷戰初期發表
美洲大陸
西洋史中，美洲是新天地
英國小市民
自虐、自豪的自畫像；夏爾（Shire）是英國的一州
日耳曼
中世紀的日耳曼王國（基督教文明的守護者）
東羅馬帝國
勢力強大的太古帝國
西洋史、現代史的要素

威脅與悲劇結局是奇幻與科幻作品的重要主題

北歐神話述說者的子孫，現在也是不安與威脅的專家？

齊克果（Kierkegaard）

丹麥人，研究不安與絕望的思想家，他的思想被認為非傳統基督教。

孟克（Edvard Munch）的名畫《吶喊》

孟克是挪威人，這幅畫以象徵現代人的不安而知名。

姆明谷

姆明谷經常處於洪水與彗星的威脅之下，作者朵貝・楊笙是瑞典裔挪威人，大戰時在反對蘇聯與納粹的《加姆》（Garm）政治雜誌畫插畫。

對抗地球暖化的環保人士

瑞典人格蕾塔・桑伯格對悲慘結局的透徹認識是北歐的傳統？

第 6 章

其他神話

其他神話 1 芬蘭神話

自古以來，芬蘭人（Finn/ suomalaiset，語言近似於波羅的海對岸的愛沙尼亞與匈牙利）就有獨自的神話世界，十九世紀時，艾里亞斯．隆洛特（Elias Lönnrot）收錄、編輯敘事詩《卡勒瓦拉》（芬蘭語：Kalevala），芬蘭神話開始有了文字紀錄。

敘事詩將主角維納莫寧（Väinämöinen）與伊爾瑪利寧（Ilmarinen）描寫成既像神又像人的英雄，神明則有雷神兼豐收神烏戈（Ukko）。

【天地之始】維納莫寧使用咒語，從**宇宙蛋**中生出天地日月星辰（在隆洛特的敘述中，創造天地是空氣少女的功績，與原本的神話不同。請見一五九頁）。維納莫寧是巫師、智者，也是文化之神，他曾用狗魚骨製作五弦豎琴「康特勒琴」。

【三寶磨之戰】大部分神話都有負面角色（神、民族等），《卡勒瓦拉》中的反派則是魔女婁希（Louhi）及其率領的波赫約拉（Pohjola）子民。

維納莫寧前往波赫約拉，向婁希的女兒求婚，婁希以得到**三寶磨**為條件；三寶磨是能生出任何東西的魔法機器。維納莫寧派遣鐵匠伊爾瑪利寧到波赫約拉，鍛造三寶磨。在維納莫寧和伊爾瑪利寧這兩個求婚者之間，婁希的女兒選了年輕的伊爾瑪利寧。

中間穿插了年輕、粗暴的勒明蓋寧（Lemminkäinen）逸聞，卡勒瓦拉國的主要部族與反派波赫約拉族之所以起紛爭，勒明蓋寧的行為也是原因之一。

維納莫寧知道三寶磨為波赫約拉帶來財富，便和伊爾瑪利寧、勒明蓋寧計畫奪回三寶磨。維納莫寧用音樂讓敵人沉睡，用牛將三寶磨拉上船。不過，維納莫寧一時興起，高唱勝利之歌，驚醒了波赫約拉的人民。於是，婁希用符咒的力量掀起大霧，阻止船前進。

婁希變身為巨大怪鳥，襲擊維納莫寧的船。爭奪中，三寶磨掉落海底，碎片四散各地。得到三寶磨碎片的地方，人民豐衣足食，而婁希只用爪子撈到三寶磨的罩子，於是波赫約拉變得民生凋敝。

一般認為，能夠磨麵粉、製鹽，也能產生金幣的魔法機器「三寶磨」的實物可能是碓臼（石磨）。神話中有許多三寶磨的意象，它有時被視為為宇宙軸，有時被比擬為宇宙軸中心的北極星。碓臼轉動時，確實很像滿載星星的天空在轉動。

【日月的幽禁與復活】三寶磨之戰還有後話，婁希為了復仇而散播傳染病，維納莫寧用蒸氣浴與軟膏治癒了人民的疾病。婁希隨後又派來一隻熊，維納莫寧捕捉了熊，殺熊祭神，作為熊的葬禮。維納莫寧彈奏康特勒琴時，太陽會坐在松樹上，月亮會坐在白樺枝上，聽得如癡如醉。婁希捕捉、監禁了太陽與月亮，所以伊爾瑪利寧重新鍛造第二個天體，但新造的日月無法發出原有的日月光芒。伊爾瑪利寧又鍛造可抓住婁希的枷鎖，婁希變身為鷹，偵察敵情時，終於死心，放了太陽與月亮；維納莫寧則以頌歌迎接日月。

其他神話❷ 凱爾特神話

西元前，凱爾特語族遍及整個歐洲中部，後因羅馬人、日耳曼人的壓迫，分布區域縮小，現在說凱爾特語的只剩愛爾蘭與英國威爾斯等地的少數人口。遺留在英、法等地的巨石陣等古代巨石，就是凱爾特人從前建造的。古代凱爾特人並未留下文字紀錄，我們無從得知他們過去的宗教狀況，只知道有名為德魯伊（Druid）的祭司進行祭祀。

現在所知的凱爾特神話是愛爾蘭與威爾斯流傳下來的，愛爾蘭的凱爾特神話是在西元十至十六世紀由基督教修道士記錄，與原本的內容完全不同。神話中應有創造天地與人類的故事，但這部分完全沒流傳下來，唯一跟起源有關的是愛爾蘭島**數度遭異族入侵**的故事，其中敍述米爾・艾斯班尼（Míl Espáine）是最後的入侵者，現在的愛爾蘭人是他的子孫，而前一個入侵者圖哈德達南族（Tuatha Dé Danann，亦稱達南神族）則成了神。

據說，圖哈德達南族人現在變身為**小精靈**，住在永生之國「提爾納諾」（Tír na nÓg）。該處位於海的彼岸，一座殘存巨石遺址、名為「悉狄」（Sidh）的丘陵之下。那裡就像奇幻小說中的異次元空間，與人世的界線並不明確，也類似日本的幽冥界。

以圖哈德達南族之後的時代為背景的傳說，包括庫胡林（Cú Chulainn）等阿爾斯特（Ulster）地方的英雄故事，與時序更晚的費奧納騎士團（Fianna）故事。

威爾斯流傳的神話稱為馬比諾吉昂（Mabinogion），是王族與異世界交流的故事集。

而著名的**亞瑟王故事**（亞瑟王被認為是西元五至六世紀不列顛國王）則與威爾斯傳說混合，在十五世紀集大成。

【知名的神與英雄】古代羅馬人記錄了祖先神、戰神泰烏塔特斯（Teutates）還有長著鹿角的科爾努諾斯（Cernunnos）的故事（現在新時代宗教運動中的新興宗教「威卡教」有一篇意義不明的祈禱文「Eko Eko Azarak……」，其中出現了科爾努諾斯的名字，不過這是現代人的創作）。

在愛爾蘭發展的圖哈德達南族，被認為與豐收女神達努（Danu）同族。達努的父親達格達（Dagda）是豐收神，一頭紅髮，大腹便便，手持能產生任何物品的魔法鍋。圖哈德達南族的首領是戰神努亞達（Nuada），魯格（Lugh）是掌管光明、擅長工藝的神，這些英雄在各地似乎皆有信徒。

據說，眾神來到愛爾蘭時，帶來了四種神器：**國王加冕時用的聖石、魯格的貫魔神槍、努亞達的不敗之劍及達格達的魔法鍋**。

愛爾蘭最知名的英雄是阿爾斯特的庫胡林，據說他繼承了光明神魯格的血統，他從小就是個怪力小孩，十分引人注目。他的乳名是瑟坦特（Sétanta），七歲就徒手殺了力敵十名騎士的猛犬，他向猛犬主人庫林許下承諾，將會代行看家犬的任務，自此他便以庫胡林（庫林愛犬的名字）為名。據說，他作戰時像個怪物，即使戰鬥結束，他仍激動難平，必須在裝了冷水的大桶浸泡三次，才能冷靜下來（第一次進桶時，桶子爆炸；第二次冷水沸騰；第三次才終於恢復正常）。成年後，他學習武術，屢建戰功，曾擊退鄰國康諾特（Connaught）的女王梅芙（Medb）。

斯拉夫神話

斯拉夫分為東斯拉夫（俄羅斯人等）、西斯拉夫（波蘭人、捷克人等）及南斯拉夫（保加利亞人、塞爾維亞人），基督教於該地普及之前的神話紀錄，幾乎付之闕如。

東斯拉夫眾所周知的神包括主神佩龍（Perun，雷神）、維列斯（Veles，家畜之神）、戴伯格（Dajbog，太陽神、財富之神）、斯瓦洛格（Svarog，竈之火神）、赫爾斯（Hors，太陽神）、摩科斯（Mokosh，豐收神、大地母神）、斯瑪格爾（Simargl，來自伊朗）等。**西斯拉夫**廣為人知的神包括騎著白馬的斯韋托維德（Sventovit）、有三個頭的軍神特里格拉夫（Triglav）、生命女神基娃（Živa）等；**南斯拉夫**知名的神包括善神貝洛伯格（Belobog）、死神切爾納伯格（Chernobog）等。

順道一提，「bog」（俄語為бог）在斯拉夫語系是神的意思。而希臘主神宙斯（Zeus）和原始印歐語的主神帝屋斯（Dyeus，神）、印度的提婆（Deva，神），這一系列的詞並非在「神」的意義上使用，而是表示「神奇的存在」。雖然基督教驅逐了斯拉夫眾神，但精靈等級的生物仍留在後來的民間信仰，例如**家庭精靈**多摩沃（Domovoi，居住於暖爐或地下的小矮人）、**水之精靈**（漁民信奉，被認為會引人入水）、動物的領袖**森林精靈**等。

【創世神話的痕跡】大家現在知道的是**穿著基督教外衣**、擁有斯拉夫特色的**創世神話**（因為斯拉夫眾神並未登場）。

天地之初，只有一片汪洋，其中有神與惡魔。原初之水曾在〈創世記〉神話中出現（請見一九四頁），但開始就有神與惡魔這種善惡二元存在，則是斯拉夫神話獨有的特色（也有人認為是受伊朗的影響，請見二一〇頁）。

神邀請惡魔一起創造大地與人類，而從水底取出土的是惡魔，當時惡魔原本說「以我和神的力量」，而不是說「以神和我的力量」，但後者才是正確的順序。因為順序說反了，所以惡魔無法到達水底（**說法順序的錯**

誤，令人稍微聯想到伊邪那岐與伊邪那美的失敗，請見二〇頁）。惡魔說到第三次才說對了順序，得到了土，創造出陸地。然後，神創造天使與人類，惡魔創造狼與山羊。

【吸血鬼與狼人】斯拉夫民間信仰有**吸血鬼**與狼人傳說，雖與原本的「神話」有些距離，但已成為斯拉夫神話的普遍特色。

一般認為，罪人和自殺者會變成吸血鬼，似乎是因為大地母親不能接受死亡。順道一提，羅馬尼亞（拉丁系）的民間故事中，被吸血鬼咬過的人也會變成吸血鬼。埋在土裡的屍體因處於低溫、潮濕的環境，容易產生蠟化現象，不會腐爛，據說也是吸血鬼的起源。會有這種說法，或許是因為酷寒地帶屍體常出現蠟化現象。

狼人是在固定期間變成狼的巫師，或被巫術變成狼的人。日本有「狼男」的說法，但狼人其實男女都有。古代斯拉夫的年輕戰士組織有打扮成狼的儀式，據說是狼人傳說的起源（北歐神話也有穿著狼皮的戰士，披著熊皮的戰士則稱為狂戰士〔Berserker〕）。

其他神話 4 阿伊努神話

雖然阿伊努語的詞彙、文法皆和日語不同，但也有些詞彙，如**神威**（kamuy，相當於神的意思），和日語似乎有借用關係。神威指精靈，動植物、火、自然界的種種存在，不過動植物的身體也像是精神上的神威所穿的外衣。

阿伊努族的敘事詩稱為英雄詩曲（Yukar），吟詠神威的英雄詩曲則稱為神謠（kamuy yukar）。大正時代，阿伊努族的**知里幸惠**用羅馬拼音記錄神謠，並附上日語翻譯，編寫成膾炙人口的《阿伊努神謠集》。以下介紹其中的毛腿漁鴞（Ketupa blakistoni）神謠（見第二七三頁下方，表記與譯文都經過修改，變得較容易閱讀，小寫假名標記子音）。

與薩滿解說者合為一體的毛腿漁鴞神威如無人機飛

下山谷，眺望人類的村莊，發現村莊跟以前不一樣了，變得有富人也有窮人。富人的孩子看不起窮人的孩子，雖然窮孩子也有高貴之處。神威可憐窮孩子，故意讓那孩子的箭擊落自己。窮孩子帶著漁鴞回家，從神威專用窗將牠放進家裡。孩子的祖父母看到有美麗高貴的神威進門，驚訝不已，趕忙祭祀。半夜，神威在家中唱起「銀，滴落滴落，在四周」，為那一家帶來財富。

阿伊努的神話世界裡，描寫動物神威讓人類獵獲，藉此提供肉類給人，而人類祭祀神威，一方面是為了感謝，一方面是為了讓他們回到天界，為熊神威送行的「熊靈祭」就是眾所周知的神威祭祀儀式。

與大部分的民間故事相同，阿伊努族的故事中，惡人最後大多會得到懲罰，不過這首神謠的結尾卻是全村和睦相處，這或許是身為基督徒的知里幸惠編輯修改的。芬蘭神話、後文會看到的各地原住民神話皆有此情況，因為神話的重新記錄是在基督教大力宣教的時代，很難避免這種混雜交織的狀況。

シロカニペ、ランラン、ピㇱカン
コンカニペ、ランラン、ピㇱカン
アリアン・レㇰポ
チキ・カネ
ペテソロ
サパㇱ・アイネ
アイヌコタン
エンカシケ
チクㇱ・コㇿ
シチョㇿポクン
インカラㇱ・コ
テエタ・ウェンクㇽ
タネ・ニㇱパ・ネ
テエタ・ニㇱパ
タネ・ウェンクㇽ・ネ
コトㇺ・シラン

銀，滴落滴落，在四周
金，滴落滴落，在四周
我邊唱著這首歌
邊沿著河下游飛去
飛過人們住的村莊上空時
我向下眺望
似乎這村子裡的人
過去貧窮的，現在變得富有了
過去富有的，現在變得貧窮了

琉球神話

琉球的歷史、文化不同於日本本土，雖然宗教類似神道教，但具體的神話內容性質差異甚大。著名的神話歌謠《思草紙》（一六二三年），是琉球王朝祭祀用古謠「Omoro」的集大成。

以下將介紹歌詠創造國土之神阿摩美久的古謠（十卷五一二），並附上外間守善的現代語譯文（琉球語版本中的「一」與「又」似乎是詩歌疊句的單位，正確讀法不明）。

【古謠】

一 昔初まりや
てだこ大主や
清らや 照りよわれ
又 せのみ初まりに
（太陽神は美しく照り輝き給え）
又 てだ一郎子が
又 てだ八郎子が
又 おさん為ちへ 見居れば
又 さよこ為ちへ 見居れば
又 あまみきよは 寄せわちへ
又 しねりきよは 寄せわちへり
又 島 造れてゝ わちへ
又 国 造れてゝ わちへ
又 こゝらきの島々
又 こゝらきの国々
又 島 造るぎやめも
又 国 造るぎやめも
又 てだこ 心切れて
又 せのみ 心切れて
又 あまみや衆生 生すな
又 しねりや衆生 生すな
又 しやりは素性 生しよわれ

【現代語譯文】

遙遠的過去，天地初開
太陽神
閃耀著美麗的光芒
遙遠的過去，天地初開
太陽神的第一個孩子
太陽神的第八個孩子
從天上向下望
端坐著向下望
（島嶼尚未建造，所以，太陽神）
邀請阿摩美久
邀請志仁禮久
命他們建造島嶼
命他們建造國土
許多島嶼
許多國土
（創建出來了）
太陽神迫不及待
太陽神心急如焚
直到島嶼完成
直到國土完成
（太陽神下令）
不要生出天御國民
不要生出去行國民
要誕下血統正確的人類

太陽神「太陽子大主」與《古事記》的天照大御神屬同一朝代，他命令村落的祖先神阿摩美久創造國土。最後一句，太陽神說要誕下血統正確的人類，這是典型的王朝神話思維。阿摩美久（Amamikyo）以及天御國（Amamiya）等名稱，被認為與海人部*（Amabe，譯註：大化革新前住在海邊，將海產納貢中央的組織。）或奄美（Amami）有關。

琉球神話也歌詠了位於海彼岸的常世之國、根之國「儀來河內」（Niraikanai）。

韓國神話

【創世神話】朝鮮半島的創世神話並非記載於文獻史料，而是留於各地的巫歌。如咸鏡南道的創世歌描述，「彌勒」於天地之初誕生，他將銅柱立於空間的四個角落，分開了天與地。然後，日月星辰各就其位，天上落下的蟲成為男女人類的祖先，有趣的是，此時「釋迦」出現，還與「彌勒」相爭，奪取了統治權，敗者預告此世將成末世……種種情節讓人覺得光怪陸離。

當然，「彌勒」與「釋迦」是外來的，日本的新興宗教也混合了神道教、道教或佛教的神話，跟韓國神話的情況類似。重點是故事的模式具有共通性，任何創世神話都有將**天地分開**的過程，多數神話都是**先產生日、月這兩個星球**（然後英雄再一個個射下來），或有世界的**篡奪者**出現等。

順道一提，彌勒、釋迦等佛教角色相互競爭的故事，似乎存在於中亞、北亞等地；相對地，射日神話存在於南方熱帶，射月神話則是射日神話的衍生型。

【建國神話】記錄於文獻中，朝鮮半島的神話主要是**建國神話**，這點和日本神話不同；日本神話存在許多建國前的眾神故事。韓國的建國神話幾乎都是**天孫降臨型**，建國者的父親是天神，母親是人類，他可能是從母親的身體直接生出來；或母親產卵，他從卵中出生；或是從天上降下的卵中出生；所建之國包括高句麗、百濟、新羅等古代史中眾所周知的國家。

最具代表性的是高句麗的朱蒙神話，讓我們來看看他的故事。

天帝的兒子降臨地上，與河神比賽變身術。天帝之子獲勝，選河神的女兒柳花為妃，但卻突然回到天上。柳花被父親驅逐，扶余國王收留了她，安置她在別宮。窗外射進來的陽光照在柳花身上，使她懷孕（類似柏修斯的母親因宙斯化身的黃金雨懷孕，請見一二六頁）。

不久，柳花的左腋生出一個巨型卵（和釋迦從母親右腋出生同一模式）。扶余國王看了，認為不吉利，就把柳花與卵棄於山中。但動物們都保護柳花，不久孩子由閃閃發光的卵中誕生。那孩子擅長弓箭，大家都叫他朱蒙，即扶余語中「弓箭達人」之意。

不久，朱蒙被趕出國，追兵追來時，他正逃到河邊，進退維谷，但河裡的魚排在一起，架了一座橋，讓朱蒙平安渡河；然後魚散開，追兵就溺死了（這裡類似摩西的奇蹟，請見二一六頁）。朱蒙二十二歲時建高句麗，成為始祖東明勝王。

建國神話中，檀君神話與太古時期「朝鮮」的建國有關，無論在南韓或北韓，這個故事都燃起了民族主義之火。檀君神話中有相當於日本三神器的天符印（劍、鏡、鈴）、有天神與熊女交歡產子（此子即檀君），內容十分有趣；通古斯族也有類似熊與人類產子的主題。

跟日本一樣，朝鮮半島藉由神話與薩滿教的傳統，與亞洲各地產生連結。

其他神話 7 中國神話

自古以來，廣大的東亞遍布眾多民族，其中最強勢的文化是位於黃河下游的漢族；漢族併吞了長江以南與東北地方各族，形成強大的民族。各地域本該有不同、多元的神話傳說，但此地只留下少數引起漢族**儒家知識分子**注意的紀錄，這就是所謂的「中國神話」；不過，以下我想介紹創世神話與道教的神仙思想。

【天地與人類之始】宇宙之初是一片混沌，名為盤古的巨人從中而生。一萬八千年間，混沌世界中較清澈的成分逐漸上升，形成了天；渾濁的成分逐漸下降，形成了地。天地之間的距離隨著盤古的身形長大而愈來愈寬，最後達九萬里。

不久後，**盤古**死了，他的左眼變成太陽，右眼變成月亮，氣息變成風和雲朵，身軀變成山岳（亦有一說是形成泰山等五嶽），肉變成土，血液變成河流，頭髮變成星星，體毛變成草木，牙齒與骨頭變成岩石，汗水變成雨（請參照二四二頁，巨人尤彌爾的肢解神話）。

人類是由**女媧**創造，一開始，她用泥土一個個精心捏製人類；後來嫌麻煩，就把繩子放進泥漿，再拿起來一甩，濺起的泥漿便形成了人類。最初用心製造者成為富人，後來馬虎製造者則成了窮人（印度神話中，相當於盤古的原人身體產生四個階級，請見一五八頁）。

【多個太陽】太古時期有**十個太陽**，他們在東方盡頭的山谷沐浴，出浴後，就在高大的扶桑樹枝上休息。首先，位在最上方樹枝的太陽冉冉上升，開始一天的天空之旅，旅程終點是西方的天空。太陽每天依照在樹枝上的順序，輪班在天空旅行，周而復始。這是古代曆法「十日一旬」的神話，十個太陽的名字分別為甲、乙、丙、丁、戊、己、庚、辛、壬、癸，稱為「十干」。

【牛郎織女】放牛牧童與天帝的女兒分別住在銀河兩岸，天帝讓兩人結為夫妻，但女兒在婚後荒廢紡織的工作，一年到頭都像在度蜜月，天帝傻眼，又將兩人分開，只能在七月七日相見。

【蓬萊山】中國東方的渤海有**蓬萊**、**方丈**、**瀛洲**三座神山，山上住著仙人，還有長生不老藥。仙人住在金銀打造的宮殿，山上的鳥獸都是純白色。若想開船接近這些島嶼，就會被風吹回海上。

這三座山（或岩石島）中最具代表性的是蓬萊山，山水畫中描繪此島上方遼闊，十分特殊，就像海市蜃樓。大家都知道，秦始皇曾派人到這些島尋求長生不老藥。仙人就是長生不老的人類，與一般的英雄、一神教的救世主或印度的佛陀皆不同。道教的修行以長壽為目標，即使無法達到永生不死。

亞洲各地依現今主流宗教而區分為不同的文化圈，西方是**伊斯蘭文化圈**，印度大致上屬**印度教文化圈**，中國四周以**儒教**、**道教**為主調，盛行大乘佛教（日本再加上**神道教**）。東南亞則呈現「宗教百貨公司」的樣貌，泰國周邊主要信仰上座部佛教（Theravada Buddhism，即小乘佛教），印尼周邊盛行伊斯蘭教，菲律賓以基督教為主，其他各地則散見中國型宗教與基督教。

各地都有混雜了主流宗教原則的**地方神話**，尤其東南亞、中國少數民族有許多神話紀錄，北方的通古斯族、阿爾泰族（Altaic peoples）的神話紀錄也不少。以下，我將介紹幾種**東南亞與中國少數民族**獨特的神話模式。

【進化型的人類誕生神話】主張人類經過幾個階段的「進化」，才形成今天的模樣，這種神話模式存在於東南亞，北美原住民神話中也可見到。婆羅洲某部族的神話描述，第一個人類是從劍柄（可能象徵男性）與紡織機的梭（可能象徵女性）中誕生，是個沒有四肢的孩子，之後逐步進化，到了第五階段才形成現在人類的樣子。中國少數民族間也廣泛存在進化型神話，有些是從侏儒開始進化，有些是從巨人開始進化，也有些是從近似猿猴的生物開始進化。

【兄妹始祖型洪水神話】中國少數民族間流傳的**洪水神話**，與《聖經》中挪亞的洪水神話一樣，都敍述大洪水導致人類滅亡，但在中國少數民族的神話，洪水過後只剩**兄妹或姊弟**存活，兩人結合，變成新的人類祖先（順道一提，人類始祖的家庭除了亂倫，沒有其他繁衍方法，所以故事中兄妹結合並無不自然之處，否則就會像亞當與夏娃的兒子該隱一樣，太太不知是從哪裡找來的。神話的邏輯與倫理道德是不同次元的思考，創造國土的伊邪那岐與伊邪那美也是某種類型的兄妹）。

【王國之樹】廣布於東南亞一帶的**泰語民族**也有傳統神話，日本民族學家大林太良的論文指出，這些神話的主題之一是「王國之樹」。

王國之樹是類似北歐神話中宇宙樹的大樹，它和王國與國王（領主）的命運緊密相聯。此樹存在矛盾之處，首先它象徵被征服的自然，被視為有害之物，但在英雄建立國家秩序後，它又成為國土的守護神；在儀典之中，似乎還成為柱的象徵（在泰國它被描寫成具佛教意味，並被賦予蓮花的意象）。

【與日本神話的關係】亞洲各地皆可看見與日本相同模式的神話，因為傳播、相互影響等因素，這可說是理所當然的。如第一章所介紹，從身體取出食物招待須佐之男的大氣津比賣神，類似印尼西蘭島神話的**海奴韋萊**（請見三八頁）。此外，印尼也有類似因幡白兔的神話，其中小鼷鹿（Mouse deer）騙了鱷魚，不過這次是陸地生物贏了。

其他神話 9 大洋洲神話

大洋洲指澳洲大陸加上太平洋諸島的廣大空間，雖與東南亞相鄰，但並未亞洲化，而是直接暴露於西洋殖民的影響。

澳洲大陸的原住民（Aborigine）在乾燥的土地上，以狩獵採集為生，在過去的「夢時代」（Dream Time），神話人物東奔西跑，建造神聖場所、引進禮儀，他們今天可能仍以精靈的形式，存在於這片土地。

美拉尼西亞（包含巴布亞紐幾內亞、斐濟等）的農耕民族幾乎沒有開天闢地的神話，他們認為原初的存在來自某個地方。

雖不是傳統信仰，但從十九世紀末，此地便盛行對末日烏托邦的期待，這裡的人相信，到時眾神會回應各地的祈願，用船把財富（大量貨物）——被白人掠奪的各種文明物品送到這裡。

密克羅尼西亞（帛琉等地）、玻里尼西亞（紐西蘭、東加、薩摩亞、大溪地、夏威夷等）則有豐富的天地開闢神話，接下來，我將介紹坦加羅亞（Tangaroa）與紐西蘭的天地分離神話，以及文化英雄毛伊。

【坦加羅亞】在玻里尼西亞中、西部的神話，海神坦加羅亞擁有天地創造神的特性。他似乎於萬物出現前就存在，並在某個時間點從一片汪洋中創造出岩石，再從岩石中生出海與土地；接著創造了人類，把思想、情緒封入人體。

【地母帕帕與天父蘭基】天地分離形成世界的神話，在玻里尼西亞十分普及。紐西蘭毛利族的神話描述，最初天父神蘭基（**Rangi**）與地母神帕帕（**Papa**）緊緊相擁，他們所生的孩子夾在父母懷中的縫隙，渾身不舒服，感到十分厭煩。

孩子當中，一臉怒容的圖馬陶恩雅（Tūmatauenga）提出殺掉父母的偏激意見，而被稱為森林之父的他尼馬夫達（Tāne Mahuta）提議，不如讓天地分開。農作物之父朗高（Rongo）、魚之父坦加羅亞、野生植物之父哈烏米雅（Haumia-tiketike）、圖馬陶恩雅施力分開父母，但都失敗，輪到他尼馬夫達時，終於成功了。於是，光線射進了世界，但風之父弗利馬提雅覺得孩子們大逆不道，便在世界引發暴風雨；世界即是如此誕生在兄弟的爭執中。地母帕帕思念丈夫的嘆息凝結成霧，天空蘭基的淚化為雨，落在大地與海洋，這個世界被熾熱的愛情包圍著。

【英雄毛伊】玻里尼西亞有個**搗蛋鬼型的文化英雄**，名叫毛伊。他是個早產兒，是在天地尚未形成，由人類祖先之後數代的女性所生。他被拋棄海中，因神的恩典才得以存活，長成聰明的少年。毛伊有一項重要事蹟，就是到地下女神那裡取火，帶回地上（這點像普羅米修斯，請見九十頁）。他曾從海中釣起島嶼，並將原本急速行進的太陽用網子套住，使它的速度減緩；也曾鑽進女神跨下，到達她的子宮，意圖打敗「死亡」，但反被殺死。

毛伊幾乎任何事都能完美達成，在玻里尼西亞的說書人口中，毛伊的故事仍在不斷增加與改變。

北美原住民神話

北美原住民是從舊大陸橫渡冰冷的白令海峽，遷徙至美洲大陸，但其文明的發展極受環境所限。這裡缺乏作物，也沒有馬、鐵器與車輪，加上文字使用的限制，十五世紀以降，便無法抵擋來自**舊大陸的侵略者勢力**（再加上外來的**病原菌**，使人口減少了百分之九十以上）。

馬雅、阿茲提克及印加神話將在下一小節說明，這裡會先討論以狩獵採集與小規模農耕為生的北美原住民（也就是西部電影中的印地安人）。北美原住民包含眾多語言與部族，但彼此仍存在共通性，如文化的泛靈論（Animism）與相同的神話模式。各種神靈中，比較特別的有最高位的「大神」（Great Spirit）、泰爾華（Tirawa，大平原上的波尼族）、阿沃納維洛納（Awonawilona，美國西南部的祖尼族）。此外，也有類似地母神的神祇，與掌管雷、雨、風、性、生產的眾神。雷鳥（Thunderbird）是美洲原住民文化中的知名聖像，被描繪為類似鷲的形態（值得注意的是，希臘雷霆神宙斯也曾變身為鷲）。

【搗蛋鬼】這裡有豐富的搗蛋鬼傳說，比荷米斯、洛基等文字社會的描述更加直接、露骨。許多搗蛋鬼的外形是渡鴉、兔子，但最多的是**郊狼**，我們來看看五大湖地帶的印地安酋長、被稱為「手腳快的傢伙」的瓦朱卡加（Wakdjukaga）是什麼德行……瓦朱卡加自己舉辦重要典禮，卻中途離席和女人上床；左右手會吵架；還把樹根當成人，想讓它說話。某次他要自己的屁股幫他看守烤肉，但烤肉被偷了，他就用柴火燒肛門作為懲罰。他還將自己頗長的陰莖放進箱子，隨身攜帶；還變成女人，生下孩子……不過，他也完成了清除密西西比河的障礙物等公益事業。

【儀典】誇富宴（Potlatch）是西北海岸各部族的知名儀式，這是酋長將自己的財富分給眾人，進行自我犧牲的淨化儀式，有時他們甚至會大量毀壞財物。在薩滿（現代人稱為藥人）的儀式上，西南部各族會使用迷幻植物，相當引人注目。西南部的霍比族會舉辦精靈卡奇那（Kachina）的紀念儀式，因為卡奇那曾在族人遭遇危難時現身拯救；全世界的身心靈愛好者都會購買卡奇那木偶或類似商品。

大平原區的奧格拉拉族（Oglala）每年固定舉行的太陽舞（Sun Dance）儀式（收錄於默西亞・埃里亞德著，《世界宗教理念史》，商周出版），告訴我們神話世界原本就不盡然是溫馨的童話故事。這個祈求世界改變、部族多子多孫的儀式，在盛夏連續舉行四天，主旨是犧牲的痛苦。許多人從早到晚在聖樹周圍圍成一個直徑約二十公尺的圈圈跳舞，舞者跳舞時必須禁食，還得吹奏樂器，苦不堪言。薩滿巫師會在男性舞者胸部刺穿兩道口子，把竹籤插在傷口上，繫上繩子，跟聖樹綁在一起；對女性參加者與小孩施加的痛苦較輕。太陽舞聽起來充滿喜慶的味道，卻幾乎都是流血的儀式。

其他神話⑪ 馬雅神話

中美洲存在以壯麗神殿建築而廣為人知的文明，在十六世紀，西班牙人入侵時，墨西哥城周邊有顛峰期的**阿茲提克文明**，猶加敦半島則有已過了全盛期的**馬雅文明**。我們先來看馬雅文明的神話，雖然馬雅人建造了許多壯麗的神殿，但在四至九世紀的全盛期，他們前去參拜時，心中懷抱何種信仰，已不得而知。之後，神殿文明衰退、叢林蔓延，加上受鄰接的墨西哥文明影響，神話與信仰恐已改變；而後又遭西班牙侵略，由天主教神父處理馬雅文字的文書，所有的記憶可能因此一筆勾消。

不過，後來有馬雅人用拉丁文重新記錄傳說。這些文字紀錄中，《波波爾・烏》（Popol Vuh，意思是「民眾、共同體之書」）可作為完整的故事來閱讀，它記錄了流傳至馬雅邊境的神話。

【世界的創始】《波波爾・烏》開頭的創世神話描述，眾神以對話討論的方式，從黑暗的水上生出大地，再陸續創造萬物。這讓人聯想到〈創世記〉，或許馬雅神話也受了**基督教的影響**吧！

眾神所造的動物無法運用語言，所以被當作牲禮使用。用泥土所造的人遇水則化，用木頭所造的人也不能令神滿意，眾神便將他們都摧毀了（倖存的木人變成猴子）。不過，接下來用**玉米**所造的四個男子則十分優秀。但因他們實在太過優秀，又引起神的不快，神就弄瞎了他們的雙眼。然後，神創造了四名女性，當作他們的妻子。

【雙胞胎神】優秀人類誕生前的這段期間，還穿插了烏納普（漁夫之意）與斯巴蘭克（小美洲豹之意）兩位**雙胞胎英雄神**的故事，這是《波波爾・烏》的重心所在。雙胞胎戰勝各種惡勢力後，多次到冥界「希巴巴」（Xibalba）探險。因為他們的父親是在冥界被殺，所以這個故事也有復仇的意味。他們打敗冥王胡卡姆（Hun-Came）與伍庫卡姆（Vukub-Came）的故事，也成為**獻祭的起源**。

兩人在儀典中持續跳舞，連敵人也讚歎不已，並反覆讓人留下「重生會發生在獻祭之後」的印象。他們殺了狗，再讓牠復活；燒毀房子，再讓它恢復原狀；挖出男子的心臟，又讓他在喜悅中再生；斯巴蘭克將烏納普獻祭之後，又讓烏納普甦醒過來。冥王們看得出神，甚至要求雙胞胎為自己施法術。

於是，雙胞胎神殺掉冥王們，當作活祭品，但並未讓他們復活，反而埋葬了他們（類似魔女美蒂亞向情人伊阿宋的叔叔復仇，請見一三二頁）。

然後，雙胞胎神被光包圍著飛上天空，變成太陽與月亮。

【馬雅的眾神】馬雅人是多神教，伊特札姆納是主神，也是太陽神與豐收之神。他的妻子伊希切爾是掌管彩虹、洪水、生產的女神，恰克是閃電、雷聲、雨之神。此外，馬雅人也尊崇玉米神，有學者推定，玉米神是《波波爾・烏》中雙胞胎英雄神烏納普與斯巴蘭克的父親胡恩・烏納普。

阿茲提克神話

阿茲提克文明分布於今天的墨西哥城周圍，十六世紀西班牙人入侵時，它正到達鼎盛期。中美諸文明有漫長的衰亡史，其中最古老的是**奧爾梅克文明**（相當於日本的繩文時代），其次是猶加敦半島的馬雅文明，然後是接近墨西哥城的**迪奧狄華肯文明**、**托爾特克文明**、**阿茲提克文明**；若對照日本史的時間，相當於彌生、奈良、室町時代。

【活人獻祭】阿茲提克文明之所以廣為人知，主要是因為他們有**活人獻祭**的儀典，西班牙人也曾親眼目擊。在神話全盛時代，各地民眾都以動物為祭品，但以活人為祭品的也不少見。不過，中美文明的眾神對祭品特別執著，因為該地將人類流血視為宇宙存續的特殊力量泉源。

獻祭的信仰在阿茲提克達到極致，一四八七年，特諾奇提特蘭（Tenochtitlan，阿茲提克首都，現墨西哥城）舉行守護神維齊洛波奇特利（Huitzilopochtli）神殿的重新獻祭儀式，當時的活祭品就有八萬人（也有學者推定在兩萬人左右，一年的活祭品人數說法不一）。

獻祭有各種方式，有時是在階梯式**神殿**的最高處舉行，由祭司壓住獻祭者四肢，挖出其**心臟**（然後將他推下階梯，砍下他的頭）；有時是將獻祭者投入火中。據說有些獻祭者是因為覺得光榮而自願犧牲，有些獻祭者則是戰俘。

阿茲提克的神話中，人類是神所流的血創造出來的。所以，只要我們活著，就註定對神有虧欠。此外，也是因為神跳進火中，犧牲自己，我們才有今天的太陽。為了償還這些債，人類就必須流血、獻出心臟。

這種流血的神學，或許可以跟舊大陸主流宗教的獻祭做對照。《舊約聖經》中記載了以獸類作為獻給神的祭品，但禁止以人類為活祭品。《新約聖經》的耶穌基督則以自己為活祭品，聖餐式就是吃下活祭品耶穌基督的血與肉，只是改以麵包與葡萄酒為象徵。佛教不以動物為牲禮，而用鮮花與點心供養佛像；宗教大都走向草食化。阿茲提克將獻祭神話發揮到極致，舊大陸主流宗教的獻祭則往「觀念化」的方向發展。

【阿茲提克的眾神】在實際儀典上，被當作主神尊崇的似乎是軍神維齊洛波奇特利；神話中的風雲人物則是源自蛇神的農耕之神、文化英雄魁札爾科亞特爾。

美洲豹的化身特斯卡特利波卡（Tezcatlipoca）是魁札爾科亞特爾的競爭對手，奧梅堤奧托（Ometeotl）雖著手創造天地的工作，但只是名義上參與，與後續具體的進展無關。

另外還有雨神特拉洛克（Tlaloc）、穀物神西佩托堤克（Xipe Totec）等，西佩托堤克是玉米的形象化，據說獻給他的祭品全身皮都會被剝光。

天地創造之後，太陽為了對抗眾神，曾經被毀滅四次，現在的太陽是第五個。持續為太陽獻祭，讓它不再毀滅，是人類的責任與義務。

其他神話⑬ 南美洲神話

西班牙人入侵之時，印加人正在現今祕魯、玻利維亞一帶，建立覆蓋**安地斯山脈**的大帝國，他們擁有無縫組合巨石的技術，建造了據說長達一萬公里的道路網。但與中美洲不同，他們沒有文字（生物地理學者賈德·戴蒙指出，如果像歐亞大陸，諸文明是東西走向，因為緯度相同、氣候類似，文化就容易傳播。若像新大陸，諸文明是南北走向，從農耕技術到文字系統的傳播都容易受阻）。結繩計數、記事的系統有助行政效率，但應無法記錄神話。也因為如此，印加神話不如中美一目了然。

不管怎麼說，安地斯山脈和中美洲一樣，都重視天體觀測，並將日月星辰神格化。雖然印加眾神也要求**以人類為祭品**，但不像中美那麼誇張高調。安地斯山脈的祭司也使用迷幻植物，這裡也製造**木乃伊**，作為祖先祭祀的一環。

【印加眾神】最高位的神叫做維拉科查（Viracocha），天地之初，他從黑暗中出現，創造了天地，創造的舞台位於今天的「的的喀喀湖」附近。他還創造了生活於黑暗中的人，但因不太滿意，就立刻摧毀他們，等造了日月星辰之後，再繼續努力創造人類。人類遍布大地後，維拉科查四處巡視，賞善罰惡，對人類諄諄教誨，不久便返回大海。

太陽神印蒂（Inti）似乎是維拉科查的兒子，備受尊崇，甚至吸收了創造神維拉科查的神格。瑪瑪科恰（Mama Qucha）是女海神，被視為維拉科查的妻子。印加神祇名稱眾多，傳說也錯綜複雜。

印加有各種**王朝起源神話**，其中之一是太陽神印蒂的兒子曼科・卡帕克（Manqu Qhapaq）從的的喀喀湖出發，歷訪各地，尋找黃金杖往地下一戳，就能深陷入地的場所。最後，他找到了庫斯科這個地方，在此建設都城。長棍一戳就深陷地裡，可能表示只有岩石的山區正在生出土壤。

【低地神話】不同於馬雅、阿茲提克建築文明的各部族，從墨西哥向北開展神話世界，**南美低地**也有五花八門的神話。其中一個有趣的例子是有關**世界滅亡的神話**，關於世界的毀滅，神話中常見的模式是經由洪水或大火。許多人認為，雖然那是過去的事，未來仍有可能再發生。無論如何，世界毀滅未必是因為人類的罪（阿茲提克四個太陽的滅絕是眾神任性的行為，與人類無關。順道一提，印加也有世界交替的神話）。

世界毀滅的神話，為巴西亞馬遜南方的圖皮瓜拉尼語族（Tupi-Guarani）帶來深刻影響，他們為了度過危機（花費一百年之久）而進行大規模的遷徙。有些觀點認為，他們的大遷徙是受到傳教士帶來的《聖經》神話影響，也有些觀點認為是白人殖民的壓力所致，不過真相目前不明。這點跟北歐神話的情況相同，有關諸神的黃昏與基督教間的關係，也有各式各樣的推測。

其他神話⑭ 非洲神話

居住在撒哈拉以南的非洲民族十分多元，**黑人各族**多從事農耕或畜牧，語言也豐富多彩；此外還有非黑色人種的矮人族（Pygmy）與科伊桑族（Khoisan），他們以狩獵採集為生。這些部族都沒有文字，神話皆以**口述**的方式記錄，以下介紹黑人部族尤魯巴族（Yoruba）與多貢族（Dogon）的神話。

【尤魯巴族的奧里莎（Orisha）神話】**尤魯巴族**的原創神話中，特別值得一提的是神靈（奧里莎）的活躍、戲劇化，及其對中南美宗教文化的影響。

最高神是奧羅倫（Olorun），他賦予人類生命，但人體是由他的部屬所造；有些觀點認為這導致劣質民族的存在，但這種說法應是對歷史上民族抗爭的投射。

接下來介紹主要的奧里莎，尚高（Shango）是雷神，他似乎是過去某個實際存在、勢力強大國王的神格化。葉瑪亞（Iemanjá）是女水神，守護海洋、河川的水，以及女性的羊水。奧貢（Ogoun）是火與金屬之靈、文化英雄，也是強大的戰士。埃舒（Eshu）則是怪胎，忽老忽少、忽大忽小、又愛搧風點火，是典型的搗蛋鬼。據說埃舒的聖祠設在十字路口或房屋入口，類似希臘神話的荷米斯。

奧里莎對中南美洲的非洲文化有很大的影響，例如在巴西擁有廣大勢力的宗教坎東伯雷（Candomblé），其最高神奧羅倫、雷神尚高、女水神葉瑪亞、鐵神奧貢、惡魔般的埃舒，這些信仰都和天主教的聖人混在一起（葉瑪亞即聖母馬利亞）。

【多貢族的創世神話】馬利的**多貢族**經由男性結社傳播複雜的神話，他們的神話似乎依不同血緣團體與世代而產生各種差異，有非常多變形。

創造神是安瑪（Amma），他用紅色銅線纏繞罐子，把它送上天空，成了太陽；用白色銅線纏繞罐子，讓它浮上天空，成了月亮。安瑪把大地當作女性，與之交合，但因白蟻窩隆起，無法順利陰陽結合。於是他把蟻窩摘下，此即陰蒂切除的起源。這次不順利的交合誕生了不完整的孩子尤魯古（Yurugu，狐狸之意），第二次順利媾合，誕生了象徵完整的雙胞胎諾莫（Nommo），承繼安瑪的工作。而後有尤魯古與大地亂倫，引發許多事故。

以上神話將切除陰蒂（女性中的男性部分）與包皮（男性中的女性部分）的習俗正當化，不過女性割禮的危險性現已廣為人知，很難再用「民族傳統」為理由正當化。在神話還「活著」的社會，神話就不只是讀物，而是巫術的實踐。

部落與現代社會衝突的另一個有趣案例，也與多貢族有關。據說，多貢族知道**天狼星**有伴星（西洋人是在二十世紀才知道），但現在大家對此多持存疑態度。這項天文學事實的訊息來源，並非多貢族的非凡視力或神祕的直觀能力，也不是乘坐飛碟的外星人，從各方面來看，訊息來自與多貢族接觸的傳教士或重新記錄神話者是比較合理的推測。「多貢族的天狼星」本身就是現代社會產生的神話，也就是都市傳說。

第7章

何謂神話？

▼從米托斯到神話

如同日文的「宗教」是西方語言「Religion」的翻譯詞，「神話」則是「Myth」或「Mythology」的翻譯詞。所以，我們不能將神話定義為「神的話」；因為即使沒有神（God）出現，依然可稱為神話（Myth）。

英語的Myth源自古希臘語米托斯（My'thos、μῦθος），廣義來說，人類所說的事全都是米托斯；狹義來說，米托斯就是講故事（講發生了什麼事、為何發生、後續如何），特別指**虛構的故事**。至於米托斯的反義詞是邏各斯（Logos、λόγος），指合乎邏輯的論述。

米托斯的定義如果用於現代文藝，那麼不只所謂的神話，連小說、童話、劇本、歌詞、都市傳說、假新聞，無一不是米托斯，範圍似乎有點太廣。

古代希臘、羅馬的故事（米托斯）中，登場的幾乎都是神、寧芙、半神半人的英雄，毫無疑問，是把古人所說的米托斯範圍縮小到現代人所說的神話。

不過有一點必須注意，在古代後期到中世紀之間，古代眾神的信仰已被基督教所驅逐。從基督教的基本原則來看，《聖經》、教會所說的故事來自真神的訊息，不能跟過時的古代眾神故事相提並論（後者是虛構的，充其量只能說是比喻）。另外，民眾喜愛的故事、傳說雖是異教，但因服從在《聖經》的權威之下，跟古代的神話故事仍有所區別。

因此，現代用語「神話」的守備範圍，一般而言並未包括一神教的經典、民間故事與傳說。實際上，我們提到「神話」時，大多是指**古代文獻**中的記錄（如希臘神話、日本神話、印度神話等），或現在**所謂未開化社會**所蒐集到故事（如各部落的神話），基本上屬於多神教或泛靈論。

順道一提，西洋人不想把作為自己精神支柱的一神教傳說稱為神話，同樣地，日本人也不想把視為高尚真理的佛教傳說稱為神話。因此，幾乎從未聽過「基督教神話」、「阿彌陀佛神話」這種說法。

另一方面，現代社會也把神話**浪漫化**。

十九世紀以降，因**民族意識**高漲，「神話」的地位也隨著「民族」、「國民」、「傳統」而水漲船高。十九世紀，隆洛特把在田野蒐集到的敍事詩編成《卡勒瓦拉》，芬蘭人為此感到驕傲，因為他們有了自己的神話，自覺到他們是擁有與瑞典人、俄羅斯人不同傳統的國民。明治時期，日本人將神道教的神話世界提升至國教的地位，也是基於這樣的意識。

二十世紀後，西方殖民主義遭受批判，因為據說美洲、非洲、亞洲的土著神話含有**現代人遺忘的真理**；這些真理大部分與生態學、「永續生活」有關。戰前出版、知里幸惠所編的《阿伊努神謠集》，今天也在這樣的意義之下被閱讀。

從現代多神教世界中蒐集到的故事，若依**神話**、**民間故事**、**傳奇**、**傳說**、**民間傳說**、**童話**來分類，會變得很奇怪，而這部分是看具體情況處理的。

神話大部分會提及**天地**、**國家**、**人類的起源**等重要主題，民間故事、傳說所談的大多是較近的時代、較小的社會中發生的日常小事。不過，在對各地神話的主題進行比較研究時，研究者通常不拘泥於類型，廣泛閱讀傳說、傳奇等文本。

一神教或佛教中仍傾向避免使用「神話」這種說法，但也沒有明確的標準。耶穌由處女所生、釋迦從母親右腋所生，很明顯是神話，卻也不能否認，講求倫理道德、一本正經的主流宗教世界，與搗蛋鬼放蕩不羈的多神教「神話」世界，確實有不同的趣味。

Myth和Mythology都譯為神話，但這兩個英文字有什麼不同呢？

Myth的詞源是米托斯（My'thos，故事之意），由此衍生出動詞Mythologeo（說故事），再名詞化成為Mythology，指綜合的、有系統的事物。

所以，Myth（神話）指一個個小故事，而這些小故事集合在一起，形成一個神話世界，就稱為Mythology，例如「希臘神話」就是Greek Mythology。另一方面，Mythology也有「神話學」的意思，指學者有系統地討論神話。神話與神話學都是Mythology，就像心理與心理學都是Psychology、政治與政治學都是Politics一樣。

▼神話的功能與結構

神話的概念免不了含有歷史的偶發性與恣意性，不過被稱為神話的各種故事中，探求其**共同點與本質屬性**，並非毫無意義。一般而言，十九世紀到二十世紀中，傾向將神話的本質集中於一點，現在則無此傾向。

❶已在社會紮根的神話，可說或多或少都對社會有**功能**。例如，神話會從**起源**開始述說事物的本質，可藉由一再敍述遠古祖先的行為，說明現在的社會習慣與制度，最典型的就是天地、人類、王權、農耕等技術與習慣的創始神話。

當然，從局外人的眼光來看，可能仍對神話的這類運作存疑。不過，神話的想像力是狂放不羈的，能從死去巨人的身體部位將種姓制度正當化（請見一五九頁）、從創世之神的行為將女性割禮正當化、還能以供養太陽神的名目，將活祭人類正當化。

❷神話不只說明起源，可能也有**規訓**腳本的功能。以豐富的想像力，敍述三頭六臂、大顯身手的英雄行為，可以教導民眾倫理道德，與對災害、戰爭、流行病的處理方法。尤其是以神話為基礎的**儀典**，由共同體所有人參與，這種場合的規訓意味特別濃厚。

❸也有學者認為，在更抽象的層次，神話所表現出的思想**結構**形成了民族思考模式的雛形。一般來說，相信神話的人並未發現這樣的模式；就像日本人的行為風格也通常是在外國人指出後，自己才意識到，在《古事記》與《日本書紀》或許也能找到與這種風格或想法相同的東西。

結構分析與「人類的思考究竟為何物」的哲學論題有關，有助於提高神話與神話學的地位。

❹還有學者指出，神話產自每個人內心深處的**潛意識**。據說，這就是為什麼我們能在每夜異想天開的**夢裡**，以及精神病患的**妄想中**，發現與古代或未開化社會

神話一模一樣的東西。當然，或許那只是巧合，從腦神經學的角度來看，人類的想法大同小異，這種情況是理所當然的。

這樣的深層心理學，與其說是神話研究，不如說是心理學的實踐性、臨床性研究，它將苦於精神官能症的現代人導往藝術治療的方向。

❺世界各地蒐集到的神話，相似程度總是相當驚人，這或許是因為人類心理的普遍性，或支撐神話的社會結構其共通性所致，但一般來說有更簡單的答案，就是**傳播**與借用。

《古事記》中大氣津比賣神的神話，與印尼海奴韋萊的神話，兩者之間或許有太古時期民族遷徙或故事傳播的痕跡。《古事記》中的伊邪那岐下黃泉與希臘神話的奧菲斯下冥界，兩者或許在某個地方有交集，但因地理上距離太遠，很難了解箇中蹊蹺。

一般認為，人類有了語言，很快就開始講神話故事，但再怎麼低估，至少也需要幾萬年時間，才會有各式各樣的神話產生、改變與消失，傳播過程的推理似乎有所侷限。

❻此外，若考慮到傳播或借用的影響，就不能忽視近現代西洋文明所產生的作用。多貢族的神話提到天狼星有伴星，也許是「資訊污染」的結果（請見二八八頁）。各地原住民的神話，多半是受從前傳教士的影響；當故事類型變成基督教式的善惡對決時，特別讓人覺得不協調。

也有些著作像《卡勒瓦拉》一樣，顯然是由編採者本人配合基督教來改寫（天地創造之際，抱著蛋在原初海洋漂流的原本是男性維納莫寧，被隆洛特改成清純的少女，改寫的原因是為了向聖母馬利亞致敬，請見二六八頁）。

❼自古就有神話的改寫，記錄北歐神話的史諾里也可能進行了基督教式的改寫；希臘神話如今的典雅，是因為詩人將村里間的信仰改寫成眾神的愛情劇；《古事

記》與《日本書紀》的編纂者會將情節導向對天皇家有利的方向，並在敍述中帶進當時最新銳的中國哲學。一般認為，任何時代的薩滿或祭司都會做同樣的事。

神話的功能、結構、深層心理、傳播等各種研究的歷史，請參考更專業的**神話學**文獻。

神話研究的領域相當多彩多姿，語言學家馬克斯．繆勒（Max Müller）認為，具有文法的語言結構將抽象概念轉變為人格神；人類學家愛德華．泰勒（E.B.Tylor）主張泛靈論與神話思維有關；民俗學家安德魯．蘭格（Andrew Lang）認為，原初最高神信仰的式微就是神話；東方學專家威廉．史密斯（William Robertson Smith）以儀典解釋神話；精神分析學家佛洛伊德認為，「殺死原初父親」帶來了階級秩序與神話；人類學家馬凌諾斯基（Bronis aw Kasper Malinowski）指出，神話有將社會制度正當化的功能；語言學家杜美季勒（Georges Dumézil）研究形成龐大語族、神話共通性高的印歐語系神話與意識形態的關係，並以此研究而知名；人類學家李維史陀（Claude Lévi-Strauss）提出劃時代的主張——與其關心構成神話的各個要素，不如注意安排要素的結構；分析心理學家榮格認為，神話原型是由靈魂深處的潛意識所創造，這些研究都相當值得參考。

▼神話與奇幻作品

神話的核心雖是古代、未開化社會的眾神與精靈故事，但實際上，也漸漸與超越時代的民間故事和傳說融合。大家都說神話是**共同體**的共有財產，但能巧妙敍述神話的通常是舌燦蓮花的**個人**（敍事詩人、薩滿或祭司）。希臘、羅馬神話的傳播，與荷馬、賀希歐等傳說中的解說人，以及索福克里斯、奧維德、維吉爾等創作性強的人密切相關。《古事記》可說是稗田阿禮與太田萬侶搭檔的作品；撰寫《散文埃達》的詩人史諾里．史圖魯森似乎也是個相當有個性的修辭學家。

更進一步來看，與《散文埃達》（十三世紀）撰寫時間相近的《神曲》（La Divina Commedia，十四世紀）似乎也可視為神話。這部著作顯然大部分是作者但丁虛構的作品，但他在形式上採用地獄、煉獄、天國的來世觀，在某些部分體現了天主教共同體的思想。

那麼，摩爾（Thomas More）的《烏托邦》（Utopia，十六世紀）、吳承恩的《西遊記》（十六世紀）、塞萬提斯（Miguel de Cervantes Saavedra）的《唐吉訶德》（Don Quijote，十七世紀）如何呢？這些作品有世界觀的設定、有超越日常的內容，我們會覺得很接近神話。

一般認為，近現代的**奇幻、科幻作品**是神話的親戚，實際上也多取材自古代或邊疆的神話。

托爾金以其語言與民間故事之深厚功力精鍊而成的《魔戒》、以霍華·菲力普·洛夫克萊夫特（Howard Phillips Lovecraft）的小說為中心的一系列「克蘇魯神話」（Cthulhu Mythos，涵蓋在這個通稱下的神話，英語為Mythos）、被稱為魔幻寫實的拉丁美洲文學（如馬奎斯的《百年孤寂》）、娥蘇拉·勒瑰恩（Ursula Kroeber Le Guin，其父為人類學家）從美洲原住民與亞洲古代典籍得到靈感而寫出的《地海》（Earthsea）、卡羅斯·卡斯塔尼達（Carlos Castaneda）以人類學報告的形式所寫，以亞基族（Yaqui）巫師唐望（Don Juan）為主題的系列作品（二十世紀的嬉皮世代奉「唐望系列」為經典）、喬治·盧卡斯導演、又名「天行者傳奇」（Skywalker Saga）的《星際大戰》系列（多半是以開玩笑的觀點，但也再度產生了「絕地教」這種宗教），都是讓人想加入神話範疇的作品。

綜上所述，我的結論如下：

「神話」的核心是古代社會或所謂未開化社會的眾神故事。

神話的鄰近範圍還有以下各種類型的作品，有些類似神話，有些不像神話，各朝不同的方向發展：

- 與基督教、佛教等主流宗教經典、教誨故事相關的作品。
- 與民眾持續傳播的故事（民間故事與傳說）相關的作品。

●具作家個人強烈色彩的奇幻作品。

此外，神話也成了「人人相信，但事實上是虛偽的信念體系」的代名詞，我想在本書的最後討論這一點。

▼「那只是神話！」

神話成為**虛偽**的代名詞，可說是理所當然的，因為現代人並不相信宙斯、維納斯的神話，而且神話的詞源米托斯被定義為邏各斯的相對概念，應該也產生了一些影響。

柏拉圖的蘇格拉底對話錄〈普羅塔哥拉斯篇〉中，與蘇格拉底辯論的普羅塔哥拉斯，為使自己的主張容易了解，說：「不要用邏各斯（道理）來表達，我們來談談米托斯（故事）吧！」然後，他們就開始談論普羅米修斯與伊比米修斯的故事（與九〇頁介紹的神話相關，但內容不同）。

這個故事描述，兩個神製造動物，再賦予動物的翅膀、毛皮等特殊能力。但愚蠢的伊比米修斯用光了材料，沒有為人類留下任何技能。因此，即使普羅米修斯為人類盜了火，人類仍敵不過獸類。宙斯大神擔憂此事，為了讓人類與神合作、支配世界，祂給了人類正義與節制這兩種能力，真是可喜可賀。

普羅塔哥拉斯透過這個故事想表達的是，每個人都有正義與節制這兩種政治技術，所以民主政治有建立的可能性。

若是如此，可以一開始就直接把這話說出來，為何要特地先講故事呢？

善意的解釋是，聽者比較熟悉有眾神出現的故事；所以普羅塔哥拉斯就像讀繪本給小孩聽一樣，讓聽者能因此記住故事的重點。如果只解釋「政治的技能」等概念，用說理的方式講述，大家應該都受不了吧！

惡意的解釋是，辯論中的普羅塔哥拉斯玩弄詭辯、混淆邏輯。實際上，所有人類都擁有正義與節制的政治能力，是極度令人懷疑的事（正因如此，民主政治才容易淪為民粹主義與法西斯主義，不是嗎？）。

敘述米托斯時容易產生的**雙面性**，很典型地在這裡出現——米托斯雖可說是共同體財產，能生動描寫出深刻的事實，但也可說是矇騙眾人的詭辯。

若只從柏拉圖所寫的內容來看，所謂米托斯，就是普羅塔哥拉斯與柏拉圖本身擅長的**修辭法**（或辯論術）。這種著名的說話技巧，有人讚不絕口，也有人將它貶得一文不值。

尤其在社會動員的時候，對這種說話技巧的評論非常兩極。林肯總統的「民有、民治、民享的政治」、馬丁路德·金恩牧師的「我有一個夢」，都是知名的優秀修辭法，內容確實值得稱讚；但如果由希特勒來使用，修辭法就變得非常危險。

今天我們以強烈的語氣說：「那只是神話！」時，心中所想的應該不是希臘神話、北美原住民神話等文藝類型；而可能是因為自古以來，長期被米托斯的魔力——與邏輯陳述相反的修辭所欺騙，累積無數悔恨經驗所導致的結果。

前面我已指出，神話這個概念朝幾個不同的方向擴展，但請大家記得，神話這個概念的根源，包含了米托斯的概念，它與邏各斯相反，而且含意廣泛。

▼本書方針

雖然我研究過宗教學，但狹義的神話學並非我的專業。我能做到的是，閱讀專家的著作，針對構成宗教世界重要部分的神話，寫出讓大家感興趣的指南書。

宗教學這門學問不是要向世人傳播宗教的價值，而是客觀看待作為文化現象的宗教（對宗教無任何顧忌）。從這樣的立場來看，應該要有一本書，把主要由多神教與泛靈論所構成的神話領域、提倡有絕對存在倫理的一神教，以及主張開悟的真理、超越求神拜佛的佛教世界觀，都毫不避諱地視為一系列事物來介紹。在第三、四章，我深入研究「印度神話」、「中東神話」這個廣大範圍之下的主流宗教教義，也是出於此意圖。不過，本書並不是各種宗教教義的指南書，若想對宗教有進一步了解，請參考《圖解世界5大宗教全史》。

其他三章討論的日本、北歐、希臘神話則是典型的神話，經過文學的雕琢，分量也夠，總之讀起來非常有趣。對於我集合了五種具宗教色彩、文學性高的神話，合稱「五大神話」，也許有人會有不同意見。因為有些人認為，美洲原住民或非洲人（若缺乏脈絡便難以理解）的口傳神話，光憑其生猛、直接的敍述，就比我說的「五大神話」更像神話。

無論如何，本書並非學術研究，而是針對一般讀者所出版的指南書。就像其他介紹神話的書籍一樣，我也在本書重新敍述了神話；這是為了讓大家容易理解，而非其他考量。對本書有興趣的讀者，可以進一步參考神話的原典或翻譯書。

圖解世界 5 大神話

從日本、印度、中東、希臘到北歐，65 個主題解讀東西方神祇與傳說、信仰與世界觀

作　　者　中村圭志
插　　畫　村上哲也
譯　　者　林雯
封面設計　許紘維
內頁排版　簡至成
行銷統籌　駱漢琦
行銷企劃　蕭浩仰、江紫涓
業務發行　邱紹溢
營運顧問　郭其彬
特約編輯　李韻柔
責任編輯　賴靜儀
總 編 輯　李亞南
出　　版　漫遊者文化事業股份有限公司
地　　址　台北市103大同區重慶北路二段88號2樓之6
電　　話　(02) 2715-2022
傳　　真　(02) 2715-2021
服務信箱　service@azothbooks.com
臉　　書　www.facebook.com/azothbooks.read
營運統籌　大雁文化事業股份有限公司
地　　址　新北市231新店區北新路三段207-3號5樓
電　　話　(02) 8913-1005
訂單傳真　(02) 8913-1056

初 版 1 刷　2021年12月
初版四刷 (1)　2024年4月
定　　價　台幣450元

ISBN　ISBN 978-986-489-538-0

國家圖書館出版品預行編目 (CIP) 資料

圖解世界5 大神話：從日本、印度、中東、希臘到北歐,65 個主題解讀東西方神祇與傳說、信仰與世界觀 / 中村圭志著；林雯譯. -- 初版. -- 臺北市：漫遊者文化事業股份有限公司, 2021.12
304 面；14.8×21 公分
譯自：図解世界5 大神話入門
ISBN 978-986-489-538-0(平裝)
1. 神話
280　　110017602

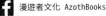